现代职业素养

主　编　韩富军　贺立萍
副主编　李刘峰　范　玲
　　　　姜宇彤　唐　昊

北京理工大学出版社
BEIJING INSTITUTE OF TECHNOLOGY PRESS

内容简介

本教材是各类高职院校普遍开设的公共课《大学生职业素养》所需教材，是依据《中共中央国务院关于深化教育改革全面推进素质教育的决定》的要求撰写的面向全体学生的基础性大学生素质教育教材，适用于所有专业的学生。

教材设计的整体指导思想是将职业素养教育贯穿于人才培养的全过程。职业素养作为高职学生综合素质的重要组成部分，越来越受到用人单位的关注。严峻的就业形势，对大学生的职业素养提出了更高的要求。本教材旨在帮助大学生正确理解职业素养在自己职业生涯发展中的作用，实现职业素养的提升，做好各项准备工作，毕业后能直接上岗并胜任工作，成为增加企业核心竞争力的重要人才。

本书既可作为高等专科学校、高等职业学校、成人高校和各类技术学院大学生职业素养培养的专业教材，也可作为所有求职者及机关、团体和企事业单位工作人员必备参考书。

版权专有　侵权必究

图书在版编目（CIP）数据

现代职业素养 / 韩富军，贺立萍主编. —北京：北京理工大学出版社，2017.6（2021.1重印）
ISBN 978-7-5682-4173-1

Ⅰ. ①现… Ⅱ. ①韩… ②贺… Ⅲ. ①大学生–职业选择–高等学校–教材 Ⅳ. ①G647.38

中国版本图书馆 CIP 数据核字（2017）第 133133 号

出版发行 / 北京理工大学出版社有限责任公司
社　　址 / 北京市海淀区中关村南大街5号
邮　　编 / 100081
电　　话 / （010）68914775（总编室）
　　　　　（010）82562903（教材售后服务热线）
　　　　　（010）68948351（其他图书服务热线）
网　　址 / http://www.bitpress.com.cn
经　　销 / 全国各地新华书店
印　　刷 / 唐山富达印务有限公司
开　　本 / 787毫米×1092毫米　1/16　　　　　　　责任编辑 / 王俊洁
印　　张 / 17　　　　　　　　　　　　　　　　　　文案编辑 / 王俊洁
字　　数 / 400千字　　　　　　　　　　　　　　　　责任校对 / 周瑞红
版　　次 / 2017年6月第1版　2021年1月第3次印刷　　责任印制 / 李志强
定　　价 / 45.80元

图书出现印装质量问题，请拨打售后服务热线，本社负责调换

前　言

本教材是各类高职院校普遍开设的公共课《大学生职业素养》所需教材，是依据《中共中央国务院关于深化教育改革全面推进素质教育的决定》的要求撰写的面向全体学生的基础性大学生素质教育教材，适用于所有专业的学生。

教材整体设计指导思想是将职业教育贯穿于人才培养全过程。职业素养作为高职学生综合素质的重要组成部分，越来越受到用人单位的关注。严峻的就业形势，对大学生的职业素养提出了更高的要求。本教材旨在帮助大学生正确理解职业素养在自己职业生涯发展中的作用，实现职业素养的提升，做好各项准备工作，毕业后能直接上岗并胜任工作，成为增强企业核心竞争力的重要人才。

本教材有十二个单元：第一单元职业素养、第二单元职业理想、第三单元品格素养、第四单元情绪管理素养、第五单元语言素养、第六单元礼仪素养、第七单元人际沟通素养、第八单元解决问题素养、第九单元实践执行素养、第十单元团队合作素养、第十一单元职业发展素养、第十二单元职业创造素养。

本教材在编写时具有以下几个方面的特点：

1. 体验性

根据学生的现实需要选取实用的理论，加以介绍，设计分小组活动体验等实训项目，强化学生各种能力的训练。

2. 可操作性

对理论的选择、对能力训练的设置，突出了"应用"的特点，让学生看得懂、学得会、用得上，可操作性强。

3. 创新性

编写体例注重创新，本书按照知识目标→能力目标→情境模拟→基础知识→案例→知识拓展→能力训练→思考与训练的体例编写；编写内容注重创新，提供最新的案例，增强了时代气息，既满足了社会生活的需要，又适应了学生及企业的需求。

4. 亲和性

本书选择与学生学习和生活密切相关的案例及例文，而且涉及的主体绝大多数就是学生本身，让他们感受到职业素养和自己事业的关系，引导学生认识职业素养的重要性。

5. 趣味性

每节均以情境模拟导入，提出问题，借助趣味性浓、思想性强的案例，中间穿插若干趣味性强的知识，在形象可感的阅读中，轻松地掌握职业素养内容。在语言风格上，力求生动活泼。

本书既可作为高等专科学校、高等职业学校、成人高校和各类技术学院的专业教材，也可作为机关、团体和企事业单位工作人员必备参考书。

本书由韩富军、贺立萍担任主编，由李刘峰、范玲、姜宇彤、唐昊担任副主编。本教材由营口职业技术学校与金泰珑悦海景大酒店共同开发，可作为企业培训教材。从教材的编写到审订和使用，全程请企业成功人士提建议、讲问题、说思路，他们有着丰富的工作经验和较深的理论功底，是各自工作领域的行家里手，将他们的合理化建议应用到教材建设中，提高了教材的实用性和指导性，更加贴近社会需求。

本书编写的情况如下：第一单元由营口金泰珑悦海景大酒店执行总经理李刘峰先生、营口职业技术学院韩富军编写；第二单元、第四单元、第五单元、第六单元由营口职业技术学院韩富军编写；第三单元、第七单元、第九单元由辽宁现代服务职业技术学院贺立萍编写；第八单元、第十一单元由辽宁水利职业学院范玲编写；第十单元由营口职业技术学院姜宇彤编写；第十二单元由辽宁林业职业技术学院唐昊编写。全书内容统稿和文字加工由营口职业技术学院韩富军完成。

另外本书参考了一些最新的资料和教材或专著，还参考和借鉴了许多文献资料，由于编写时间仓促，未能和各位作者一一联系，在此我们一并表示诚挚的谢意。

由于编者水平有限，书中难免有不足之处，敬请读者批评指正。

编　者

2016 年 12 月 20 日

目 录

第一单元　职业素养 ··· (1)
 第一节　职业素养内涵 ··· (1)
 第二节　职业素养的地位及培养的意义 ································· (7)
 第三节　职业素养提升的实现路径 ·· (9)

第二单元　职业理想 ·· (14)
 第一节　认识职业个性 ··· (14)
 第二节　树立职业理想 ··· (19)
 第三节　提升职业敏感度 ·· (21)

第三单元　品格素养 ·· (26)
 第一节　敬业务实 ··· (26)
 第二节　吃苦耐劳 ··· (33)
 第三节　责任纪律 ··· (35)
 第四节　服务服从 ··· (44)
 第五节　主动进取 ··· (52)
 第六节　忠诚感恩 ··· (56)

第四单元　情绪管理素养 ··· (62)
 第一节　正面思维 ··· (62)
 第二节　适应环境 ··· (66)
 第三节　抗压耐挫 ··· (70)
 第四节　恒心毅力 ··· (76)
 第五节　自信乐观 ··· (80)

第五单元　语言素养 ·· (87)
 第一节　语言素养的重要性 ··· (87)

第二节　声音美 ………………………………………………………（89）
　　第三节　语言美 ………………………………………………………（91）
　　第四节　艺术运用交谈语 ……………………………………………（96）
第六单元　礼仪素养 ……………………………………………………（101）
　　第一节　礼仪素养的重要性 …………………………………………（101）
　　第二节　仪表美 ………………………………………………………（103）
　　第三节　表情美 ………………………………………………………（107）
　　第四节　仪态美 ………………………………………………………（111）
　　第五节　接打电话的修养 ……………………………………………（123）
第七单元　人际沟通素养 ………………………………………………（127）
　　第一节　人际沟通概述 ………………………………………………（127）
　　第二节　人际沟通的技能与策略 ……………………………………（134）
　　第三节　职场沟通策略 ………………………………………………（147）
第八单元　解决问题素养 ………………………………………………（155）
　　第一节　认识问题 ……………………………………………………（155）
　　第二节　分析问题 ……………………………………………………（163）
　　第三节　解决问题 ……………………………………………………（169）
第九单元　实践执行素养 ………………………………………………（176）
　　第一节　信守承诺 ……………………………………………………（176）
　　第二节　永不言败 ……………………………………………………（183）
　　第三节　高效执行 ……………………………………………………（191）
　　第四节　结果导向 ……………………………………………………（198）
第十单元　团队合作素养 ………………………………………………（205）
　　第一节　了解团队 ……………………………………………………（205）
　　第二节　融入团队 ……………………………………………………（209）
　　第三节　团队合作 ……………………………………………………（211）
　　第四节　团队精神 ……………………………………………………（216）
第十一单元　职业发展素养 ……………………………………………（222）
　　第一节　自我学习 ……………………………………………………（223）
　　第二节　组织发展 ……………………………………………………（229）
　　第三节　企业经营管理素质拓展 ……………………………………（235）
第十二单元　职业创造素养 ……………………………………………（241）
　　第一节　研究开发 ……………………………………………………（241）
　　第二节　创新创造 ……………………………………………………（245）

第一单元

职业素养

知识目标

1. 掌握职业素养的含义。
2. 掌握职业素养的核心要素。
3. 了解职业素养的地位及培养的意义。
4. 掌握职业素养提升的实现路径。

能力目标

1. 初步具备职业素养意识。
2. 掌握职业素养的核心要素。
3. 明确自己缺失哪些职业素养。

第一节 职业素养内涵

情境模拟

厦门博格管理咨询公司的郑甫弘在他所进行的一次招聘中遇到一位大学生,这位来自上海某名牌大学的女生在中文笔试和外语口试中都很优秀,但最后一轮面试被淘汰。他说:"我最后不经意地问她,你可能被安排在大客户经理助理的岗位,但你的户口能否进深圳,还需再争取,你愿意吗?"结果,她犹豫片刻回答说:"我先回去和父母商量再决定。"

你认为公司会录取她吗?为什么?不会,缺乏独立性使她失掉了工作机会。

基础知识

三百六十行,行行出状元。真正在职场上成功的,学什么专业的都有。搜狐张朝阳的专业是物理学,阿里巴巴马云的专业是英语,复兴集团总裁郭广昌的专业是哲学,国美老总黄光裕甚至没有专业。各行各业的职场杰出人士,他们最初的专业真的是五花八门。在上海举行的一个投融资论坛,这算是比较专业的论坛了吧,竟然也有超过半数的嘉宾本科所学的专业和所谓的金融投资完全无关。所以,不管你的专业是什么,关键是要提升自己的职业综合素质,只要你在这个领域确实学有所成,你就一定能利用你在这个领域的知识成就一番事业。不怕专业冷门,只怕学艺不精,就如同海尔总裁所言:"没有疲软的市场,只有疲软的产品。"靠人不如靠己,埋怨政府和学校都没用,一步步地扭转自己的劣势,工作几年后求职,企业更是不看你原来的专业,而看你毕业后都做了什么样的工作。

我们不能活在理想之中,迟早要面对现实,学会如何思考未来。

现在的有些大学生,面对就业,主要存在的问题是什么?

就业意识淡薄——不知道毕业后原来是要工作的;

求学历程中职业意识缺位——不知道一切学历必须以职业定位为最终目标,结果今年硕士、明年博士、后年就失业;

求职技巧匮乏——不懂得求职技巧原来是连接大学与社会的跨海大桥,因而不知道如何向雇主"卖"自己、赢得机会;

从业心态糟糕——进入职场后往往不懂得如何珍惜工作机会,如何竞争发展空间,如何处理与上司、同事、客户之间复杂的关系……

这不是哪一个专业的问题,而是很多专业的毕业生都会遇到情况。

一、职业素养的内涵

职业素养是指职业人在社会活动中需要遵守的行为规范。是职业内在的规范和要求,是在职业过程中表现出来的综合素质。简而言之,就是职业人在从事职业中把工作做好的素质和能力。它能很好地衡量从业者能否适应、胜任所从事的岗位,体现个人在职场中能否成功的素养和智慧。

职业素养的内涵很宽泛,专业是第一位的,但是除了专业,敬业和道德也是必备的,体现到职场上的就是职业素养;体现在生活中的就是个人素质或者道德修养。

二、职业素养的分类

职业素养可分成两大类:显性职业素养,如文化知识、专业基础、专业技能、创新能力;隐性职业素养,如职业道德、职业理想、职业意识等。

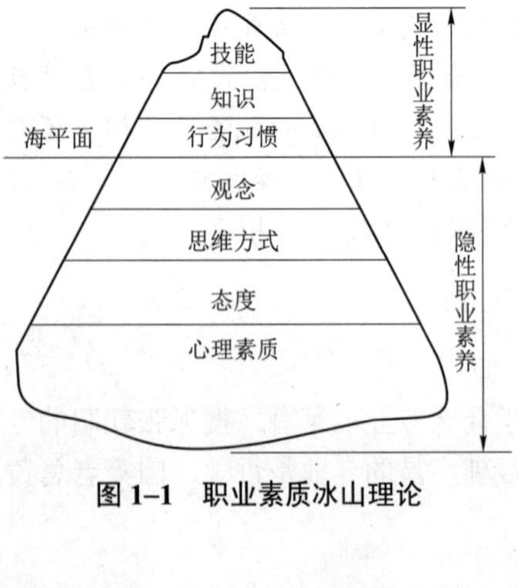

职业素质冰山理论认为,个体的素质就像水中漂浮的一座冰山,水上部分的知识、技能、行为习惯仅仅代表表层的特征,不能区分绩效优劣;水下部分的观念、思维方式、态度、心理素质才是决定人的行为的关键因素,用来鉴别绩效优秀者和一般者,如图1-1所示。

大学生的职业素养也可以看成是一座冰山:冰山浮在水面以上的只有1/8,它代表大学生的形象、资质、知识、职业行为和职业技能等方面,是人们看得见的、显性的职业素养,这些可以通过各种学历证书、职业证书来证明,或者通过专业考试来验证。而冰山隐藏在水

图1-1 职业素质冰山理论

面以下的部分占整体的 7/8，它代表大学生的职业意识、职业道德、职业作风和职业态度等方面，是人们看不见的、隐性的职业素养。显性职业素养和隐性职业素养共同构成了大学生所应具备的全部职业素养。由此可见，大部分的职业素养是人们看不见的，但正是这 7/8 的隐性职业素养决定、支撑着外在的显性职业素养，显性职业素养是隐性职业素养的外在表现。因此，大学生职业素养的培养应该着眼于整座"冰山"，并以培养显性职业素养为基础，重点培养隐性职业素养。本书着重论述的是隐性职业素养的培养。

三、核心职业素养的要素

核心职业素养是完成职业活动以及谋求职业持续发展的关键知识、能力和态度的集合。我们将从核心职业思想素养、核心职业知识素养、核心职业心理素养和核心职业能力素养四个方面探讨大学生职业素养的核心要素，如表 1-1 所示。

表 1-1 大学生核心职业素养要素构成

核心职业思想素养	核心职业知识素养	核心职业心理素养	核心职业能力素养
1. 职业理想	1. 专业知识	1. 进取心	1. 沟通协作能力
2. 谦虚务实	2. 专业技能	2. 环境适应能力	2. 自我学习能力
3. 吃苦耐劳	3. 管理知识	3. 抗压耐挫能力	3. 实践执行能力
4. 责任心	4. 法律知识	4. 恒心毅力	4. 组织协调能力
5. 忠诚度	5. 礼仪知识		5. 创新创造能力

（一）核心职业思想素养

1. 职业理想

职业理想是人们在职业上依据社会要求和个人条件，借想象而确立的奋斗目标，即个人渴望达到的职业境界。它是人们实现个人生活理想、道德理想和社会理想的手段，并受社会理想的制约。职业理想是人们对职业活动和职业成就的超前反映，不仅与人的价值观、职业期待、职业目标密切相关，还与人的世界观、人生观密切相关。

职业生涯规划对所有职场中的人来说都很重要，对于刚刚步入社会的年轻人，将对其一生的成就产生重大影响。我国台湾江文雄先生认为"生涯要规划，更要经营，起点是自己，终点也是自己，没有人能代劳"。调查中有用人单位反映，部分学生自主择业的意识不强，在自身的生涯设计、生涯发展方面存在"等、靠、要"的思想，缺乏主动探索的意识和深入思考的精神。掌握一定的生涯规划知识能使大学生及早了解当前的就业形势，正确认识自我，合理定位，并为职业生涯的发展制定可行的目标。

2. 谦虚务实

越来越多的用人单位反映，许多新入职的大学生存在眼高手低、好高骛远的浮躁心态。谦虚务实是一个从业者对待职业最基本的情感和态度。在一项大学生就业调查中，中铁电化局西铁工程公司人力资源部介绍，脚踏实地是他们招聘的重要条件之一。

3. 吃苦耐劳

部分学生缺乏经验，却不肯用心学习，吃不了苦。吃苦耐劳也是一个从业者对待职业最基本的情感和态度。在一项大学生就业调查中，中铁电化局西铁工程公司人力资源部介绍，吃苦耐劳也是他们招聘的重要条件之一。

4. 责任心

责任心也是大学生应该具备的职业素养。每个人的岗位不尽相同，所负责任有大小之别，但要把工作做得尽善尽美、精益求精，却离不开一个共同的因素，那就是强烈的事业心和责任感。对于职业生涯刚刚开始的大学生来讲，只有保持满腔的热忱和积极进取的心态，才能为自己梦想的航船建造一个精神的港湾。责任心就是在工作中要将自己作为公司的一部分，不管做什么工作，一定要做到最好，发挥出实力，对于一些细小的错误，一定要及时地改正。责任心不仅仅是吃苦耐劳，更重要的是"用心"去做好公司分配的每一项任务。态度是职业素养的核心，好的态度比如负责的、积极的、自信的、建设性的、欣赏的、乐于助人的等态度是决定成败的关键因素。

5. 忠诚度

调查中，很多用人单位还提及，对企业的忠诚度也是职业核心素养之一。一位通信企业的老总说："我们接触到的一些大学毕业生，往往会'这山望着那山高'，一看到好的企业和发展机遇，就会立马跳槽，对原来的企业没有丝毫感恩之情，那些频繁跳槽的大学生稳定性差，企业是不会留用的，因为他们对企业缺乏最起码的忠诚度。"

（二）核心职业知识素养

调查显示，除了职业所需的专业知识，大学生需要具备的核心职业知识还包括以下几点：

1. 专业知识

专业知识是指一定范围内相对稳定的系统化的知识。

2. 专业技能

职业知识技能是做好一个职业应该具备的专业知识和能力。俗话说："三百六十行，行行出状元。"没有过硬的专业知识，没有精湛的职业技能，就无法把一件事情做好，就更不可能成为"状元"了。各个职业有各自的知识技能，每个行业还有各自的知识技能。总之，学习提升职业知识技能是为了让我们把事情做得更好。

3. 管理知识

美国管理大师彼得·德鲁克指出："目标管理能使得我们用自我控制的管理来代替别人统治的管理，自我控制意味着更强的激励，它意味着更高的成就目标和更广阔的眼界。"调查中某知名企业人力资源经理在谈论该企业用人之道时说："青年员工要学会目标管理和时间管理，似乎很多大学毕业生身上都缺少。"掌握一定的目标管理和时间管理知识，能促使大学毕业生在工作中增强目标意识，有效地进行职业规划，从而进一步提升工作业绩。

4. 法律知识

调查中很多用人单位及高校职业指导教师都指出，大学生要掌握一定的法律知识，包括《劳动法》《劳动合同法》《就业促进法》等相关就业方面的法律以及当前国家对大学生就业的一些优惠政策等，这些法律知识和就业政策能为大学生的就业权益提供维护和保障。面对目前的就业形势，大学生更应该树立理性的择业观，增强法制意识，否则，很可能由于不了解自己相应的权利义务而导致就业过程中遇到一系列的法律问题。

5. 礼仪知识

当代大学生面临着激烈的择业竞争,除了专业知识等"硬标准",职场礼仪的重要性也日渐凸显出来。调查中某事业单位人事部门主管指出:"大学生从校园步入职场,职业礼仪方面需要更加注重,多数大学生在穿着、言谈、沟通等方面礼仪意识不够、规范性不强。"掌握一定的职业礼仪知识能规范自身的行为,树立良好的形象,推动职业活动朝着有序、和谐的方向发展。

(三)核心职业心理素养

1. 进取心

进取心也称上进心,是不断要求上进、立志有所作为的心理状态。有进取心的人,往往有理想、有志气、积极肯干并且不怕困难。对于职业生涯刚刚开始的大学生来讲,只有保持满腔的热忱和积极进取的心态,才能为自己梦想的航船建造一个精神的港湾。

2. 环境适应能力

职业环境复杂多变,要尽快缩短从学校到职场的适应期,大学毕业生须具有较强的适应能力,能较快地融入新环境,悦纳新同事,并能根据岗位的需求尽快完善自己的知识结构,正确定位自我。某知名快餐连锁企业招聘负责人说:"我们更看重的是毕业生踏上工作岗位之后能否尽快上手,这就要求毕业生具有较强的岗位适应能力来缩短职业适应期。毕业生的适应能力如何,是影响毕业生就业成功与否的重要因素。"

3. 抗压耐挫能力

在调查过程中,近50%的用人单位认为当前许多大学毕业生抗挫折的心理承受能力亟待加强。某进出口公司的招聘人员说:"现在的大学毕业生基本都是独生子女,成长过程中受到很多的呵护,一般没有遇到过什么压力,所以,我们怕他们到了公司后,稍微遇到压力就受不了,马上换工作,企业哪里受得了?"某高校的一名职业指导教师说:"我们很多毕业生都有这样的感觉,工作中不像学校那么轻松,你要应对随时出现的工作任务,加上工作节奏快,出现了失误还要面对领导的批评,所以在工作中坦然面对困难和挫折,并学会自行调节是十分重要的。"

4. 恒心毅力

持之以恒的毅力,指人具有的坚持达到目的或执行某项计划的决心和持久不变的意志;指人所常有的善良本心。恒心毅力是一种心智状态,是可以培养训练的。

(四)核心职业能力素养

1. 沟通协作能力

现代社会,人与人之间的交往日益频繁,良好的沟通协作能力能使双方达成共识。调查中某大型国企的招聘人员提到:"新时期的大学生需要有较强的沟通和团队合作的能力,我们更希望看到在大学毕业生身上显现出团队合作与协同努力的精神,这一点非常重要,因为它关系到整个团队甚至是整个企业的发展。"

2. 自我学习能力

自我学习能力是指能有意识地通过一定的途径和方法有效地吸纳和扩充知识的能力。我们要把自我学习变成职业行为习惯,因为职业素养就是在职场上通过长时间的学习—改变—形成而最后变成习惯的一种职场综合素质。心态可以调整,技能可以提升。要让正确的心态、良好的技能发挥作用,就需要不断地学习、练习、再学习,直到成为习惯为止。由于知识更新的周期缩短，社会要求从业人员不断学习，所以终身化学习成为必然趋势。某软件公司的招聘工作人员说："我们这种软件行业，基本上每天都要学习新的知识，不学习就跟不上技术的更新速度。"某高等职业学校的招聘人员则对大学生提出"精一手、会两手、学三手"的要求。

3. 实践执行能力

对于个人而言，实践执行能力就是办事能力；对于团队而言，实践执行能力就是战斗力；对于企业而言，实践执行能力就是经营能力。它是指能有效地将专业知识转化为实践，面对突发问题时能积极有效地应对，调动一切可利用的资源解决问题的能力。多数用人单位十分看重大学生的实践执行能力，他们认为"将书本的专业知识运用到实践中十分重要"。某食品公司人事招聘负责人持有这样的观点："一个人的动手能力和实际操作能力是最重要的。我们招聘时，非常注重求职者在试用期和基层锻炼期的表现。"所以要把一件事情做好，就必须坚持不断地关注行业的发展动态及未来的趋势走向；就要有良好的沟通协调能力，懂得上传下达，左右协调从而做到事半功倍；还要有高效的执行力。我们研究发现：一个企业的成功30%靠战略，60%靠企业各层的执行力，只有10%的靠其他因素。中国人在世界上都是出了名的"聪明而有智慧"，中国人不缺少战略家，缺少的是执行者！执行能力也是每个成功职场人必须修炼的一种基本职业技能。

4. 组织协调能力

组织协调能力是指根据工作任务，对资源进行分配，同时控制、激励和协调群体活动过程，使之相互融合，从而实现组织目标的能力。一般认为组织协调能力包括组织能力、授权能力、冲突处理能力、激励下属能力。

5. 创新创造能力

IBM人力资源总裁在谈到用人要求时，把创新创造能力作为一项重要的用人标准。刘俊彦等人围绕"企业最重视应聘者的哪些能力"这一问题对惠普、西门子等30多家世界最为知名的跨国公司进行的调查显示，被调查的企业都非常看重应聘者的创新能力，比例达100%。在调查中，用人单位普遍认为，创新型人才更能得到青睐。某企业人事经理说："创新型人才是企业永不衰竭的强大动力，我们欢迎更多的具有创新创造能力的毕业生加入我们的企业。"

案例链接

知识拓展

能力训练

1. 练习环境适应能力,在超市、餐厅等处练习应遵守的礼仪规范,初步学会适应特定的环境。
2. 练习独立性,比如一个人去人才市场看看,回来后谈谈感想。
3. 练习恒心毅力,每周找一天步行 5 公里[①]。
4. 查找自己缺失的职业素养,掌握提升职业素养的实现路径。

第二节 职业素养的地位及培养的意义

情境模拟

一天傍晚 5 点左右,某公司仓管员小王接到采购部电话,说有物料将运到,他等到 8 点多也没有供应商来送货,在用内线联系不到采购部人员后,他就下班回家了。而这批原料是公司生产急需的,因原料未及时到位,给公司造成了严重损失。小王也被领导痛批没有职业素养。

小王是不是可以再多想一些?多做一些?多沟通一些?

基础知识

一、职业素养在工作中的地位

工作中需要知识,但更需要智慧,而最终起到关键作用的就是职业素养。良好的职业素养是企业必需的要素,是个人事业成功的基础,是大学生进入企业的"金钥匙"。缺少职业素养,一个人将一生庸庸碌碌,与成功无缘;拥有职业素养,会少走很多弯路,以最快的速度通向成功。

《一生成就看职商》的作者吴甘霖回首自己从职场惨败到走上成功之道的过程,再总结比尔·盖茨、李嘉诚、牛根生等著名人物的成功历史,并进一步分析所看到的众多职场人士的成功与失败,得到了一个宝贵的理念:一个人的能力和专业知识固然重要,但是,在职场要成功,最关键的并不在于他的能力与专业知识,而在于他所具有的职业素养。他提出,一个人在职场中能否成功,取决于其职商,而职商由以下十大职业素养构成,如表 1–2 所示。

表 1–2 十大职业素养

序号	职业素养	说　　明
1	敬业	只有你善待岗位,岗位才能善待你
2	发展	与单位需要挂钩,才会一日千里
3	主动	从要我做到我要做
4	责任	会担当,才会有大发展

---

① 1 公里=1 千米。

续表

序号	职业素养	说　　明
5	执行	保证完成任务
6	品格	小胜凭智，大胜靠德
7	绩效	不重苦劳重功劳
8	协作	在团队中实现最好的自我
9	智慧	有想法更要有办法
10	形象	你就是单位的品牌

前面已经提到，很多企业之所以招不到满意人才，是因为找不到具备良好职业素养的毕业生，可见，企业已经把职业素养作为对人才进行评价的重要指标。如成都大翰咨询公司在招聘新人时，要综合考察毕业生的5个方面：专业素质、职业素养、协作能力、心理素质和身体素质。其中，身体素质是最基本的，好身体是工作的物质基础；职业素养、协作能力和心理素质是最重要和必需的，而专业素质则是锦上添花的。

二、职业素养培养的意义

（一）职业素养培养对个人的成长意义重大

从个人的角度来看，培养职业素养最直接的意义在于能大大提高学生的就业竞争力。适者生存，个人缺乏良好的职业素养，就很难取得突出的工作业绩，更谈不上建功立业。

职业素养中的职业道德，属于人生观和价值观的范畴，其重要内涵是爱岗敬业、诚实守信。随着大众化高等教育的发展，用人单位对人才的选择余地渐宽，超越学历之外的劳动力职业素养问题逐渐为用人单位所关注。

现在很多人缺乏对所投身职业的基本素养的了解，还不懂得学历与职业之间经常不对称的关系。当一个人的职业素养与工作技能不能满足用人单位的要求时，就业难的问题就难以避免。一方面，大学生感叹就业难；另一方面，许多用人单位也在抱怨找一个合适的新员工难。多数企业在招聘一些重要岗位时，更多的考虑是为企业输入所需人才，实现合理配置，以实现企业长足发展。因此，应聘人员的职业素养尤其是道德品质就成为一个重要的录用标准。如果学生具有一定的专业水准，又能够表现出良好的职业素养，就有被录用的可能。但现实是不容乐观的，大多数毕业生的基本职业能力普遍达不到雇主的要求，学生们在校的时候更多地专注于技能的养成而忽视了基本工作能力，但这恰是职场中很重要的素质。企业对一些新员工评价低，大部分原因是其工作态度差，而非工作业绩和业务能力欠缺。大学毕业生在供需见面会上的自主择业过程中，职业素养好的学生往往受招聘单位的欢迎，比较容易就业，而职业素养差的学生可能难以就业。在求职过程中，部分学生专业水平较低，不能通过专业测试；部分学生能顺利通过专业测试，但终因不善沟通、不注重细节、不讲诚信等职业素养的欠缺，最终失去就业机会。

（二）职业素养培养可以提高企业在市场上的竞争力

从企业角度来看，唯有聚集具备较高职业素养的人员才能实现生存与发展的目的，他们可以帮助企业节省成本，提高效率，从而提高企业在市场的竞争力。

（三）职业素养培养直接影响着国家经济的发展

从国家的角度看，国民职业素养直接影响着国家经济的发展。正因如此，职业素养教育才显得尤为重要。当前大学生群体中，有相当一部分学生对自己要求不严格，职业素养缺失，从而导致就业状况不理想。因此，着力培养大学生的职业素养已成为当前高校教育的一个迫切的社会任务。因此需要高职院校深入实际，不断探索，重视学生职业素养的培养，为社会培养合格有用人才，为我国社会主义经济的稳步发展做出贡献。

案例链接

知识拓展

能力训练

1. 主动去组织一次学生活动，担当一些任务。
2. 每周至少两次主动去协助辅导员老师做一些工作。
3. 坚持每天主动清扫教室。
4. 坚决完成老师布置的各项任务。

第三节　职业素养提升的实现路径

情境模拟

王华在一所职业技术学院上学。学校按照教学计划的安排，组织王华所在的专业学生去旅行社顶岗实习。在实习期间，王华虚心学习，经常向老员工请教，勤于锻炼，主动工作，不怕吃苦，任劳任怨。每次带团回来后都进行总结反思，向领导同事请教，探讨业务上不明确的问题，渐渐锻炼了自己的能力，在同学中脱颖而出，受到旅行社领导的赏识，领导经常派他去担任一些重要的任务。

王华为什么会得到旅行社领导的赏识？

基础知识

大学生职业素养的培养应该着眼于整座"冰山",并以培养显性职业素养为基础,重点培养隐性职业素养。当然,这个培养过程不是家长、学生、学校、企业哪一方就能够单独完成的,而应该由四方共同协作,实现"四方共赢"。

一、职业素养的自我培养

作为职业素养培养主体的大学生,在大学期间应该学会自我培养。

(一)培养职业意识

雷恩·吉尔森说:"一个人花在影响自己未来命运的工作选择上的精力,竟比花在购买穿了一年就会扔掉的衣服上的心思要少得多,这是一件多么奇怪的事情,尤其是当他未来的幸福和富足要全部依赖于这份工作时。"很多高中毕业生在跨进大学校门之时就认为已经完成了学习任务,可以在大学里尽情地"享受"了。这正是他们在就业时感到压力的根源。清华大学的樊富珉教授认为,中国有69%~80%的大学生对未来职业没有规划、就业时容易感到压力。中国社会调查所最近完成的一项在校大学生心理健康状况调查显示,75%的大学生认为压力主要来源于社会就业。50%的大学生对于自己毕业后的发展前途感到迷茫,没有目标;41.7%的大学生表示目前没考虑太多;只有8.3%的人对自己的未来有明确的目标并且充满信心。培养职业意识就是要对自己的未来有规划。因此,大学期间,每个大学生应明确我是一个什么样的人?我将来想做什么?我能做什么?环境能支持我做什么?着重解决一个问题,就是认识自己的个性特征,包括自己的气质、性格和能力,以及自己的个性倾向,包括兴趣、动机、需要、价值观等。据此来确定自己的个性是否与理想的职业相符。对自己的优势和不足有一个比较客观的认识,结合环境如市场需要、社会资源等确定自己的发展方向和行业选择范围,明确职业发展目标。

(二)显性职业素养的培养

配合学校的培养任务,完成知识、技能等显性职业素养的培养。职业行为和职业技能等显性职业素养比较容易通过教育和培训获得。学校的教学及各专业的培养方案是针对社会需要和专业需要所制订的。旨在使学生获得系统化的基础知识及专业知识,加强学生对专业的认知和知识的运用,并使学生获得学习能力、培养学习习惯。因此,大学生应该积极配合学校的培养计划,认真完成学习任务,尽可能利用学校的教育资源,包括教师、图书馆等获得知识和技能,作为将来职业需要的储备。

(三)隐性职业素养的培养

有意识地培养职业道德、职业态度、职业作风等方面的隐性职业素养是大学生职业素养培养的核心内容。核心职业素养体现在很多方面,如独立性、责任心、敬业精神、团队意识、职业操守等。事实表明,很多大学生在这些方面存在不足。有记者调查发现,缺乏独立性、会抢风头、不愿下基层吃苦等表现容易断送大学生的前程。而喜欢抢风头的人被认为没有团队合作精神,用人单位也不喜欢。如今,很多大学生生长在"6+1"的独生子女家庭,因此在独立性、承担责任、与人分享等方面都不够好,相反他们爱出风头、容易受伤。因此,大学生应该有意识地在学校的学习和生活中主动培养独立性、学会分享感恩、勇于承担责任，不要把错误和责任都归咎于他人。自己摔倒了，不能怪路不好，要先检讨自己，承认自己的错误和不足。

大学生职业素养的自我培养应该加强自我修养，在思想、情操、意志、体魄等方面进行自我锻炼。同时，还要培养良好的心理素质，增强应对压力和挫折的能力，善于从逆境中寻找转机。

二、学校对大学生职业素养的培养

为了培养大学生的职业素养，高校应该从以下几个方面着手以满足社会需要：

（一）将大学生职业素养的培养纳入大学生培养的系统工程

从高中毕业生进入大学校门的那一天起，学校就应该使他们明白高校与社会的关系、学习与职业的关系、自己与职业的关系。全面培养大学生的显性职业素养和隐性职业素养，并把隐性职业素养作为重点培养。

（二）成立相关的职能部门协助大学生职业素养的培养

如以就业指导部门为基础成立大学生职业发展中心，并开设相应的课程，及时向大学生提供职业教育和实际的职业指导，最好是配合提供相关的社会资源。另外，深入了解学生需要，改进教学方法，提升大学生对专业学习的兴趣，满足学生对本专业各门课程的求知需求，尽可能向学生提供正确、新颖的学科信息。

（三）帮助学生形成正确的职业意识

帮助学生树立人生观和价值观，养成良好的学习和生活理念，帮助学生认识社会、观察社会，并结合学生自身的实际情况，初步形成正确的职业意识和理性的从业观念。

（四）帮助学生懂得专业课的重要性

要在课堂教学中，尤其是专业学科教育中加强引导，专业课的学习将直接影响学生将来的就业或进一步从事研究工作。新生从入学开始，如果能懂得专业课的重要性。就可以在未来四年的大学学习期间做到有的放矢，围绕专业课，逐步了解并热爱自己的专业，为未来工作奠定坚实的基础。通过专业知识的学习研究，使学生养成好学上进的优良品质，最终形成良好的职业素养。

（五）帮助学生培养职业理想

指导学生设计职业生涯规划，培养学生的职业理想。职业生涯规划是指个人和组织相结合，在对一个人职业生涯的主客观条件进行测定、分析、总结研究的基础上，对自己的兴趣、爱好、能力、特长、经历及不足等各方面进行综合分析与权衡，结合时代特点，根据自己的职业倾向，确定其最佳的职业奋斗目标，并为实现这一目标做出行之有效的安排。美国的戴维·坎贝尔说过，目标之所以有用，仅仅是因为它能帮助我们从现在走向未来。职业生涯规划的目的就是要对自己的未来有规划。职业规划的过程，也是认识自我、分析自我、要求自我的过程，学生根据自身的个性设计职业生涯规划，明确职业发展目标，筹划未来，为自己选择一条真正适合自己的事业发展道路，最终实现职业理想。

（六）强化学生的职业意识

积极开展第二课堂，强化学生的职业意识。学校要积极为大学生创造在课外学习和锻炼的机会，通过具备实际社会工作经验的实习指导教师对学生进行职业层面的帮助，通过学习、实践和锻炼，逐步培养良好的职业修养和职业素质。要通过开展公益活动、社会调查、社会服务、勤工助学等方式，增强大学生的社会责任感和使命感，增强艰苦奋斗、吃苦耐劳和自强、自立的意识，为他们自觉树立良好的职业道德意识打下基础。在参与社会实践活动时，要让学生在工作中学会交往、学会包容、学会竞争和合作。通过严格管理，有效规范学生的行为，强化他们的时间观念，使他们养成遵规守纪的良好习惯。通过习惯养成，把职业规范内化为自身道德素养，渗透到思想中去，转化为工作中的实际行动。总之，社会的进步和高速发展，对劳动者的职业素养提出了越来越高的要求，大学生这一特殊的群体要在社会和高校的合力培养下，严格要求自己，充分发挥自身的主观能动性，努力提高职业素养，提升就业竞争力，较快地适应职业岗位的要求，进而实现"就业——职业——事业"的转变，成长为新世纪的合格人才，为社会发展做出更大的贡献。

三、社会资源与大学生职业素养的培养

大学生职业素养的培养不能仅仅依靠学校和学生本身，社会资源的支持也很重要。很多企业都想把毕业生直接投入"使用"，但是却发现很困难。企业界也逐渐认识到，要想获得职业素养较好的大学毕业生，企业也应该参与到大学生的培养中来。可以通过以下方式来进行：

（1）企业与学校联合培养大学生，提供实习基地以及科研实验基地。

（2）企业家、专业人士走进高校，直接提供实践知识、宣传企业文化。

（3）完善社会培训机制，并走入高校对大学生进行专业的入职培训以及职业素质拓展训练等。

总之，大学生职业素养的培养是目前高等教育的重要任务之一，而这一任务的进行，需要家长、大学生、高校及社会4个方面的协同配合才能有效。

案例链接

知识拓展

能力训练

1. 训练虚心学习、主动工作的意识。
2. 训练勤于锻炼、不怕吃苦的意识。

思考与练习

1. 职业素养的含义是什么?
2. 职业素养有哪些核心要素?
3. 职业素养的地位及培养的意义是什么?
4. 查找自己缺失的职业素养,掌握职业素养提升的实现路径。

加快推进职业教育现代化,开创我国现代职业教育新局面——在推进职业教育现代化座谈会上的讲话(刘延东)

职业素养故事48篇

北京职教试点"隐性能力"培养

一个日本木工眼中的职业素养——《匠人精神》读书笔记

第二单元

职业理想

知识目标

1. 掌握职业个性的含义。
2. 掌握职业理想的含义。
3. 了解职业理想的作用。

能力目标

1. 初步认识自己的职业个性。
2. 确立自己的近期职业目标。
3. 明确自己的远期职业理想。

第一节 认识职业个性

情境模拟

小花大学学的专业是影视广告,而毕业前去实习,分配的实习岗位却是客服,与专业一点沾不上边。一个要埋头苦干,不需要你说几句话;另一个要善于交际,一天若不打满2小时电话,准被主管批。性格内向的小花,实习第二天就上线做销售。一开始出单不多,还可以说得过去,因为她是新人,然而过了几个月,业绩仍然没有显著提高。问她努力了吗?她每天的电话外拨量可要比"销售冠军"多一倍!可郁闷的是,成功率却正好相反。

实习结束后,听说公司竟有意让她转正,待遇尚可。她犹豫过,毕竟早就业可以减轻父母的负担。可最后她还是豁出去了,客服毕竟只是她职业生涯中的小插曲,即使签了合同来上班,但她的兴趣不在于此,性格更不会妥协。最终天平仍向兴趣倾斜,她还是去上学了,读有关动画方面的课程,尽管这个选择让她非但暂时拿不到工资,还要倒贴学费,但毕竟离她所向往的职业目标更近了一步。至于赚钱,慢慢来,兴趣有了,面包自然会有的。

你怎样看待小花的选择?

基础知识

一、职业个性的内涵

职业个性是个人对职业环境中的人、事、物的喜好程度以及与职业有关的活动主动接触参与的积极心理倾向。职业个性在人的职业活动中起着重要的作用,如果个人的职业个性特点与职业环境所要求的职业类型相匹配的话,可以促进人的职业定向和职业选择,增强人的职业适应性和稳定性。

例如,有的人对待工作总是一丝不苟,踏实认真;在待人处事中总是表现出高度的原则性、果断、活泼、负责;在对待自己的态度上总是表现为谦虚、自信、严于律己等,所有这些特征的总和就是他的职业个性。

二、认识自己的职业个性

在职业心理中,个性影响着一个人对职业的适应性,一定的个性适于从事一定的职业;同时,不同的职业对人有不同的性格要求。因此,不仅要考虑自己的职业兴趣,还要考虑自己的职业性格特点。"人贵有自知之明",只有从自身出发,从自己所受的教育、自己的能力倾向、自己的个性特征、身体健康状况出发,才能够准确定位,瞄准适合自己的岗位去不懈努力。

职业和生活完全分离的观念已过时,人们越来越多地倾向于将自己的个人生活与职业、事业融合在一起。春节后,Elisa(艾丽莎)辞去了自己工作十多年的、在美国通用电气公司的职业。她说:"年轻的时候,我不知道自己的兴趣,更不知道什么才是适合自己的职业。工作十多年后,觉得失去了很多,如健康、快乐与生活的本质!"现在,她从事的是一份自由自在的色彩顾问工作,而且还是四五家时尚杂志的特约专栏顾问。Elisa 是幸运的,在人到中年的时候,拥有了一份属于自己的"天空"。工作的最高境界就是快乐。一次对全美成功人物的调查表明,他们中 94% 的人做着自己喜爱的工作。请相信,一个不知道什么工作才是真正适合自己的人,不管他(她)如何努力,绝不会有优异的表现!

青年人更容易把自己放在很高的起点去观察我们的周围环境,思考我们的职业未来,甚至还想将来所从事的工作条件要比别人好一些,付出的劳动比别人少一些,拿的工资却要比别人高一些。显然,这种失去"自我"的职业憧憬是"空中楼阁",是"水中月亮",永远是可望而不可即的。

(一)要客观认识自己的个性特点

大家选择职业要考虑自己的性格特征,尽量选择适合自己性格的工作,因为每一种工作都对从业者的性格有特定的要求。如果自己有意从事某一类型的工作,也要有目的地培育相应的性格特点。

(二)要客观认识自己的内在素质与外在形象

内在素质如学识、心理、道德、能力等,外在形象如外貌、风度、举止、谈吐等。

(三)要客观认识自己的兴趣、特长和爱好

兴趣是爱好的推动者,爱好是兴趣的实行者,只有一个人的兴趣、爱好相辅相成,才能相得益彰。一个人的优势、特长得到发挥,有利于实现人生价值的最大化。因此,一个人选择职业时要从自己的兴趣爱好出发,因为有些职业需要某种兴趣爱好,有些职业明确禁止和反对某种兴趣爱好。

（四）要客观认识自己与社会、个人与集体的关系

要能认识到自己的人生价值主要在于对社会的贡献,个人的成长与进步离不开集体。

（五）不断完善对自己的认识

没有一成不变的事物,我们要用发展的眼光看自己,俗语说:"士别三日,当刮目相看。"通过努力,我们会不断地完善自己。

案例链接

知识拓展

能力训练

一、自我描述训练，回答问题

1. 你最要好的同学或朋友是谁？他有哪些优点？
2. 你最喜欢的人是谁？为什么？
3. 你和父母的关系如何？你在家待的时间长了,父母对你的态度如何？为什么？
4. 你最感兴趣的事是什么？
5. 哪些事让你很开心？为什么？
6. 哪一件事你做得最满意，为什么？
7. 哪一件事你认为做得最失败？有什么教训？
8. 你曾经想成为什么样的人？
9. 你的理想生活是什么样的？
10. 目前有没有短期的职业目标？
11. 你发现哪些不良的习惯已经干扰了你的计划或打算？
12. 假如你可以随意改变自己的状态，你最想改变的是什么？

二、你在别人心目中的形象测试

对第 1、第 2 题，请朋友或同学在题中认可的词语下标明，对第 3、第 4 题，请朋友口述，自己记录。

1. 此人的优点：漂亮、可爱、诚实、节俭、聪明、气质好、意志坚强、知识渊博、勤奋、乐观、大方、有创意、其他。
2. 此人的缺点：邋遢、浪费、俗气、虚伪、气量小、吝啬、拖拉、缺乏知识、虎头蛇尾、自私、自卑、自负、眼高手低、自制力差、其他。
3. 做得好的事情。
4. 做得不对的事情。

三、全面认识自己，制订训练计划

训练计划如表 2-1 所示。

表 2-1 训练计划

序号	基本情况	自我评价	同学评价	训练内容	训练后情况	备注
1	外貌					
2	气质					
3	举止					
4	谈吐					
5	学识					
6	心理					
7	道德					
8	能力					
9	性格					
10	兴趣					
11	爱好					
12	世界观					
13	价值观					

训练学生正确评价自己、接受自我。人贵有自知之明，就是说自己对自己应有一个全面的、客观的认识，优点、缺点应当心中有数，明白自己的长处与不足，这样才能扬长避短，量力而行，切不可拿己之不足来比人之长，不要事事尽求完美。

四、性格调整训练

（一）内向型的人

1. 和一位不太熟的人交谈半个小时。
2. 参加一项集体活动，尽情表现自己。

3. 主动与人打招呼。

（二）外向型的人

1. 让自己一口气读完一本小说。
2. 学习做一些手工制作。
3. 到流水边看流水一个小时。

（三）暴躁型的人

1. 发一次脾气，罚自己跑 1 500 米。
2. 遇事赶快离开现场。
3. 发一次脾气，罚自己做一件最不愿意做的事。

五、下面的测验根据人的职业性格特点和职业对人的性格要求两方面来划分类型，根据自己的实际情况，对下面的问题作出回答

第一组：
（1）喜欢内容经常变化的活动或工作情景。
（2）喜欢参加新颖的活动。
（3）喜欢提出新的活动并付诸行动。
（4）不喜欢预先对活动或工作做出明确细致的计划。
（5）讨厌需要耐心、细致的工作。
（6）能够很快适应新环境。

第二组：
（1）当精力集中于一件事时，别的事很难使其分心。
（2）在做事情时，不喜欢受到出乎意料的干扰。
（3）生活有规律，很少违反作息制度。
（4）按照一个设好的工作模式来做事情。
（5）能够长时间做枯燥、单调的工作。

第三组：
（1）喜欢按照别人的指示办事，不需要负责任。
（2）在按别人的指示做事时，自己不考虑为什么要做这些事，只是完成任务。
（3）喜欢让别人来检查工作。
（4）在工作上听从指挥，不喜欢自己作出决定。
（5）工作时喜欢别人把任务的要求讲得明确而细致。
（6）喜欢一丝不苟地按计划做事，事出有因，直到得到一个圆满的结果。

第四组：
（1）喜欢对自己的工作独立作出计划。
（2）能处理和安排突然发生的事情。
（3）能对将要不得已发生的事情负起责任。
（4）喜欢在紧急情况下果断作出决定。
（5）善于动脑筋、出主意、想办法。

（6）通常情况下对学习、活动有信心。

参考答案：选择"是"的次数越多，则相应的职业性格类型越接近你的性格特点；选择"不"的次数越多，则相应的性格类型越不符合你的性格特点。

1. 变化型。在新的和意外的活动情景中感到愉快，喜欢经常变化的工作，追求多样化的生活，以及那些能将其注意力从一件事转到另一件事上的工作情景。

2. 重复型。喜欢连续不断地从事同样的工作，按照一个机械的和别人安排好的计划或进度办事，喜欢重复的、有规则的、有标准的职业。

3. 服从型。喜欢按别人的指示办事。不愿自己独立作出决策，而喜欢对分配给自己的工作负起责任。

4. 独立型。喜欢计划自己的活动和指导别人的活动，在独立和负有职责的工作中感到愉快，喜欢对将要发生的事情作出决定。

一份安逸、待遇优厚的工作，对一些人未必合适；一份艰辛、充满挑战的工作，却可能给一些人提供发挥潜能的巨大舞台。就业的过程，就是认识自我、评价自我、适应社会的过程。在求职择业中，要科学地认识和把握。

第二节 树立职业理想

情境模拟

北京水利水电学校的孙岩同学立志做一名污水治理专家。他制订了"勤奋学习，不断提高污水处理方面的知识和能力"的计划，决心在生活中培养自己敢于吃苦、做事稳重、认真努力等优秀品德，将来在认真工作的同时利用业余时间学习污水处理工程师的课程。他想10年后创办污水研究所，进行污水处理方面的研究，使北京拥有绿水蓝天的宜人景色。

祝愿有志者事竟成。

基础知识

一、职业理想的内涵

职业理想是人生理想在个人职业领域的体现，是人们在职业上依据社会要求和个人条件，借想象而确立的奋斗目标，即个人渴望达到何种成就的愿景与向往。

它是人们实现个人生活理想、道德理想和社会理想的手段，并受社会理想的制约。职业理想是人生理想的重要组成部分，是指人们在一定的世界观、人生观、价值观的指导下，对未来职业表现出的一种强烈的向往和追求，是实现其他人生理想的基础和保障。职业理想作为人所特有的一种主观意识，是人们对一定社会生产方式及其所形成的职业地位、职业声望和职业成就的超前反映。社会分工、职业发展演变等客观因素将对职业理想的发展、变化产生重要的影响。

职业理想是社会历史发展的产物，它随着社会职业的出现而产生，并随着社会职业的出现不断丰富和完善，伴随着科学技术的发展和职业的专门化而不断发展。职业理想是人们对自己未来职业生活的设计和规划，是实现人生理想的重要载体。职业生活是社会生活的重要组成部分，可以说，人的理想追求、成败得失大部分都体现在职业生活当中。

二、职业理想的作用

（一）职业理想是个人成功的基石

职业理想是实现个人理想、体现人生自我价值的必要条件。现实生活中，一个人要想事业有成，实现自己的抱负，达到自我价值的实现，往往需要通过职业活动来实现。人生的理想追求、成败得失大部分都体现在职业生活当中。职业理想是成就事业、推动社会进步的一种精神力量，是实现人生理想的基础。

（二）职业理想是个人成功的导向标

列夫·托尔斯泰在《最后的日记》中说："理想是指路明灯。没有理想，就没有坚定的方向；没有方向，就没有生活。"

职业理想在择业、创业及其准备过程中起着精神引领和导向作用。每个人的人生目标是通过职业理想来确立的，并通过职业理想来实现。也就是说，科学的职业理想确立后，人们根据职业理想来规划学习、工作实践，从知识、技能等去完善职业素质，有明确的职业目标、切合实际的职业理想，再经过努力奋斗，人生目标必然会实现。所以，职业理想起着非常重要的导向作用。

（三）职业理想是个人成功的源动力

职业理想是成就事业、推动社会进步的动力，一个人一旦树立了远大的职业理想，在精神上就有了支撑，就有了坚强的意志。有了这样的精神支柱，在实现职业理想的过程中，不论遇到多大的困难和挫折，不论遇到多少艰难险阻，就都能做到坚持不懈、百折不挠、一往无前。科学的职业理想能激发同学们的斗志，为实现职业目标而努力奋斗。因此，职业理想是高职学生择业、创业的源动力。

三、树立职业理想

（一）职业理想分类

1. 短期职业理想

这是指 2 年以内的职业规划，主要目的是确定近期具体目标，制订近期应完成的任务和计划。

2. 中期职业理想

这是指 2～5 年内的职业规划，主要是完成从理想向实践过渡的过程。

3. 长期职业理想

这是指 5～10 年内的职业规划，是在前期实践的基础上修正并制定更长远的目标。

4. 终生职业理想

这是指对整个职业生涯的规划，时间跨度可达 40 年左右，目的在于确定整个人生的发展目标。

（二）树立自己的职业理想

1. 确立近期职业目标

进行积极的人生探索，树立正确的职业观和择业观；了解职业的内涵及在人生中的重要意义，懂得性格与未来所要从事的职业之间的关系；正确对待社会分工和职业差异，能够根据社会需要和自身条件合理地选择就业目标。

2. 树立中、远期职业理想

树立正确的职业理想和职业期望，根据自身特点、职业需求和职业兴趣正视自身优缺点，扬长避短，选择最适合自己特点的专业和职业。建立所学专业与未来可能从事职业之间的联系，并由此形成学生的职业兴趣。

要懂得职业理想不等于理想职业。一般认为当个人的能力、职业理想与职业岗位最佳结合时，即达到三者的有机统一时，这个职业才是你的理想职业。只要你的职业理想符合社会需要，而自己又确实具备从事那种职业的职业素质，并且愿意不断地付出努力，迟早会有一天实现自己的职业理想；而理想职业却带有很大的幻想成分。

案例链接

知识拓展

能力训练

1. 确立自己的近期职业目标。
2. 明确自己的远期职业理想。

第三节　提升职业敏感度

情境模拟

仅一天，他就在火车站入站口抓获三名逃犯，这个人叫刘秀环，是广州火车站派出所民警。"普通人和逃犯是不一样的，一个眼神、一个动作、一件小东西，都不能放过。干这行，既要会察言观色，也要会以貌取人。"刘秀环说。刘秀环在查验一名青年男子的车票时，这名男子装作没听见，掉头就走。"有戏"，丢下这两个字，刘秀环几步跨上前去，抓住了这名男子的胳膊。几个回合下来，这名男子时而自称"陈伟"，时而又冒称"陈义明"。禁不住刘秀环刨根究底，该男子终于在纸上写下了"陈德强"三个字。"嗒嗒嗒"一敲键盘，果然，陈德强的大名赫然在目：男，26岁，湖南沅江人，被公安部网上通缉。看似偶然，机会说来就来，用刘秀环的话说，一个眼神就可能看穿逃犯，凭的是第六感觉。什么是第六感觉，说得深一点，那就是职业敏感度。

什么是职业敏的感度？

基础知识

一、职业敏感度的内涵

职业敏感度就是一个人对职业的关注程度和反应敏捷度，也就是一个人对他所从事的行业或岗位中随时可能发生的事件所具备的敏锐的洞察力和灵敏的反应处置能力。

职业敏感性是对职业的一种悟性，是对某一职业有一种超乎常人的洞察力，对职业信息有强烈的接受、反应、判断和分析能力，是从业者对职业的理解与适应能力的综合体现。同时，职业敏感性又是一种职业潜能，是智力的一种关键属性。反扒警察能从别人游移的眼神中抓住小偷；银行的收银员能凭手感判别纸币真伪，这种依靠职业磨炼出来的本领就是职业敏感性。

二、职业敏感度的重要性

职业敏感度对一个人的职业成就至关重要，没有职业敏感度的人无法成为行业的佼佼者。职业敏感度和个人兴趣、职业天赋（潜力）、职业阅历（从业时间、培训程度、职业努力）等因素有密切关系。

（一）职业敏感度有助于人们成为行业的佼佼者

人们可以观察以下三种现象：

第一种现象是，通过对大量不同职业的人进行观察，可以发现，不同的人对不同的职业有不同的敏感度，有些人对某些行业或事情简直是天才，悟性极高，做事效率和质量都是一流的；而对另一些行业或事情确实愚钝不堪，怎么都不开窍。这一现象反映了一个人的职业适应性，也就是职业天赋（潜力）。

第二种现象是，绝大多数的人对同一行业或同一事情因训练程度和从业时间长短不同，其工作效率和质量也大不相同。这一现象说明人的职业敏感度可以通过培训和实践锻炼进行提高。

第三种现象是，人们对自己喜欢的事情或行业职业敏感度会相对提高得快一些，而对自己不喜欢的事情或行业，职业敏感度则会提高得相对慢一些。

人们常说兴趣是最好的老师，人的职业兴趣至关重要。而职业兴趣既有先天的，也就是与生俱来的；也有后天的，也就是通过培养而激发出来的。但不论是先天的还是后天的，都是从业的基本条件。

职业天赋是与生俱来的,也许一时看不出来,但可以通过实践开发出来。但如果没有天赋,即使有十分的兴趣、百倍的努力,也可能碌碌无为。

仅凭职业兴趣和职业天赋所带来的职业敏感度是有限的,没有大量的职业实践,是不可能具有很高的职业敏感度的。

随着科学的飞速发展,研究人的职业适应性和培养人的职业敏感度,对于个人的职业选择和职业成就具有重要的科学价值和社会意义。有位从事人力资源管理的资深人士坦言:由于工作上的原因,职业敏感度特强,尤其是面试一个人时,从头到脚、从少年到成年、从优点到缺点、从工作到个人生活、从本人到家庭成员,都会想方设法去了解,通过多年的工作,感觉职业敏感度对一个人的职业成就至关重要。

(二)职业敏感度有助于提高团队竞争力

团队竞争力强弱的宏观表现是团队在静态市场环境下稳定产出规模的差异或在变动市场环境下资源有效利用率与稳定性的差异。职业敏感度有利于养成"主动发现问题、主动思考问题、主动解决问题"的习惯,以激发工作热情,这种热情可以使团队焕发青春、保持活力、勇于创新、积极进取。因此,职业敏感度有助于提高团队竞争力。

(三)职业敏感度有助于事业创新

高度的职业敏感性可帮助我们发现新问题、提出新观点、实现新突破,还有助于节约时间,少走弯路。

三、提升职业敏感度的途径

(一)勤于学习

必须坚持不懈地学习,养成良好的学习心态和学习习惯,克服骄躁情绪和浮躁心态,忙中求静,挤出时间来学习和"充电",以提高自己知识的广度和深度,使自己能够跟上时代的步伐,不断接受新观念。力求多读书、读好书、多实践、勤思考、多总结、善归纳。抱着迂腐的旧观念不放是许多人职业敏感性差的直接原因。索尼公司的创始人盛田昭夫曾说过:"顾客的需要不是顾客告诉你的,而是你在关心顾客时想到的。"由此可见,要注意在实践中不断积累经验,特别是要经常回顾及反思别人或自己成功和失败的原因,要经常温故而知新。

必须不断提高自身的业务素质,努力成为所辖专业的"千里眼"、"顺风耳"。在工作中事事留意、样样关心,使自己成为一个有心人。俗话说:"要揽瓷器活,得有金刚钻。""眼要尖、心要细。"在持续学习的基础上不断创新思想观念、工作思路和方法。只有不断加强学习,才能使我们的管理更加成熟,管理创新能力得到提升,才能提高应对市场的能力和切实增强职业敏感性。

(二)勤于分析

分析信息是培养职业敏感度的关键。

1. 建立信息渠道

要在第一时间了解到你需要的信息,就是要把渠道建立起来,与自己的领导建立沟通平台。这可以通过报纸、电视、网络来固定获取，也可以通过自己的下属的报告、与人闲谈间接获得，自己在这方面的渠道越多，信息的来源越便捷，才能为下一步及时有效地分析信息打下一个良好的基础。

2. 分析信息

这是最关键的一步，如分析本单位局域网的工作信息，分析上级单位公布的信息，留心报纸上的信息，出现某种状况马上就开始分析，注意发生在自己周边的新闻（如听听北京新闻）。这步不难，任何人只要想做，认真做，都能做得很好。

3. 评估预判

根据分析报告评估预判自己下一步的工作，提供分析报告，提出合理化建议，这样工作才能走在前面，化被动为主动。

（三）勤于实践

不断实践是不断提高人的职业敏感度的最好途径。不要奢望走其他捷径。实践的作用是提高人对事物或工作的认识深度、细度和全面性，提高人感知的灵敏性、判断的准确度。当你重复面对同一种事物或工作时，你可以练到不经过理性分析就能准确无误地解决问题。熟能生巧的道理人人都懂，《庖丁解牛》《卖油翁》的故事很多人耳熟能详，"纸上得来终觉浅，绝知此事要躬行。"陆游这两句诗也道出了读书和实践的关系。在实践中，书上的信息、知识、方法会变得具体、生动、鲜活起来，经过实践的东西，会从平面状态变成立体的状态，让人记忆深刻。信息、知识、方法经过了实践，会化成人的智慧和能力。

实践能使人将事物、事情、工作之中的细微差别分辨出来，可以揭开许多伪装，让人看清事物的本来面目，从而采取准确有效的解决方法，收到预期效果。所以有个伟人说："你要想知道梨子的味道，就得亲口尝一尝。"要想成为一个成熟的管理者，一定要深入到管理实践中去，锻炼摸爬滚打，品尝苦辣酸甜，熟悉专业、熟悉行业、熟悉人员、熟悉资源、熟悉市场、熟悉政策和环境，等等。当对所在单位的一切了如指掌时，你忽然觉得轻松起来，那就是你对管理入了门。

经过严格训练的军人才能打胜仗，经过培训和驾车锻炼的司机才能成为合格的驾驶员，经过临床锻炼的医生才能成为合格医生，经过风浪考验的船长才能避免沉船。作为一个记者，仅满足于跑会议、记材料是"记"不出好新闻的，必须深入生活、深入实际、深入社会最基层，经历千辛万苦的实地采访，才能抓到好新闻。守株待兔的工作作风是当不了好新闻记者的，只有在工作中不断地磨炼自己，掌握大量的线索和素材，经过深刻思考和提炼，找出事物内在的规律性和亮点，选出有重要新闻价值的信息作为选题线索，然后进行深入调查采访，才能挖掘出新鲜的议题，起到新闻效应。同样，没有经过相当时间的管理实践的人，即使天分极高，读过 MBA，也很难成为称职的管理者。

总之，职业敏感性要通过日常的工作来培养，凡事不能被动接受，应该学会动脑筋思考，要善于捕捉到有价值的信息，发现工作中的细节，深入地识别现象背后所隐藏的本质。只要时刻树立成本意识、效率意识、质量意识、责任意识、团队意识、创新意识、完美意识、细节意识，具备积极的心态、学习的心态、奉献的心态、专注的心态、感恩的心态，在工作中有意识地进行历练，职业敏感性就能不断得到提升。

案例链接

知识拓展

能力训练

1. 和几位同学建立学习小组，有意识地互相训练，增强对职业信息的接受、反应、判断和分析能力。
2. 有意识地训练自己的完美意识、细节意识。
3. 认真地做好每一件事情。
4. 有意识地培养自己的职业敏感度。

职业理想（MBA智库百科）

浅谈大学生职业核心能力培养的途径-（豆丁网）

一个美国卡车司机的理想

第三单元

品格素养

知识目标

1. 掌握品格素养的主要内容。
3. 认识提升品格素养的重要意义。
4. 掌握提升品格素养的方法与途径。

能力目标

1. 掌握品格素养的核心要素。
2. 树立提升品格素养的意识。
3. 在实践中不断提升自身的品格素养。

第一节 敬业务实

情境模拟

小张今年从一所高职院校毕业,找到了一份商场销售员的工作。刚开始上班的时候,商场舒适整洁的环境、公司同事的友好相处,使小张感到每天的工作都很舒心。可是,时间长了,小张就感到销售员站立工作很累,尤其是接待难缠的客户、业绩难以上升,都使她感到工作很辛苦。于是,工作两个月后,她辞去了这份工作。后来,经朋友介绍,小张又找到了一份公司文员的工作,朝九晚五的上班节奏、相对宽松的工作方式使她感到比第一份工作好多了,打算长久地做下去。但是,3个月之后,小张因为对文案写作很不擅长、工作任务琐碎,常常没有处理好工作,影响到了公司整体的工作进程。同事的不满、领导的指责,使她对自己渐渐失去了信心,无奈只好辞职。接着,小张又通过中介到一家企业的车间做流水线上的工作,又觉得如此简单、重复的工作没有挑战性。现在的小张,虽然已经工作半年,但是对自己的职业生涯一直难以建立自信。经常在想:自己到底适合什么工作呀?

小张已经跨出校门,她的职场困惑是什么?什么原因导致她频繁跳槽?谈谈如何才能帮助小张摆脱职场困境。

基础知识

敬业是一个职业人员最重要的信条和品格之一。良好的敬业意识是从业人员的核心职业素养，是一个合格职业人的必备条件。一个敬业的人，无论从事多么了不起的工作，还是从事多么不起眼的工作，都会抱着认真、一丝不苟的态度，勤勤恳恳，任劳任怨，即使为此付出更多的代价也在所不惜。对于从业人员而言，是否具备敬业意识，不仅关系到个人是否能够履行岗位职责，而且直接关系到所在企业的工作能否顺利运行。

一、敬业意识的范畴

（一）敬业意识的内涵

敬业自古以来就是中华民族的传统美德。宋代理学家朱熹曰："敬业者，专心致志，以事其业也。"敬业就是要用一种恭敬的态度对待自己的工作，是从业人员认真履行岗位职责，兢兢业业、一丝不苟地对待工作。敬业意识作为最基本的职业道德规范，是对人们工作态度的一种普遍要求。具备敬业意识就意味着人们能够对自己所从事的职业具有敬重的情感，并对事业专心致志，恪尽职守。对于从业人员来说，要做到敬业，首先要热爱自己的工作岗位，热爱本职工作，即爱岗。而爱岗能使人产生强大而持久的工作动力，积极主动地投入工作中，从而做到敬业。因此，爱岗是敬业的基础，敬业是爱岗的延伸。

（二）敬业意识的本质

敬业的实质是热爱本职，忠于职守。热爱本职就是要求每位从业人员，不论从事何种职业，都要尊重自己所从事的本职工作，勤勉努力、认认真真地完成各项工作任务。忠于职守就是在热爱本职工作的基础上，甘于奉献、恪尽职守、精益求精，把履行岗位职责视作高于一切的神圣使命，甚至在必要的情况下，能够忘我牺牲、以身殉职。

（三）敬业意识的三种境界

敬业是从业人员安身立命之本。任何人要想做出一番成绩，就必须尊重并全身心地投入工作中。敬业有三种境界，分别是乐业、勤业和精业。

1. 乐业

乐业是敬业的基础。论语有言："知之者不如好之者，好之者不如乐之者。"可见，使人感兴趣的事物，往往能够产生强大的精神动力。乐业的人通常对工作具有浓厚而持久的职业兴趣，即使工作劳动强度大、负担重，仍然能够从内心感受到愉悦和充实。他们把工作视为一件快乐、享受的事，乐此不疲地忘我工作。当前，在大学生求职时，提倡"爱一行干一行"的择业观念，就是鼓励同学们要结合自己的职业兴趣确定定位。

2. 勤业

勤业，即从业人员刻苦努力、勤勤恳恳地从事工作，积极主动地迎接挑战，顽强地克服重重困难和阻碍，坚持完成工作。古今中外，凡是成就一番事业的人，大多都具备顽强的毅力和勇气，勇于克服工作中的艰难险阻，最终取得了一般人难以企及的辉煌成就。俗话说：

"台上一分钟，台下十年功。"这句话体现出辉煌成绩的背后往往是长期的坚持不懈、刻苦勤奋。

3. 精业

业精于勤而荒于嬉。也就是说，人们只要做到勤业，必然能够达到精通业务、成绩斐然的境界。当今社会是知识经济的时代，科技发展日新月异，新工艺、新技术层出不穷，客观上要求从业人员具有强大的创新能力。因此，同学们只有具备与时俱进的学习意识和能力，才能不断吸收新知识和新技能，才能实现个人的持续发展。

二、敬业是一种基本的职业道德

1. 敬业是一种心态

敬业，就是干一行，爱一行。你工作的同时，也是你履行社会责任的过程，你出色的工作就是对社会的贡献。其实，快乐地工作也是工作，痛苦地工作也是工作，为什么不快乐地工作呢？再次，要善于在工作中思考。人一旦思考，时间就会过得飞快，这样，想琐事的时间就少了，无聊就少了。同时，在思考中你会发现工作中不好的地方、制度中不合理的方面，等等，你会思考解决的方法，并付诸实践。久而久之，你就成了智者和实践者。这样你就越发有成就感，也就更加热爱自己的职业了。

2. 敬业是一种行为

敬业，就是不轻视工作中的每件事。无论事情大小，都要全身心地投入，满怀责任感地完成。肯德基在打入中国市场之初，公司先后派了两位代表来考察，第一位代表的创意只是停留在空谈上，第二位代表则是脚踏实地地走街访巷，发放调查问卷，做对比研究，坚定地以自己的行动来实现肯德基的中国梦想。第二位代表无疑给公司带来了财富，真正地体现了敬业。敬业，就是自动自发地工作。现代职场的竞争日益激烈，企业对员工的评价和考核标准也日趋多元化。但是，几乎每一家优秀的企业都会强调员工的敬业精神。一个思想和行动上都体现敬业精神的员工，能够为企业带来巨大的财富；同样，员工因为敬业，所以被企业认同，赋予重任，从而能在更大的舞台上发挥自己的才能。

3. 敬业是一种基本的职业道德

敬业精神，作为现代职业人所应该具备的一种基本职业道德，是责任心在职业上的体现。现实中，很多年轻人并不是因为没有才华和能力找不到工作，而是因为缺乏敬业精神。

很多年轻人刚入社会时都有这样的感觉：自己做事都是为了老板、为他人挣钱。所以，就有许多员工认为：反正给别人打工，能混就混，公司亏损也不用我去承担。平时做事情就满足于差不多，满足于交差，而不是一丝不苟，做到精益求精，做到尽善尽美。殊不知，缺乏敬业精神，不仅是对自己的一种不负责任，同时也是一种不道德的表现。

比利时有一档著名的基督受难舞台剧，演员辛齐格是耶稣的扮演者，他几年如一日地在剧中扮演受难的耶稣，他高超的演技与忘我的境界常常让观众不觉得是在看演出，就像是真的看到了台上再生的耶稣。

一天，一对远道而来的夫妇在演出结束之后来到后台，他们想见见扮演耶稣的演员辛齐格，并合影留念。合完影后，丈夫一回头看见了靠在旁边的巨大的木头十字架，这正是辛齐格在舞台上背负的那个道具。

丈夫一时兴起，对一旁的妻子说："你帮我照一张我背负十字架的相吧。"于是，他走过去想把十字架拿起来放到自己背上去，但他费尽了全力，十字架仍纹丝未动，这时他才发现，那个十字架根本不是道具，而是一个真正用橡木做成的沉重的十字架。

在使尽了全力之后，他不得不气喘吁吁地放弃了。他站起身，一边抹去额头的汗水，一边吃惊地问辛齐格说："道具不是假的吗？你为什么要每天都背着这么重的东西演出呢？"辛齐格说："如果感觉不到十字架的重量，我就演不好这个角色。在舞台上扮演耶稣是我的职业，和道具没有关系。"

辛齐格的敬业精神让人震撼，同时我们也可以这样说：职场中没有道具，你要做好你的工作，就必须投入全部的敬业精神与激情。在工作中，做事做到位，负责负到底，将敬业精神作为一种基本的职业道德来对待，并且将敬业精神始终如一地坚持下去。

在那些具备敬业精神的职业人士心目中，再也没有比工作本身更能给他们带来满足与快乐的事了。美国石油大王洛克菲勒曾说过："除了工作，没有其他任何活动能提供如此高度的充实自我、表达自我的机会，也没有哪项活动能提供如此强烈的个人使命感和一种活着的理由。"

敬业的员工之所以受欢迎，不仅是因为他们能对企业负责，更重要的是，他们意识到了敬业是一种使命，是一种责任，是一种精神和职业道德。

三、培养敬业意识的意义

敬业是人们做好本职工作的前提，也是职业道德规范的基础。对于大学生而言，培养敬业意识的意义体现在以下三个方面。

（一）敬业意识是个人实现职业发展的保证

工作是人们赖以生存和发展的基础和保障，工作不仅提供了经济收入的来源，而且提供了人们自我实现的精神动力。职业无贵贱，"三百六十行，行行出状元。"如果人们热爱自己的工作岗位，热爱本职工作，就能够对自己的工作抱有满腔的热情，能够克服重重困难，竭尽全力地去完成工作。一般情况下，人们努力工作的回报，不仅有丰厚的经济报酬，还会有努力工作的愉悦感和满足感、个人价值的实现等精神层面的收获。敬业意识是从业人员实现自我价值的必要条件。工作岗位没有高低贵贱之分。干一行爱一行，爱一行钻一行。有很多人都在平凡的岗位上做出了不平凡的成绩，就是源自对工作的尽职尽责、精益求精、锲而不舍。

（二）敬业意识是企业发展的根本保障

人才，是企业和社会发展最核心的要素。企业的正常运行，需要所有员工都能兢兢业业、恪尽职守地工作。每个企业的发展壮大，都需要大量具有敬业意识的员工。任何一个人的玩忽职守，都可能给企业带来不可估量的损失。当前，很多企业在招聘员工的时候，都把敬业意识作为最基本的用人原则。因为他们认识到，只要员工具备了敬业意识，那么他就能够时刻为企业的发展着想，就能够激发出积极向上的动力。即使专业技术暂时不够精湛，也会出于对工作的高度热情而迸发出勤奋学习、刻苦钻研的动力。

（三）敬业意识是培育社会主义职业道德的必由之路

敬业意识是社会主义职业道德最基本、最起码、最普通的要求。敬业的核心要求是严肃认真、一心一意、精益求精、尽职尽责。我们倡导"以辛勤劳动为荣、以好逸恶劳为耻"的社会主义荣辱观,既是社会发展的客观需要,也是从业者立足社会、创造美好生活的自觉要求。党的十八大报告所倡导的社会主义核心价值观中,敬业是针对公民职业道德方面的核心要求。实现中华民族伟大复兴的中国梦更需要每个人都在自己特定的岗位上,满怀强烈的责任心与使命感,勤奋敬业、拼搏奉献。

四、提升敬业意识的途径

具备敬业意识,担负主人翁的责任是每一位从业人员应该具备的职业素养,同时也是个体实现其社会价值的重要品质。因此,大学生在校学习期间,就要自觉提升敬业意识,可从下列几个方面着手。

(一)树立职业理想、强化职业责任、遵守职业纪律、提高职业技能

1. 树立职业理想

俄国作家托尔斯泰曾说过:"理想是指路明灯,没有理想,就没有坚定的方向,就没有生活。"职业理想是人们的职业发展目标和方向。职业理想贯穿于职业活动实践的始终,它决定着从业者的基本劳动态度。树立正确的职业理想,不仅有助于正确地选择职业,明确职业发展方向,而且有助于学生在学习阶段,充分调动自身的积极性和主动性,最大限度地施展自身的才华,实现未来的职业生涯目标。同学们在树立职业理想时,要把个人志向、国家利益和社会需要有机结合起来。

2. 强化职业责任

职业责任是指人们在一定职业活动中所承担的特定的职责,它包括人们应该做的工作和应该承担的义务。每一个从业人员,在本职工作岗位上都应该明确和认定自己的职业责任。充分发挥自身的潜力,增强职业责任的意识和能力。

3. 遵守职业纪律

自觉遵守职业纪律是履行岗位职责的前提条件。没有规矩,不成方圆,如果人们对职业纪律置之不理,就会出现有令不行、有章不循的现象,必然导致工作出现无序和混乱。因此,在工作中,只有人人自觉遵守工作的规章制度,照章办事,才能使各项工作井然有序,从而提高工作效率。

4. 提高职业技能

职业技能,指学生将来就业所需的技术和能力。职业技能不仅能在人们确立职业态度、明确职业理想的过程中起到积极作用,而且也是从业者职业理想付诸实现的重要保障。学生是否具备良好的职业技能是能否顺利就业的前提。学生在校期间,不仅习得了一定的专业理论知识和技能,而且能够达到某种岗位的技能要求,毕业就可以直接上岗,这在就业市场上非常有竞争力,为尽快适应工作环境奠定了基础。

(二)要实现个人价值与集体发展的有机统一

当前,"90后"大学生具有个性张扬、唯我独尊的鲜明群体特征。在工作中,他们思路敏捷、创新意识强烈,往往能够为企业的发展注入新鲜的活力。从企业发展的角度来看,员工在尊重个性、追求个人价值的同时,也要关注集体的利益,要站在企业整体利益的角度来处理问题。俗话说:"大河有水小河满,大河无水小河干。"企业的发展壮大,要依靠每个员工的辛勤奉献。这就要求从业人员要自觉投身到企业的工作中,把工作当成一项事业来热爱

和完成。

（三）爱一行钻一行

当前，就业实行的是求职者与用人单位的双向选择。毕业生有广阔的空间选择自己感兴趣的工作，"择己所爱"，这就为热爱工作提供了前提条件。爱一行，钻一行。在现代社会里，职业分工虽然不同，但是没有高低贵贱之分。因此，每个从业者都要对自己的职业和岗位心存敬重之情。工作不仅可以提供一个谋生的手段，使人从中可以获得物质的生活来源，而且能够使个人的才能得到发挥，提供实施个人才华、实现个人人生价值的舞台。同学们要以积极向上的态度来对待工作，热爱自己所选择的工作，敬重自己所从事的职业和工作岗位，才能够在工作中获得幸福感和荣誉感。

（四）塑造精益求精的工作态度

工作上追求更加完美，好了还求更好。对自己的工作要深入钻研、精益求精。仅仅完成自己的分内工作是对从业者最基本的要求，敬业意识更重要的是要充分发挥主观能动性，积极主动地深入钻研业务，具有创新意识和能力，以求取得更好的工作效果。当前，很多企业普遍建立了优胜劣汰的工作制度，企业也具有选择员工的自主权。一般企业都倾向于选择踏踏实实、精益求精的员工。敷衍了事、缺乏敬业意识的求职者会越来越没有市场。

（五）养成良好的工作习惯

千里之行，始于足下。对自己的工作要做到尽职尽责、恪尽职守。作为一名合格的职业人士，在工作中，不管做什么事都要敬业，做大事如此，做小事也是如此；一个人不管为谁工作都要敬业，为自己工作如此，为他人工作也是如此。因此，在很多世界500强的公司中，一个合格员工的标准就是有效地把敬业变成一种习惯。如果将敬业变成一种习惯，那么员工就会拥有一流的工作能力。要想成为一名有作为的员工，就应该具备强烈的敬业精神，让敬业成为工作中的一种习惯，这样才能让自己成为一个堂堂正正的职业人士。

案例链接

知识拓展

能力训练

自我测试——测测你的敬业精神

1. 测试导语

（1）本测试用来测量你的敬业态度

（2）测试由一系列陈述句组成，请仔细阅读，按要求选择最符合自己情况的答案，并将所选答案序号填写在题后括号内。

（3）答案标准如下：

A. 不同意　　　　　　B. 介于 A、C 之间　　　　　　C. 同意

2. 开始测试

（1）不拿企业的一针一线。（　　　）

（2）在规定的休息时间之后，立即返回工作场所。（　　　）

（3）一看到别人违反规定，立即向企业领导反映。（　　　）

（4）凡与职务有关的事情，注意保密。（　　　）

（5）不到下班时间，不离开工作岗位。（　　　）

（6）不采取有损于本企业名誉的行动，即使这种行动并不违反规定。（　　　）

（7）自己对本企业有利的意见或方法都提出来，不管自己是否得到相应的报酬。（　　　）

（8）不泄露对竞争者有利的信息。（　　　）

（9）注意自己与同事们的关系。（　　　）

（10）接受更繁重的任务和更大的责任。（　　　）

（11）只为本企业工作，不兼任其他企业的工作。（　　　）

（12）对外界人士要说有利于本企业的话。（　　　）

（13）把本企业的目标放在与工作无关的个人目标之上。（　　　）

（14）为了完成工作，在工作时间以外，自行加班加点。（　　　）

（15）不论在工作上还是在工作以外，避免采取任何削弱本企业竞争地位的行动。（　　　）

（16）用业余时间研究与工作有关的信息。（　　　）

（17）购买本企业的产品或服务，不买竞争者的产品或服务。（　　　）

（18）凡是支持本行业和本企业的人，均投赞成票。（　　　）

（19）为了工作绩效，要做到劳逸结合。（　　　）

（20）在工作日的任何时间内及工作开始以前，绝对不喝烈性酒。（　　　）

3. 计分评估

敬业程度低下：选项"A"有 6 个以上。

敬业程度中等：选项"A"在 3～5 个。

敬业程度上等：选项"A"在 1～2 个。

敬业程度卓越：选项"A"为 0 个。

第二节 吃苦耐劳

情境模拟

"没想到一进去就要被派到外地,工作还没日没夜,太可怕了!"大四毕业生王泳(化名)叹着气离开一家企业的招聘摊位,手里还拿着没敢投出去的简历。王泳告诉记者,这家公司规模很大,本来自己挺感兴趣,可一开口询问企业的招聘要求,对方就问他能不能吃苦,还罗列出了新员工所应经受的磨炼,王泳只得抽回简历匆匆逃走。

这家公司人力资源部的黄先生说:"我们是一家化工企业,对员工要求比较高,尤其是要能吃苦。"于是,今年想出了"吃苦测试"这一招,夸大一些困难,比如把原来5分的苦说成9分,对于确实要被外派从事管理任务的新人,他们则会以"在流水线上进行操作"的艰苦来试探,等等。黄先生告诉记者,这个测试还颇为奏效,"有近三成的学生被'吓跑'了,这样企业一开始就剔除掉一些不能吃苦的应聘者。"

王泳之所以失去了一次很好的就业机会,其原因是什么?

基础知识

吃苦耐劳是中华民族的传统美德,是前人留给我们的宝贵精神遗产。随着社会经济的进步和社会文明的发展,吃苦耐劳品质在当今社会中越来越凸显其所具有的时代价值。吃苦耐劳品质是一个人尤其是青年大学生所应该具备的基本的优秀品质之一。苏轼说:"古之立大事者,不唯有超世之才,亦必有坚忍不拔之志。"也就是说,一个人如果想有一番作为,一个是吃苦,即使把自己所有的时间、精力、资源都用于对目标理想的实现,为此愿意牺牲自己的娱乐和休息时间,愿意忍受任何艰险困苦,愿意付出数以百倍的心血与汗水;另一个是耐劳,即在执着地追求自己的目标理想时,不管遇到任何困难和挫折,耐得住寂寞,耐得住诱惑,永不言弃,不达目的绝不罢休,坚持不懈,持之以恒。

一、吃苦耐劳的含义

吃苦耐劳是指能过困苦的生活,也经得起劳累,它是一个人的基本素质和必备美德。无论是"故天将降大任于斯人也,必先苦其心志,劳其筋骨,饿其体肤,空乏其身,行拂乱其所为,所以动心忍性,曾益其所不能",还是"吃得苦中苦,方为人上人",还是"书山有路勤为径,学海无涯苦作舟",都歌颂了吃苦耐劳的精神。现阶段,吃苦耐劳也成了各行各业招聘员工时的必要条件,是员工爱岗敬业的基础和要求。

我们要辩证地看待"苦"和"累",俗话说:"不经历风雨,怎能见彩虹。"人生不可能事事圆满,生活之路不会只有快乐,经历苦累才能真正体味生活本义。善于苦中作乐才能达至成功彼岸。跌倒了,爬起来!这是一句最容易说的话,却是一辈子也做不好的事。脚下的路,还有更多的累,你到底还能走多远?你到底能走多远,不是因你的腿有多长,也不是因你的力气有多少。脚下的路,是由你的意志决定的。这种意志就是吃苦耐劳的精神,是你不断成长成功成才的必要条件,也是你在成长成功成才过程中不断领悟和累积起来的宝贵财富,我们应该珍惜。

二、吃苦耐劳的意义

（一）吃苦耐劳是从业者的必备素质，是能否顺利就业的关键

年轻人吃不了苦是企业和用人单位当下比较犯难的事情。企业反映，他们招人时青睐于招能吃苦耐劳的群体，例如农村大学生、非独生子女等，最不愿意招收的就是不能吃苦的"瓷娃娃"，当代大学毕业生中有很大比例的人缺乏吃苦耐劳的精神，这些人的主要表现有：选择工种和岗位时挑肥拣瘦，不能服从企业安排；企业有紧急任务时不愿加班；不能够与同事和睦相处、遇事总爱斤斤计较等。

（二）吃苦耐劳是磨炼超常素质的基础

大部分职业者在吃苦耐劳中成长并成功成才。实践证明，吃苦耐劳能培养从业者持之以恒、坚持到底的毅力，能形成从业者踏实稳重、不好高骛远的品质，能锻炼从业者成为自信自尊自立自强的人，能鞭策从业者从小事做起、从自我做起，更能激励职业劳动者去钻研精益求精的技术，在平凡岗位上实现自我，奉献社会。

（三）吃苦耐劳能够培养人们热爱生活珍惜生活的品质

吃苦，乃是一种资本。没有经历饥肠辘辘的痛楚，你便不知道一粒米的珍贵，不知道那些被骄阳晒黑了皮肤的劳动者的可敬，当然更无从感受饿得天旋地转时的可悲和伸手乞讨时的可怜。没有尝过寄人篱下的滋味，经不起一点风吹雨打，正是现实中有些年轻人的共性，家人的过多溺爱让他们的性格中缺少了吃苦的精神，过于安逸的生活常让之失去克服困难的勇气。唯有教育年青一代学会吃苦耐劳，才能培养他们热爱生命、感恩世界、珍惜生活的品质。

三、吃苦耐劳的基本要求

（一）从业者要正确处理职业理想和理想职业的关系

要树立"吃苦在前，享受在后"的观念，不能因为工作的"苦"和"累"而退却。不能输在起跑线上——这话被多少人奉为准则，然而又有多少人明白"吃苦耐劳"也是一条起跑线？如今职场竞争激烈，而所谓竞争，归根结底就是素质的竞争。吃不了苦、耐不得劳，成了"瓷娃娃"，实际上是自己封杀了自己的发展空间。"吃苦耐劳"也是一面镜子，照出了今天一些大学毕业生的现状。眼高手低，言行脱节，对工作漫不经心，受到一点批评就大吵大闹，稍遇挫折就怨天尤人，不懂得待人接物的基本礼仪……诸如此类毛病较多。大学生只有树立"吃苦耐劳"的品质和精神，方能在职场里奋斗出自己的一片天地。

（二）从业者要正确处理职业与个人成才的关系

要发扬"吃苦耐劳"的精神，脚踏实地，艰苦奋斗，立足岗位成功成才。吃苦耐劳是成功秘诀，那些能吃苦耐劳的人，很少有不成功的。这是因为苦吃惯了，便不再把吃苦当苦，能泰然处之，遇到挫折也能积极进取；怕吃苦，不但难以养成积极进取的精神，反而会对困难挫折采取逃避的态度，这样的人当然也就很难成功成才。

（三）从业者要正确处理个人眼前利益与长远利益的关系

要吃苦耐劳，开拓创新，为企业贡献力量、为社会奉献自我。吃苦要从小做起，从我做起，不要过分计较眼前的"吃苦"是否立刻给你带来利益，吃苦是一个过程，是过程中积累的财富，成功更是一个过程，是过程中沉淀的珍珠。著名经济学家钟朋荣从经济学角度将温州人艰苦创业归结为"四千"精神，就是历尽千辛万苦，说尽千言万语，走遍千山万水，想出千方百计。吃别人所不能吃的苦，忍别人所不能忍的气，做别人所不能做的事，方能超越平凡、实现辉煌。

案例链接

知识拓展

思考与练习

有三个年轻人同时回答一个问题："你怎样看待吃苦耐劳？"第一个人说："现在生活那么好，还提吃苦，都过时了。"第二个人说："我找工作之前肯定会向用人单位保证我能吃苦，找到了工作再吃苦，那就叫傻了。"第三个人说："吃苦是中华民族的优良美德，祖祖辈辈的吃苦换来了我今天的幸福生活，我要忆苦思甜，把吃苦耐劳的精神坚持下去。"

想一想，如果你是三个人中的一个，你同意谁的回答？为什么？

第三节 责任纪律

情境模拟

李可是一家家具销售公司的部门经理。有一次，他听到一个消息：公司高层决定安排他们这个部门的人去外地处理一项很棘手的业务。为了逃避这项工作，李可提前一天请了假。第二天，上司安排任务，他不在，就直接把任务交给他的助手，让助手向他转达。当助手通过手机向他汇报这件事时，他便以自己身体不适为借口，让助手顶替自己前去处理这项工作。同时把处理的办法教给了助手。半个月后，事情办砸了，李可怕公司高层追究自己的责任，便以已经请假为借口，谎称自己不清楚这件事的具体情况，一切都是助手办的。但纸是包不住火的，当总裁知道了事情的真相后，毫不犹豫地辞退了他。

李可被公司辞退的原因是什么？

基础知识

责任意识，就是清楚地知道什么是责任，并自觉、认真地履行社会职责和参加社会活动，把责任转化到行动中去的心理特征。有责任意识，再危险的工作也能减少风险；没有责任意识，再安全的岗位也会出现险情。责任意识强，再大的困难也可以克服；责任意识差，很小的问题也可能酿成大祸。责任就是承担应当承担的任务，完成应当完成的使命，做好应当做好的工作。

一、责任意识概述

（一）责任

根据《辞源》和《辞海》的解释，"责"的语义非常丰富，包括责任、职责、负责、责问、谴责、诘问、责备、处罚、责罚、索取、要求、要求、督促等。在现代汉语中，"责任"一词有三个互相联系的基本词义：一是根据不同社会角色的权益和义务，一个人分内应做的事，如岗位责任、尽职尽责等；二是特定人对待特定事项的发生、发展、变化及其成果负有积极的助长义务，如"担保"责任、"举证"责任等；三是由于没有做好分内的事情（没有履行角色义务）或没有履行助手义务而承担的不利后果或强制性义务，如"违约"责任、"侵权"责任、"赔付"责任等。

责任是一种义务、一种使命，也是推动事业发展的原动力。

"责任"一词在不同语境中具有不同的含义。一般来说，任何人在人生的不同时期都肩负有特定的责任。责任是随着人的社会角色不同而不同的。例如，父母对子女的责任是监护和教养，医生的责任是治病救人，教师的责任是教书育人，法官的责任是秉公执法等。

（二）责任意识

责任意识，或者说责任感，是道德品质的一种体现。

责任意识是指不同社会角色的权利、责任、义务在人脑中的主观映像。它是一个人的行为生活或工作中对待他人、家庭、组织和社会是否负责，以及负责的程度。

责任意识是一种自我约束的价值取向。这种约束限定了自己应该怎么做、不应该怎么做，确定了个人生活、工作、处事的原则，确定了个人劳动付出、创造绩效、奉献社会的途径。它是一个立足社会、获得事业成功和家庭幸福的至关重要的人格品质。对于个体来说，责任意识就是要认清本身的社会角色和社会对他的需求，尽心履行责任和义务。例如，大学生要有努力学好职业本领的意识；医生要有医术精深、救死扶伤的意识；公务员要时刻牢记履行公务员的权利和义务；企业员工要积极承担岗位职责、完成任务、做出贡献等。

对于不同身份的人来说，他们必须具有合理的责任意识并认真履行，才能保证个人的健康成长和发展，保证社会的和谐与稳定。

对于一般公民来说，责任意识是指个体对所承担的角色的自我意识及自觉程度。它包含两方面的内容：一个人既要对自己的行为后果承担相应的责任，又要为他人和社会负责。

（三）责任意识的作用

一个人有无责任意识，责任意识的强弱，不仅影响到自己在群众中的信誉，而且直接影响到他在校期间的学习成绩、就业过程中的工作绩效、所在单位目标任务能否完成。良好的责任意识是个人进步的动力，它能提醒和督促自己主动地付出和贡献，不断创造出业绩。如果一个人缺乏责任意识，他在学习、生活或工作中就会消极被动，得过且过，毫无建树；面对各种诱惑而不能自持；一旦身处逆境，便消沉绝望，难以自拔。

1. 责任意识能够激发出个人潜能

每个人都蕴藏着巨大的潜能，但并非都能够发挥出来，这固然有多方面的原因，然而，其中不可忽视的因素就是人的责任意识。

一个有强烈责任感的人，对待工作必然尽心尽力、一丝不苟，不把它做好决不罢休；遇到困难，决不轻易放弃。责任心能激发出他的巨大潜能，驱使他想方设法、竭尽全力做好工作。

据说，法国有个名叫桑尼尔的飞行员，他在清洗战斗机时，突然感到肩膀被拍了一下，回头看，竟是一只大狗熊。他在惊恐之中急忙把水枪对准狗熊，由于用力过猛，水枪脱手落地。他施展全身力气纵身猛跳，跃上了两米多高的机翼。在他的呼救声中，哨兵端着冲锋枪跑过来击毙了狗熊。一个人在没有助跑的条件下能跳两米多高，这的确令人难以置信。况且，他后来做过多次实验都没有再跳上过。但在生死关头，确实是由于自救的责任感激发了他的生理潜能，使他有了超常的发挥，竟然跳上了机翼而脱险。

相反，一个责任意识淡薄的人，由于不愿意也不可能全身心地投入工作，他的潜能就不可能被激发出来。因而，即使他工作经历再久，也只能是碌碌无为。

历代无数名人和先烈英模对于国家和事业无不具有强烈的责任心和使命感。正是这种责任心和使命感充分激发出了他们的潜能，使他们做出了常人难以达到的贡献。例如诸葛亮"鞠躬尽瘁"、岳飞"精忠报国"，这是为国尽责的楷模。许多辛苦耕耘、舍己救人、抗灾捐献、以身殉职的人，许多不达目的决不罢休而终于获得成功的人，都是在履行自己的责任，完成某种历史使命。

2. 责任意识能够促进个人成功

一个人有了责任意识，就会对自己负责，做自我的主宰，就愿意主动承担责任。这样他就会全身心地投入自己的岗位工作，精益求精地完成本职任务；他还会乐意承担额外的事务，多担一份责任，多做一份贡献。多担一份责任，就多经受一番历练，这就增长了个人担负更多、更重要职务的能力。显然这将会提高工作绩效，有利于职位升迁，促进个人职业发展与成功。

任何工作都意味着某种责任。职位越高，权力越大，他所担负的工作责任就越重。任何人只要应聘就职，他就必须对工作担负责任。比尔·盖茨对他的员工说："人可以不伟大，但不可以没有责任心。"德国大众汽车公司有句格言"没有人能够想当然地保有一份好工作，必须靠自己的责任感去争取一份好工作。"

责任感是简单而无价的，它使一名员工在组织中得到信任和尊重，得到重用和升迁，既展现出个人价值，又做出社会贡献。主动承担更多的责任，这是许多成功者的必备素质。

3. 责任心关系到事故是否发生

我国一向高度重视安全工作，制定了有关的法律和举措，力求把安全事故降到最低。在减少安全事故的过程中，有关工作人员的责任心起着关键作用。它往往关系到事故是否发生。

在现实社会中，有些在职人员对工作认真负责，一丝不苟，一旦发现安全隐患或突发险情，立即采取有效措施，避免了许多重大、特大安全事故。

2010年5月6日，济南某航空兵师飞行员冯思广在同中队长驾机进行夜间飞行训练时，遭遇发动机空中停火。这时，飞机前方是灯火通明、人群熙攘的夜市。他们以对人民高度负责的精神，不顾个人安危，立即改变飞行轨迹，避免了一起飞机坠落在济南繁华市区的特大灾难。冯思广却因推迟跳伞而壮烈牺牲。

通过电视广播，我们也了解到：多年来，由于某些职工和领导干部缺乏责任心，玩忽职守，曾造成过难以弥补的经济损失，或酿成许多惨重灾难（如火灾、煤矿事故等）。例如，一张设计图纸上标注数据的一个小数点错位，会造成大批零件的报废；一批广告产品把厂家电话号码的一位数字印错，曾引发了该广告公司的巨额赔款和公司倒闭。

二、责任意识的培养

（一）责任意识的培养目标

每个人都负担着多种社会角色，每种社会角色各有特定的社会责任。我们的责任意识应当围绕不同的社会角色来培养，可以从下列五个方面做起。

1. 对自己负责

培养自尊、自信、自主、自强、自律的意识，充分发挥个人的聪明才智，使自己成为一个对社会有用的人。

2. 对他人负责

尊重他人，接纳他人，以诚待人，与他人和谐相处，富有爱心和合作精神，真诚关心他人的安全和利益，乐于助人，力求使自己成为他人的良师益友。

根据《深圳青年》杂志报道，大连市公交司机黄志全在行车途中突发心脏病。在生命的最后一分钟里，他做了三件事：把车缓缓停在路边，打开车门让乘客安全下车，将发动机熄火。他趴在方向盘上停止了呼吸。他的行为充分表现出了对工作、对他人高度负责的精神。

3. 对集体负责

树立集体观念，珍视集体荣誉，主动关心爱护集体，坚持把个人利益放在集体利益之下，决不做有损集体声誉的事；积极参加集体活动，主动为集体事业的发展尽心尽力，与集体共荣辱，维护集体的荣誉和利益。

阿基勃特是美国标准石油公司的一名员工。他在任何场合签名时，总要附加一句公司的宣传词"每桶4美元的标准石油"。时间一久，同事们就把"每桶4美元"作为他的外号。董事长得知此事，问他得此外号为什么不生气。他说："'每桶4美元'是本公司的宣传词。别人每叫一次，就替公司免费做一次宣传，我为什么要生气呢？"这种时刻不忘提高公司声誉的负责精神，使他创建了不凡的业绩。

4. 对家庭负责

作为一名家庭成员，应当尊老爱幼，在努力追求事业成功的同时，妥善处理家庭的感情和物质生活，夫妻恩爱，对其他家庭成员负责，营造温馨和谐的家庭，家庭幸福是多重成功标志的一个重要方面。

5. 对国家负责

树立热爱祖国、报效祖国的伟大理想，爱护国家财产和公共设施，爱护环境，积极参加公益活动，努力学习和工作，将自己毕生的经历贡献给建设祖国的伟大事业。

（二）在工作中增强责任意识

现实中，我们不难听到这样的抱怨："我们辛辛苦苦地工作，每个月才那么点钱，干吗要为老板卖命？""市场经济讲究等价交换，拿多少钱，干多少活，我光加班不拿钱，那不是给老板白干活了？"这便是有些打工者的"哲学"，他们的人生信条是：老板给多少钱，我就干多少活，这样才不吃亏，至于对企业负责，那是老板考虑的问题。其实，对工作负责就是对自己负责，工作兢兢业业，一方面是在为自己的前途打拼，一方面是在为自己的能力添砖加瓦，另一方面也是借着企业这个平台逐渐实现自己的理想。

1. 对个人行为负责

一个人走向成熟的第一步是勇于承担责任。美国总统林肯曾在发表的声明中说道："我们要对所有美国人，对基督，对历史，以至对上帝负责。"如果不能以同样的精神担起我们本应担负的责任，我们就永远不能说自己已经成熟。

我们经常遇到这种情况，当孩子在椅子上摔倒后，为哄孩子会踢一下椅子："破椅子，都怪你！"其实摔倒是小孩子站不稳的缘故，不干椅子的事。长此以往，孩子只会忘记自己的责任而乐于将责任推给别人。我们都已经脱离跌倒了便迁怒于椅子的孩童阶段，应当直面人生，为自己负责。当然，这样做比较困难。怪罪我们的家长、老板、环境、亲人要容易得多，有必要的话，我们还可以怪罪祖先、政府，或者我们还可以有一个最好的借口，责怪幸运之神的不公。不成熟的人总能为他们的缺点和不幸找到理由，而且是令自己置身事外的理由：他们的童年很悲惨，他们的父母太贫穷或太富有，他们缺少教育，他们体质虚弱，他们埋怨家人不了解他们……认为命运之神跟他们过不去，仿佛整个世界都在与自己为敌。其实他们是在为自己找替罪羊，而不是设法克服困难。

能为自己的思想、工作习惯、目标和生活负责，你会发现你在开创自己的命运，走上成功之路。

1968年，在墨西哥奥运会男子马拉松赛场上，坦桑尼亚的选手阿赫瓦里在19公里处被挤倒又遭踏伤。他拖着被踩穿孔的膝盖和脱臼的肩膀坚持跑完了全程。晚上19时，阿赫瓦里跌跌撞撞地跑进了主会场。此时，比赛已经结束了一个小时，获奖者颁奖典礼早已结束。偌大的体育场里，只剩下场地工作人员和最后一批即将散去的观众。短暂的沉默后，在场所有的观众和工作人员面向阿赫瓦里举起了双手，雷鸣般的掌声经久不息。比赛结束后，一个记者过来采访阿赫瓦里："你怎么没中途退出比赛呢？"阿赫瓦里说出了奥运会史上最朴实也最震撼人心的名言："我的祖国把我从7 000英里[①]外送到这里，不是让我开始比赛，而是要我完成比赛。"

2. 干好第一份工作

想要有所作为，首要的是干好本职工作，对于刚毕业的大学生来说，则要干好自己的第

[①] 1英里=1.609千米。

一份工作。处境的改变、理想的实现、事业的成功,很多时候不在于你做的是什么工作,而在于你的工作做得怎么样。

当年因海湾战争而扬名全球、后来又被美国前总统小布什重用的鲍威尔,他的第一份工作是在一家汽水厂抹地板。当时他就打定主意要做个最好的抹地工人,结果第二年就被提升为副工头,最终成为声名显赫的军事家和政治家。他的成功史告诫人们:凡是能成大业者,不会嫌弃平凡的工作,都是在实干的基石上建立起自己的金字塔的。

迈阿密《先驱》报荣誉总裁罗伯托·苏亚雷斯,刚到美国时在《先驱》报做临时工,专门站在广告插入机器前,将一份份广告加入报纸内,每天工作15个小时。他认为这是一生中最严峻的时期,但也是报偿最大的时期,因为他明白没有什么收获是理所当然而不需要付出努力的。

选择第一份工作可能不由自己的意志所决定,但怎么看待第一份工作,走好人生奋斗的第一步,确实是靠个人努力的。以什么样的态度去工作,这将影响你的一生。成功人士对待人生第一份工作的态度告诫人们:以尽职尽责的态度去工作,走好人生奋斗的第一步,将会影响你的一生。

麦当劳公司原董事会主席和首席执行官吉姆·坎塔卢波2004年4月19日突然辞世后,董事会随后推选时年43岁的查理·贝尔为麦当劳公司新任总裁兼首席执行官,他因此成为第一位非美国人的麦当劳公司掌门人,而且也是麦当劳有史以来最年轻的首席执行官。

查理·贝尔和麦当劳的渊源可以追溯到28年前。当时,年仅15岁的贝尔由于家境不富裕,在澳大利亚的一家麦当劳打工,他在麦当劳的第一份工作是打扫厕所。虽说打扫厕所的活儿又脏又累,贝尔却干得踏踏实实。他常常是扫完厕所,接着就擦地板,地板擦干净了,又去帮着翻翻烘烤中的汉堡。这一切被这家麦当劳的老板——麦当劳在澳大利亚的奠基人彼得·里奇看在眼里。

没多久,里奇就说服贝尔签署了员工培训协议,把贝尔引向正规职业培训。培训结束后,里奇又把贝尔放在店内各个岗位进行锻炼。悟性出众的贝尔不负里奇的一片苦心,经过几年锻炼,全面掌握了麦当劳的生产、服务、管理等一系列工作。19岁那年,贝尔被提升为澳大利亚最年轻的麦当劳店面经理。

这番经历使贝尔成为麦当劳公司所崇尚的从底层一步步晋升至公司高层的典范。2008年2月,贝尔在北京参加麦当劳续约奥运会全球合作伙伴的新闻发布会时说:"我从15岁起就在澳大利亚的餐厅兼职打工,19岁就成为澳大利亚最年轻的餐厅经理。我能做到,你们也能做到,明天的总裁就在今天的这些明星员工中间。"

3. 遇到问题不推脱

美国前任总统杜鲁门上任后,在自己的办公桌上摆了一个牌子,上面写着"book of stop here",翻译成中文是:"问题到此为止",意思是"让自己负起责任来,不要把问题丢给别人"。杜鲁门认为,负责任是一个人不可缺少的职业精神。

很多情况下,人们会倾向于首先解决那些容易解决的事情,而把那些有难度的事情尽可能推给别人。其实,工作中遇到问题时,应该勇于面对,让问题在自己这里得到解决。在老板眼里,没有任何事情能够比一个员工处理和解决问题更能表现出他的责任感、主动性和独当一面的能力。一个经常为老板解决问题的人,当然能够得到老板的青睐。

约翰和戴维是新到速递公司的两名职员。他俩是工作搭档,工作一直都很认真,也很卖力。上司对这两名新员工很满意,然而,一件事却改变了两个人的命运。一次,约翰和戴维负责把一件大宗邮件送到码头,这个邮件很贵重,是一个古董,上司反复叮嘱他们要小心。没想到,送货车开到半路却坏了。

戴维说:"怎么办,你出门之前怎么不把车检查一下,如果不按照规定时间送到,我们要被扣奖金的。"

约翰说:"我的力气大,我来背吧,距离码头也没有多远了。而且这条路上的车特别少,等车修好了,船就开走了。"

"那好,你背吧,你比我强壮。"戴维说。

约翰背起邮件,一路小跑,终于按照规定的时间赶到了码头。这时,戴维说:"我来背吧,你去叫货主。"他心里暗想,如果客户能把这件事情告诉老板,说不定还会给我加薪呢。他只顾想,当约翰把邮件递给他的时候,他却没接住,邮包掉在地上,"哗啦"一声,古董碎了。

"你是怎么搞的,我没接,你就放手。"戴维大喊。

"你明明伸出手了,我递给你,是你没接住。"约翰辩解道。

约翰和戴维都知道,古董打碎了意味着什么。没了工作不说,可能还要背上沉重的债务。果然,老板对他俩进行了严厉的批评。

"老板,不是我的错,是约翰不小心弄坏的。"戴维趁着约翰不注意,偷偷来到老板的办公室,对老板说。老板平静地说:"谢谢你,戴维,我知道了。"

随后,老板把约翰叫到了办公室:"约翰,到底怎么回事?"约翰就把事情的原委告诉了老板,最后约翰说:"这件事情是我们的失职,我愿意承担责任。另外,戴维的家境不太好,如果可能的话,他的责任我也来承担。我一定会弥补上我们的损失的。"

约翰和戴维一直等待处理的结果,但是结果很出乎他们俩的意料。

老板把约翰和戴维叫到了办公室,老板对他俩说:"公司一直对你们俩很器重,想从你们俩当中选择一个人担任客户部经理,没想到却出了这样一件事情,不过也好,这会让我们更清楚哪一个人是合适的人选。"

戴维暗想:"一定是我了。"

"我们决定请约翰担任公司的客户部经理,因为,一个勇于承担责任的人是值得信任的。约翰,用你赚的钱来偿还客户。戴维,你自己想办法偿还客户,对了,你明天不用上班了。"

"老板,为什么?"戴维问。

"其实,古董的主人已经看见了你俩在递接古董时的动作,他跟我说了他看见的事实。还有,我也看到了问题出现后你们俩的反应。"老板最后说。

4. 不为错误找借口

常言道:"智者千虑,必有一失。"一个人再聪明、再能干,也总有犯错误的时候。通常人犯了错误会有两种态度:一种是拒不认错;另一种是坦诚地承认错误并勇于改正,并找到解决的途径。

在工作中,我们经常听到这样那样的借口,它们听起来挺"合情合理"。例如上班迟到了,会有"手表停了"、"闹钟没响"、"起得晚了"、"路上塞车"、"今天家里事情太多"等借口;业务拓展不开,工作业绩不佳,会有"制度太死"、"市场竞争太激烈"、"行业萧条"、"我已经尽力了"、"还有比我做得更差的呢"等借口。可以说,寻找借口是世界上最容易办到的事情之一,只要你心存逃避的想法,就总能找出足够多的借口。

每个人都有犯错误的可能，关键在于你认错的态度。其实只要你坦率地承认错误，并努力想办法补救，你仍然可以立于不败之地。

一天，孩子在家里写作业，父亲站在家门口与邻居交谈。那天风很大，孩子拿着笔去关门。他猛地把门一推，大门碰上障碍物反弹回来。就在此时，孩子听到父亲尽量压抑但仍然压不下去的痛苦喊声。孩子将头探出门外想看个究竟，父亲立刻暴怒地扬起手，想打他一耳光。但是，不知怎的，手掌还没打过来，便颓然放下了，孩子的脸颊仅仅感受到一阵风拂面而过。邻居责怪孩子道："你太不小心了，你父亲的手几乎被夹断！"当天晚上，父亲的5根手指肿得很大，母亲在厨房里为他抹药，孩子无意中听到父亲对母亲说："我实在太痛了，本想狠狠打他一耳光，但是转念一想，是我自己把手放在夹缝处的，错误在我，凭什么打他？"

父亲的话，令孩子终生难忘，同时也让他懂得：犯了错误，必须自己承担后果，不可迁怒他人，不可推卸责任。

（三）大学生的责任意识培养

责任感不是与生俱来的，它是教育养成的。

1. 要明确自己的责任

要求大学生认清自己在不同时间、不同环境下的社会角色及其职责。

大学的责任是培养社会需要的德才兼备的人才。在大学里，大学生的责任就是要使自己成为社会需要的德才兼备的人才。为此，要完善自我认知，养成良好的个性与习惯，促进自我成长，建立科学的价值观和职业理想，担负起社会的重任和期望，坚定报效祖国，造福人民的信念；提高学习能力，学习知识技能，提升专业能力；参加集体活动为社会服务，培养社会责任感；锻炼沟通能力，建立和谐的人际关系。这个责任是沉重而光荣的。

大学生责任的履行，有赖于个人的自我探索、自我管理和自我规划。首先，要探索自己的价值观、人格、兴趣和能力，不断完善自己的人格，明确自己的爱好、优势和目标。其次，要面对离开父母独立生活的现实，管理好自己的大学生活，管理好时间、情绪、压力和健康，使自己在大学期间高效地增长才干，做到"不因虚度年华而悔恨，也不因碌碌无为而羞耻"。最后，从入学开始，就要规划自己的生活，包括学习安排、身心健康、职业生涯、职业素养提升等，为实现自己的职业目标做好充分的准备。

2. 从小事做起

大学生要养成良好的责任感，为一生的发展打下坚实的基础，就必须从身边的小事做起，认真对待生活、学习中的诸多小事，不要敷衍马虎。

古人云："合抱之木，生于毫末；九层之台，起于累土；千里之行，始于足下。"大事是由许许多多的小事积累而成的。强烈的责任心也是由对许多点滴小事一贯负责而积累形成的。"勿以善小而不为"，不迟到，不早退，专心听好每一堂课，如海绵吸水般地求知进取，为同学送开水，经常打扫宿舍，护送病友去医院，参加公益活动，奉献一次爱心……这些不起眼的小小善举，会逐步巩固一个人的上进心、善心、爱心和责任心，随着数量的增多，量变产生质变，就会在心理上形成强烈的责任感。

"勿以恶小而为之"，践踏草坪，随地抛纸屑，看到水龙头滴流而不去关紧，忘了自己对别人的承诺，忘了参加预定的集体活动，自己在夜晚最后离开教室而没有关灯……这些很容易发生的小事,正是没有意识到个人对环境卫生、爱护公物、诚实守信、节约水电等公共道德应尽的责任。

我们每做一件事,就是在尽某种责任,能够对于很多小事负责,才能逐渐培养对工作的责任心。

3. 要学会自我管理

责任心首先体现在对自己负责,这就要求大学生学会管理或控制自己。

1)管理自己的时间

时间是宝贵的,青春年华尤为宝贵,浪费时间就等于浪费生命。大学生一定要充分利用每天的时间,要了解自己学习多长时间、休息多长时间、休闲多长时间,要有具体限定,不可放任自流。

2)管理自己的目标

大学生做任何事都应讲求效果。要记住自己制定的长期目标和短期目标,要从量化的具体小目标做起,一定要杜绝那种时间到了而任务却未完成的无效或低效活动。

3)控制自己的承诺

诚信是做人的重要准则。大学生交友做事,一定要"言必行,行必果"。古语"君子一言,驷马难追",应成为我们的座右铭。

控制自己的嘴,不要说那些企图逃避承担责任的话。例如"这不关我的事"、"这是没办法的事"、"没有人对我说过"、"很多人都是这样"、"你不要小题大做"、"我是初次,没有经验"、"我是好心,想帮助他,没想到……"、"又没有人知道,害怕什么"等。

不要随便许诺,更不要为自己没有信守诺言而寻找借口、推卸责任。一旦对人有所许诺,就要不折不扣地去兑现。

4)控制自己的忧虑

在漫漫的人生路途中,人人都会有不能实现个人愿望,甚至遭受挫折的时候,例如,考试不及格、经济吃紧、疾病困扰、恋爱难成、人际关系失谐等。这时,一定要控制自己的忧虑,不要泄气,要振作精神,以积极的心态谋求解决途径,开创新局面。"不要为打翻的牛奶而哭泣",要不屈不挠,追求新的目标。

5)管理自己的交友

"近朱者赤,近墨者黑",朋友之间的互相影响是很大的。一群朝气蓬勃的年轻朋友,互相勉励,共同奔向光明前程,其间存在着积极的影响。他们的莫逆之交贯穿终生。

人们虽然无法选择一同学习或一同工作的人,但却可以选择自己乐意长久相处的朋友。管理自己的交友对象,争取与对自己各方面发展能产生积极影响的朋友相处。

案例链接

能力训练

责任意识自测

对以下15个问题回答"是"或"否"。

1. 与人约会，你通常准时赴约吗？
2. 你认为自己可靠吗？
3. 你会因未雨绸缪而储蓄吗？
4. 发现朋友犯法，你会通知警察吗？
5. 出外旅行，找不到垃圾桶时，你会把垃圾带在身上吗？
6. 你经常运动保持健康吗？
7. 你忌吃垃圾食物、脂肪性过高和其他有害健康的食物吗？
8. 你永远将正事列为优先，再做其他休闲活动吗？
9. 你从来没有放弃过任何选举权利吗？
10. 收到别人的信，你总会在一两天内就回信吗？
11. "既然决定做一件事情，那么就要把它做好"，你相信这句话吗？
12. 向别人借钱时，你会跟人约定还款日期吗？
13. 你曾经犯过法吗？
14. 求学时代，你经常拖延交作业吗？
15. 小时候，你经常帮忙做家务吗？

评分标准：

上述问题除13题和14题答"否"加1分，答"是"不加分外，其余的问题答"是"加1分，答"否"不加分。加一加，看看你的责任心如何。

10～15分：你是个非常有责任感的人，行事谨慎，懂礼貌，为人可靠，并且相当诚实。

3～9分：大多数情况下，你很有责任感，只是偶尔有些率性而为，没有考虑得很周到。

2分以下：你是个完全不负责任的人。

第四节　服务服从

情境模拟

因工作需要，刘军准备在华天大酒店长住一年，但酒店没有单人间，刘军就订了一个标准间，一周后刘军觉得自己一个人住在标准间挺不舒服，床太小，两张床又占地方，就向客房部黄经理提出能否给他换张大床，黄经理认为客人的要求是合理的，就专门购置了大床，满足了刘军的需求。

又一周后，刘军找到黄经理，提出能否给他的房间多加一个衣柜，因为刘军一年四季的衣服在壁橱里根本放不下。于是，黄经理就与刘军商量："您可以把衣服寄放在酒店洗衣房的布草间里。"但刘军不同意，他说："每次穿衣服时都要与你们联系，岂不麻烦？"黄经理认为刘先生说得也有道理，就给他专门添置了衣柜。

再一周后,刘军又找到黄经理,要求长借一块熨衣板和一只熨斗,他说:"每次我刚借来熨斗,你们的服务员就来催问我什么时候还,我总想在自己最方便的时候熨衣服。"黄经理想了想,就对刘军说:"我会通知服务员满足你的要求。"

刘军离开后,黄经理嘟囔着:"那么麻烦的客人还不如不接!"

你认为是刘军麻烦,还是黄经理没做好?假如你是黄经理,你会怎么做?如何做到"己所不欲,勿施于人"?

基础知识

当今社会,具备良好的服务意识是对从业人员的基本要求,它要求从业人员在职业活动中必须树立高度自觉的服务理念,尊重、关心和帮助自己的服务对象,把被服务者的利益放在自身利益之上,必要时为维护他们的合法利益做出自我牺牲。

各个企业之间的竞争不仅仅是技术水平和产品质量的竞争,更是服务质量的竞争。对企业而言,一件产品只是它的几万分之一或几十万分之一,但对用户来说却是他们的百分之百。服务做不好,损失的不仅是客户,还有企业的发展和未来。

一、服务意识的内涵

(一)服务的定义

服务就是帮助,是照顾,是贡献,是从细微之处创造效益,提高质量。

从宏观角度来讲,服务是一种商品,是我们向客人销售的一种在良好基础上的无形商品,包括舒适、友善及尊重等。

从微观角度来讲,服务是让客人感到满意的一种行为过程,包含身体和精神上的满足,以及高效率地为客人带来方便和快捷。

在激烈的市场竞争中,企业想要拥有一定的良性发展空间,除了要严格把关产品质量外,还要有一套完善的产品服务,所以培养员工的服务意识至关重要,员工的服务意识提高了,服务质量也就提高了。

(二)服务意识的内涵

服务意识是指企业全体员工在与一切企业利益相关的人或企业的交往中所体现的为其提供热情、周到、主动的服务的欲望和意识,即自觉主动做好服务工作的一种观念和愿望。服务意识有强烈与淡漠之分,有主动与被动之分。这是认识程度问题,认识深刻就会有强烈的服务意识;有了强烈展示个人才华、体现人生价值的观念,就会有强烈的服务意识;有了以公司为家、热爱集体、无私奉献的风格和精神,就会有强烈的服务意识。服务意识是发自服务人员内心的,是服务人员的一种习惯,可以通过培养、教育训练形成。

服务意识包括两个方面:一是组织内部各层级之间的;二是该组织与客户之间的。在服务日渐成为指导人们各项活动的理念之一的现代社会,服务意识的内涵,早已超出了微笑服务、关怀服务的范畴。做好本职工作,合乎制度的要求,只能是合格的员工,而能够真正站在顾客立场为其着想,才是优秀的员工。因此强调对员工服务意识的培养是非常有必要的,员工必须先有服务意识,才能具备相应的能力,再加上必要的条件,才能使优质的服务得以实现。

胡雪岩：顾客乃养命之源

清朝时"红顶商人"胡雪岩十分重视对顾客的服务，将顾客的满意作为自己经商的根本。他经常挂在嘴边的一句话是"顾客乃养命之源"。要求员工把顾客当作衣食父母来尊敬，以优质的服务来赢得顾客。

一次，一名来自远方的客人在胡庆余堂买了一盒胡氏辟瘟丹，结果打开一看，发现药有杂味。于是，他前来退货，胡雪岩听说后，上前审视药丹，结果发现是因新换药柜引起药物串味。他随即向顾客致歉，并令店员另换新药。谁知此药已经售完，为免远道而来的客人失望，胡雪岩将客人留宿家中，并承诺三天之内必把药丹亲自奉上。果然，三天后，这名客人拿到了新的药丹，客人在感动之余更是对胡庆余堂的服务赞不绝口。

后来，凭借优质的药品和服务，胡庆余堂越办越大。一百年过去了，胡庆余堂的名号仍旧享誉大江南北。

二、服务意识的重要性

对于一个企业来说，服务是至关重要的，没有服务就没有客户，没有客户就没有利润，没有利润，企业就无法生存。服务表面上是为客户，实际上是为企业自己，服务意识是企业生存和发展的需要，是企业最终的核心竞争力之一。

（1）服务行业作为第三产业必然涉及服务意识的问题。"顾客至上""顾客永远是对的"，这些服务方面的口号已经家喻户晓，对服务一事做出了很好的诠释。

（2）消费者的维权意识增强。现在的消费者越来越看重服务态度，他们注重服务质量，维权意识增强。

（3）利用先进的服务意识留住顾客。如今的市场竞争越来越激烈，产品供过于求，商品竞争力越来越小，企业只有提供优质的服务才能留住顾客。

（4）服务质量对企业竞争有决定性的作用，对于企业来说经营是前提，管理是关键，服务是支柱。

35个紧急电话

一位名叫吉埃丝的美国记者，有一天来到日本东京，她在奥达克余百货公司买了1台唱机，准备送给住在东京的婆家作为见面礼。售货员彬彬有礼，笑容可掬地挑了1台尚未启封的机子给她。然而回到住处，她拆开包装使用时，才发现机子没装内件，根本无法使用。吉埃丝火冒三丈。准备第二天一早就去百货公司交涉，并迅速写了一篇新闻稿《笑脸背后的真相》。

第二天一早，一辆汽车赶到她的住处，从车上下来的是奥达克余百货公司的总经理和拎着大皮箱的职员。他俩一走进客厅就俯首鞠躬，连连道歉。吉埃丝搞不清楚百货公司是如何找到她的。那位职员打开记事簿，讲述了大致的经过。原来，昨日下午清点商品时，发现将一个空心的货样卖给了一位顾客，此事非同小可，总经理马上召集有关人员商议。当时只有两条线索可循，即顾客的名字和她留下的一张美国快递公司的名片。据此百货公司展开了一场无异于大海捞针的行动。打了32次紧急电话，向东京的各大宾馆查询，没有结果。于是，打电话到美国快递公司的总部，深夜接到回电，得知顾客在美国的父母的电话号码。接着，打电话到美国，得知顾客在东京的婆家的电话号码，终于找到了吉埃丝的落脚地。这期间共打了35个紧急电话。职员说完，总经理将一台完好的唱机外加唱片1张、蛋糕1盒奉上，并再次表示歉意后离去。吉埃丝的感动之情可想而知，她立即重写了新闻稿，题目就是《35个紧急电话》。

三、如何增强服务意识

美国《哈佛商业评论》发表的调研报告指出："公司若能降低5%的客户流失率，就能增加25%～85%的利润。"在赢得客户回头率的众多因素中，首先是服务质量的优劣；其次是产品质量的好坏；最后才是价格的高低。

改善服务态度，提供满意服务，并没有增加多少成本，却能提高客户满意度，赢得客户的信任。随着人们生活水平的提高，支付能力的增强，客户越来越心甘情愿地为获得高档、优质的服务多掏腰包。依靠价格竞争很多时候难以取胜，而服务优劣在竞争中的作用则在日益增强。

（一）服务意识扎根心中

1. 要摆正心态，克服心理障碍

任何工作本质上都是服务，社会的分工不同，并不是地位高低、身份贵贱的区别。为什么我要受客户的气？客户对公司有意见才会对我们发脾气，说明我们的服务还有提升的空间，任何客户针对的都是公司，而非你个人。

2. 服务要发自内心

服务是从心开始的，服务必须发自内心，否则，再多的培训、再系统的理论和再完善的培训都无济于事。

服务来自员工自己的意愿：乐于为别人服务，并给他们带来欢乐，看到客户开心的笑容，那就是员工服务的源动力。乐于为别人服务，并给他们带来欢乐应成为员工生活中的一种习惯。

一个员工若是为了怕被顾客投诉，或者害怕领导追查，再或者为了更高的薪水和职位，甚至只是为了保质、保量地完成工作，从而有优秀的业绩，那么他所做的并不叫真正的服务，也更谈不上有良好的服务意识。

无数的事实证明，对于顾客来说，每一个和他们接触，为他们提供服务的企业或机构的成员，代表的都是他们的团队。因此，有不少企业的名誉是因为个别员工的服务而被损害的，不少企业因为忽视员工给顾客造成的影响而纷纷败落。

美国管理学家彼得提出的木桶原理又称短板理论，说的是由多块木板构成的木桶，其价值在于其盛水量的多少，但决定木桶盛多少水的关键因素不是其最长的木板，而是其最短的木板。

在一个企业中，成员恰如构成木桶的木板，只要有一个人服务水准低，那这个企业就很难在顾客心里树立良好的形象。因此，服务意识应该扎根在每一个成员心中，只有这样，企业的整体服务水平才能够得到提高，才能争取到更多满意的顾客。

（二）服务无小事

老子说："天下难事，必做于易；天下大事，必做于细。"服务无小事，简单不等于容易，只有花大力气，把小事做细，才能把事情做好。很多小事，一个人能做，其他人也能做，只是做出来的效果不一样。往往一些细节的功夫，决定着完成的质量。

认真做事只是把事情做对，用心做事才能把事情做好。在这个细节制胜的时代，任何一件事情都是做出来而不是喊出来的，特别是在工作岗位上的员工，更要把小事做细，一件没有预料的事件可能引起故障，一个长期被忽视的小问题，可能导致一次危机。每一个大问题里都有一系列小问题露面，百分之一的错误会导致百分之百的失败。

有一年，日本本田汽车公司的生产人员突然发现，有一辆本田车的一颗螺丝钉掉了，但并不知道是哪一辆。为了确保用户的安全，公司开始清查全部汽车，但还是没有找到那辆掉了螺丝钉的车，这就意味着，那辆车已经被卖出去了。为了找到这辆车，本田公司向全社会发出通告，凡是当年购买了本田车的客户都可以到本田公司下属的汽车维修处免费清洗一次，这项小题大做的弥补措施让公司花费巨大，但却赢得了客户的信赖。

（三）经常提供附加服务

所谓附加服务，就是商家为消费者做些自己服务职责以外的事，来赢得消费者的信赖，从而树立良好的商业形象，达到促销或赚钱的目的。

在理发店，顾客一多，就需长时间等候，店主可摆放一些报刊供顾客阅览，让顾客觉得等候的时间没有那么长；在银行的柜台，可准备一副老花镜，为那些忘戴眼镜的老人填写单据提供方便；在长途汽车上，乘务人员可准备一些常用药品，让需要的旅客备用；在炎热的夏季，当顾客从副食店买到食品，售货员可以提示："请尽快回家食用，别在路上耽误过多时间，以免变质。"

这些看似不起眼的商业行为，其实就是一种附加服务，即时受益的是消费者，最终受益的还是商家，因为顾客的再次光临无疑会带来更大的利润。

服务及附加服务围绕着核心产品，我们可以称之为"服务之花"。在一个设计良好、管理出色的服务组织中，花瓣和花蕊都非常鲜艳，形状构造得也很好，它们互相辉映；而一个设计不良或运行不完善的服务就好比一朵没有花瓣或花瓣凋零、褪色的花朵，即使核心产品很完美，这朵花给人的整体印象也是没有吸引力的。

海尔星级服务的目标是：用户有多少要求，海尔的服务内容就有多少；市场有多大，海尔的服务范围就有多大。

海尔的星级服务有一套规范的标准：售前、售中提供详尽热情的咨询服务；任何时候，均为顾客送货到家；根据用户指定的时间、空间，给予最方便的安装服务；上门调试，示范性指导使用，保证一试就会；售后跟踪，上门服务，出现问题24小时之内答复，使用户绝无后顾之忧。

这些规范后来发展成为"五个一"：一张服务卡、一副鞋套、一块垫布、一块抹布、一件小礼物。这种"星级服务"细致到工作人员上门服务时自有一套严谨的程序：先套上鞋套，干活时先在地上铺一块垫布，以免弄脏地面，服务完毕后，再用抹布把电器擦干净。

美国通用电器公司前总裁杰克·韦尔奇这样评价：海尔通过真诚的服务，不断满足用户对产品服务方面的一个又一个新的希望,使消费者在得到物质享受的同时,还得到精神上的满足。

(四)正确对待顾客投诉

在服务过程中,经常会听到顾客的抱怨,顾客的抱怨就是顾客不满意的一种表现。听到顾客抱怨,首先应说"对不起",这是解决客户不满意的第一步。即使不是自己的过错,顾客抱怨了,这说明在你的服务期间让对方感到不愉快,这是事实。假如带着"顾客有错"的观念去接待,不但不能消除顾客的不满,还会令顾客更加不满。其次,要耐心倾听顾客的抱怨,弄清其抱怨的原因,安抚他们的情绪。最后,要灵活化解矛盾,满足顾客合理的需求。

据国际权威机构调查:对顾客服务不好,会造成94%的客户离去;因为没有解决顾客的问题,会造成89%的顾客离去;每个不满意的顾客,平均会向9个亲友叙述不愉快的经历;在不满意的顾客中67%的顾客会投诉;通过较好解决顾客的投诉,可挽回75%的顾客;及时、高效且表示出特别重视顾客,尽最大的努力去解决顾客的投诉,将有95%的顾客还会继续接受服务;吸引一个新顾客所花费用是保持一个老顾客多花费的费用的6倍。

(五)避免服务恶习

顾客一般从小处着眼看待我们的服务。当顾客知道我们确实努力想把事情做好时,他们往往是很通情达理的。但我们却往往在一些小事上敷衍了事,最终惹恼顾客。归纳起来主要有以下六种服务恶习。

1. 应付顾客

这种恶习发生在想摆脱客户的时候,是工作人员想干别的事引起的。他想尽快把客户打发走,于是心不在焉地敷衍顾客,引起顾客的不满。

2. 冷淡顾客

工作人员像是戴着冷漠的面具,使服务气氛很快冷下来,冰冰的目光让人心寒。垄断企业的服务往往最易如此。而客户会因这种冷遇而迁怒于企业。

3. 以居高临下的态度对待客户

傲慢地与客户交谈,说一些让客户无法理解的行话,大声喊叫,把老人、孩子晾在一边。那些被藐视过或被"屈尊俯就"过的客户会记住这些,而且他们会在其他地方进行报复或宣泄。如果这样,你的满意度必然就危险了。

4. 像机器人一样工作

当一名工作人员变得程序化、常规化,以至做每件事都采用同一种方式,日复一日,机器般地干工作,那些错便开始潜入每天对待顾客的言谈举止中了。

5. 在规章簿上"吊死"

事情总是这样发生的,当一个企业的制度和规章更多的是为它自身的便利,而不是为客户的方便而设立的,那么一些服务工作人员因墨守成规而犯下错误的机会更多。例如,本来属举手之劳,完全可以满足客户需求,却要费多倍的力气去按部就班。

6. 让客户跑来跑去

这是冷漠待客的另一种表现。客户由于生活、工作节奏的加快,将更具有对抗性,当他们成为劣质服务的受害者时,将更有可能产生对抗或敌意。

四、培养服从精神

（一）服从意识的内涵

军人以服从命令为天职，其实员工也应该具备这种精神。服从是执行的开始，有些员工习惯于在领导分配任务时，以自身的种种原因来推辞掉自己不想做的事情，事实上，这种习惯不是好习惯，这种员工也绝对不会是好员工。员工面对领导分配的任务，正确的做法是暂时放下自己的独立性，听从领导的决策，也可以商量着解决，而不是寻找借口直接推托。

员工不服从就无法顺利地接受任务，更谈不上怎样去高效执行了。因此对员工来说，培养高度服从的精神至关重要。当然，高度服从也不是盲目服从，而是从一定高度上来服从。高度服从包括下面三个方面的含义。

1. 大局意识

在个人利益和集体利益发生冲突时，每个人都要具备大局意识。在工作中，大局意识表现为一个人的协作精神和服从精神。每一个员工都应该明白，只有集体利益得以保证，个人价值才能得到充分展现。如果个人不服从，全局计划就无法顺利地展开，甚至会泡汤。只有大家都行动起来，集体执行力才能迅速提高；不然叫谁谁不动，最后倒霉的是所有人。

2. 组织纪律

组织纪律是企业的秩序和规范，是员工的规则制度。人人都遵守组织纪律，公司才能健康有效地运行。试想，如果你不遵守，他不遵守，大家都不遵守，整个公司就是一盘散沙，那执行力从何而来？对于个人来说，如果上班不守时、搞特殊，违反公司的规则制度，那么不但影响自己的执行力，也会影响别人的执行力。因此，企业若想实现高效执行，就必须保证组织纪律人人遵守，人人服从。

3. 理智服从

理智服从是对员工的一种高级考验。对领导下达的任务，员工要智慧地选择，懂得灵活变通。有时候，领导并不在一线工作，对工作进展情况并不十分熟悉，还要下达各种各样的任务，难免会出现差错。这时员工在接受任务时就不能盲目服从，而是在服从公司纪律的前提下有选择地服从，有些情况可以事后再解释。这种执行方式不仅能保证工作任务顺利完成，也能提高员工个人的执行能力。

（二）培养服从意识

员工接到命令时，不能不服从，不能假服从，也不能盲目服从。培养正确的服从意识，养成主动服从、乐于服从的好习惯，对于提升员工的执行力大有好处。培养服从意识，应从以下几个方面入手。

1. 把服从意识放在第一位

员工应该明白服从命令对企业的价值理念、整体运营会有很大影响，明白上级要的是结果，而不是借口和理由。如果一味地讨价还价，讲条件，甚至搞"上有政策，下有对策"，将会极大地阻碍企业和个人的执行，延误发展时机。对于那些自己不能理解的任务，以后可以试着去理解，从不同的角度去领会上级的用意，但不管怎样，员工首先应该做好的就是培养自己的服从意识，并将其放在执行过程的首位。

2. 加强纪律观念的培养

纪律是保证服从的基本前提。没有纪律的约束，员工即使服从，也无法做到有效地执行。为了保证执行力的有力贯彻，企业必须加强员工纪律观念的培养，教导员工遵守公司的各项规章制度，准时上岗、不迟到、不随意请假、不搞特殊，等等。

3. 变被动服从为主动开拓

被动服从常常会阻碍员工的思路，积极主动地服从却可以让员工出色地完成任务。从被动理解到主动理解，员工便容易发现新的思路，找到新的解决方式。员工平日里时刻加强对业务知识的学习，对完成任务非常有效。

懂得服从是一名优秀员工必须具备的素质，服从强调员工对企业价值观以及文化的认同，员工只有将自身命运与企业命运相结合，积极主动地服从，并从中培养自己的主观能动性，才能使自身与企业共同发展。

案例链接

知识拓展

能力训练

服务情景设定清单

情景 1：接待顾客。每当顾客来到前台，作为接待员，你应该说什么？做什么？你应该避免说什么？做什么？

情景 2：电梯相遇。作为一名公司职员，同顾客一同等电梯，门开了，你应该说什么？做什么？你应该避免说什么？做什么？

情景 3：阻止吸烟。作为一名学生，你的同学在公共场合（宿舍）吸烟，你应该说什么？做什么？你应该避免说什么？做什么？

情景 4：电话接待。作为一名公司职员，有人打办公室电话说是领导多年不联系的朋友，想问你要领导的手机号码。作为下属，你应该说什么？做什么？不应该说什么？做什么？

情景 5：乘坐公交。在公交车上，你看到一位刚上车的少妇，手提重物，还抱着孩子。

作为一名乘客,你应该说什么?做什么?你应该避免说什么?做什么?

以小组为单位,将相关内容填入表 3–1 中:

表 3–1 情景讨论记录表

情景名称:		组别及成员:	
应该说的话	应该做的事	避免说的话	避免做的事
教师建议:			

第五节 主 动 进 取

情境模拟

世界知名的连锁零售企业沃尔玛的一位主管吩咐三个员工去做同一件事:去供货商那里调查一下家用电器的数量、价格和品质。第一个员工没有亲自去调查,而是用电话打听了一下供货商的情况就做了汇报。第二个员工亲自去供货商那里了解了家用电器的数量、价格和品质,之后才回来汇报。第三个员工不但亲自到供货商那里了解商品情况,还根据公司的采购需求,将供货商最有价值的商品做了详细的记录,并且与销售经理取得了联系,在返回途中,他还去了另外两家供货商那里,并将三家供货商的情况进行了详细比较,制订出了最佳购买方案。

第一个员工敷衍了事,第二个员工被动听命,只有第三个员工做到了积极主动、尽职尽责。如果你是老板,你会重用哪一个呢?如果有加薪的机会,谁会得到它呢?

基础知识

比尔·盖茨曾说:"一个优秀的员工,应该是一个积极主动去做事,积极主动去提高自身技能的人,他会自动自发并且高效地投入每一项工作任务中去。"任何一家企业都青睐尽职尽责、积极主动做好工作的人。所谓积极主动,就是指勤恳努力、兢兢业业,不计个人得失,一切为企业的利益着想,主动完成工作任务。一名优秀的员工对于工作一定要积极主动,唯有如此,才能为企业注入源源不断的活水,助推企业的发展。

一、要有积极主动的心态

积极主动的心态会帮助我们实现职业梦想,会帮助我们克服很多困难,它对我们的事业乃至生活的方方面面都起着至关重要的作用。积极主动的人会发现更多的机遇,得到更多的认可。以一颗积极主动的心投入工作当中,工作效果就会事半功倍。对于一名员工,需要具备以下积极心态。

(一)主动负责

工作不是被动应付,而应主动负责,把公司的事当成自己的事。同时,工作的时候不要被推着走，而是要提前一步走。工作中，要得到老板格外的重视，你就要超出老板的期望。凡事多想多思考，勇于承担责任。

（二）用心去做

消极的人用手做，处处敷衍了事、马马虎虎，拆东墙补西墙；而积极主动的人则是用心做，在工作中热心、负责，比别人更细心、更认真。上级布置的任务，他们不会找任何借口，也不会抱怨他人，而是将压力变成自己的动力，主动地想尽一切办法去完成任务。

（三）积极沟通，融入团队

在工作中要积极主动处理好人际关系，善于与人沟通。主动同上级进行沟通，领会上级的指示精神，主动地汇报工作，及时获得反馈；处处以高标准要求自己，尽量把事情做到完美；主动融入团队，创造友好合作的氛围，加强部门间的合作，乐于和同事相互协作，争取事半功倍，加快工作进程。

（四）不畏艰难

积极主动的人，面对困难不是放弃，而是能主动地寻求解决的办法，不断地变通和创新，保证把事情做好。励志大师拿破仑·希尔说过："人的学历、能力、运气、财产对他的成功并不起决定作用，起决定作用的是他积极的心态。"在职业生涯中，每个人都不可能一帆风顺，难免遭受挫折和坎坷，那些逆流而上的人往往才是真正的强者。

（五）不抱怨，抓住机会

消极的人，在遭受挫折时往往会一蹶不振。其实，遇到逆境时关键看你如何选择，如何从失败中寻找到扭转时局、转败为胜的机会。抓不住机会的人，只能被成功无情地甩开，跑向失败的深渊。反败为胜往往靠的是一种不屈不挠的勇气，一种不甘失败的积极心态。与其抱怨，不如积极起来，主动改变自己的思路，寻找解决问题的办法。

主动积极的心态，可以帮助我们发现工作中的问题，找到更多解决问题的方法，从而战胜困难，保证工作的顺利进行。因为，无论是顺境还是逆境，我们都应该保持积极的心态，用一颗积极、主动、负责的心帮助自己获得更大的成功。

二、勤奋是永远的美德

（一）勤奋是最让人敬佩的品质

勤奋是任劳任怨地劳动，是严于律己的风格。勤奋不能保证工作一定成功，但勤奋的结果却一定丰富，因为在工作中的不辞辛苦，克服困难，我们就已经获得了宝贵的经验，并不断成长。命运掌握在勤勤恳恳工作的人手上。所谓成功，正是这些人智慧和勤劳的结果。

一个人在工作中勤奋追求理想的职业生涯非常重要。一位有头脑、有智慧的人绝不会错过任何一个可以让他的能力得以提高、让他的才华得以展现的工作。尽管这些工作可能薪水微薄，可能辛苦而艰巨，但它对我们意志的磨炼，对我们坚韧性格的培养非常重要，是我们一生受益的宝贵财富。所以，正确地认识你的工作，积极主动地做，才是对自己负责的表现。

许多人的眼里，勤奋是一种过时的工作态度。他们认为现代社会需要的是头脑和机遇，只要两者兼备就可以获取成功，这种错误的认识让许多人尝到了苦果。一些看起来很有希望成功的人，他们的身上有着非凡的品质，眼光之中也洋溢着聪明。但是，他们最终并没有成功，原因就在于缺乏勤奋的工作精神。而那些资质一般，没有什么特别能力的人，因为能够通过勤奋弥补自身的不足，并且坚持不懈，成就了自己的事业。古人云："少壮不努力，老大徒伤悲。"所以从年轻时代就要培养勤奋的品行。

（二）勤奋是保持高效率的前提

只有勤勤恳恳、扎扎实实地工作，才能把自己的才能和潜力全部发挥出来，才能在短时间内创造出更多的价值。缺乏事业至上、勤奋努力的精神，就只能观望他人在事业上不断取得成就，而自己却在懒惰中消耗生命，甚至因为工作效率低下而失去谋生之本。

要想在这个时代脱颖而出，你就必须付出比以往任何时代更多的勤奋和努力，拥有积极进取、奋发向上的心，否则你只能由平凡转为平庸，最后变成一个毫无价值和没有出路的人。

勤奋刻苦是一所高贵的学校，所有想有所成就的人都必须进入其中，在那里可以学到有用的知识、独立的精神和坚韧不拔的习惯。其实，勤劳本身就是财富，如果你是一个勤劳、肯干、刻苦的员工，就能像蜜蜂一样，采的花越多，酿的蜜也越多，你享受到的甜美也越多。

三、自动自发，主动提高效率

自动自发的员工，善于随时准备去把握机会，永远保持率先主动的精神，并展现超乎他人要求的工作表现。他们头脑中时刻灌输着"主动就是效率，主动、主动、再主动"的工作理念，同时他们也拥有"为了完成任务，能够打破一切常规"的魄力与判断力。显然，这类员工才能在职场中笑到最后。

在钢铁大王卡内基的眼里："有两种人注定一事无成，一种是除非别人要他去做，否则绝不会主动做事的人；另一种人则是即使别人要他做，他也做不好事情的人。那些不需要别人催促，就会主动做应该做的事，而且不会半途而废的人必定成功，这种人懂得要求自己多努力一点多付出一点，而且比别人预期的还要多。"

不要认为你在工作中只要准时上下班、不迟到、不早退就算是尽职尽责了。当然，如果你只是想平平庸庸、得过且过，那么你完全可以在完成老板交代的工作后让自己放松下来。但如果你想在工作中取得一定的成就，将工作做得更出色，并在职场中获得更强的竞争力，那就需要你时刻保持一种自动自发的工作精神。而那些善于自动自发去工作的员工，也将会在工作中获得更多。

在工作中，只要认定那是要做的事，就立刻采取行动，而不必任何事情都要等老板做出交代。其实，工作是为了充分发掘自己的潜能，发挥自己的才干。主动工作、积极进取的员工，不仅更容易在职场中找到自己的位置，同时也能够更好地做到自我价值的实现。

如果你能以自动自发的心态去对待工作，那么，你就会以全局的角度来考虑你的这份工作，确定这份工作在整个工作链中处于什么位置，你就会从中找到做分内工作的最佳方法，会把工作做得更圆满、更出色。同时，你也不会拒绝老板临时指派的任何力所能及的工作。你会认为这是表现自己工作能力、锻炼自己技能和毅力的一次机会。这样，你就会因工作做得出色而使薪水得到提升，即便没有得到提升，你也会因纵观全局的领导能力而得到培养和提升，这些都是较强竞争能力的一种表现。

四、工作中没有分外事

工作中没有分外事，要想在职场中有所建树，就必须永远保持积极主动的进取精神，对工作中的事务，无论分内分外，都要积极主动去做，而且那些看似额外的工作，却能够使你对所从事的工作产生一种更宽广的视界，与此同时也能够获得更多的成长机会。要知道，那些事业成功的人和工作平庸的人之间最本质的不同在于，前者会将所有工作当作一种锻炼、一种挑战，在他们眼里，工作多多益善；而那些工作平庸者则往往一直死守着自己职责内的"一亩三分田"，所有职责之外的事情在他们眼里都是分外事，他们也懒得去做。

一个做事积极主动的人，深知自己工作的意义和责任所在，他会随时准备把握机会，展示超乎公司要求的工作表现。美国成功学大师拿破仑·希尔曾说："人与人之间只有很小的差异，但是这种很小的差异却造成了巨大的差异！很小的差异就是所具备的心态是积极的还是消极的，巨大的差异即是成功和失败。"

这些成功者所讲的那种细小的差异，在很大程度上就表现为工作中的自动自发精神。社会在进步，公司也在不断发展，个人的职责范围也会跟着扩大。不要总拿"这不是分内的工作"为由来推脱责任，当额外的工作分摊到你头上时，这也可能是一种机遇。

五、不是"要我做"，而是"我要做"

工作中，我们不应该抱有"公司要我做些什么"的想法，而应该多想想"我要为公司做些什么"。某些时候，仅仅全心全意、尽职尽责是不够的，还应该比自己分内的工作多做一点，比别人期待的更多一点，如此才可以给自我的提升创造更多的机会与更强的竞争力。在工作中，选择"要我做"，还是选择"我要做"，是区分优秀员工和平庸员工的一个重要尺度。因为，那些习惯于"我要做"的员工，展示出的是一种积极主动的职业素养，它能使人变得更加主动，更加积极，而积极主动的工作态度能使你从职场竞争中脱颖而出。

案例链接

知识拓展

能力训练

1. 当你接到一项新任务时,你会花很多工夫去思考、用心去做吗?
2. 你是否主动地去和他人交流思想、沟通如何解决问题?
3. 你是否会主动地去协调工作,并及时有效地跟进?

第六节 忠诚感恩

情境模拟1

一家企业遭遇了财政危机,眼看着难以维持下去了。老板心急如焚,却苦于求贷无门。在这种困难时期,员工们纷纷辞职,另谋他职,只有老板的助理没有离开,她仍然坚持着上班,每天的工作就是想方设法找人给老板作担保,以便能够从银行借一笔钱挽救公司。但经过多方努力之后,公司还是无力回天,最终倒闭了。无奈之下,助理只好再去寻找别的工作,老板则一再对助理表示感激和歉意。正在她为找工作奔波的时候,老板打来了电话,原来是他的一个朋友的公司新筹建,需要一位人事经理,他向朋友推荐了这位助理。很快,助理到了那家公司工作。她的工作干得很出色,最终成为那家公司的副总。

这位助理能够成为公司的副总,主要的原因是什么?

情境模拟2

约翰是麦当劳的一名普通员工,每天的工作就是不停地做很多相同的汉堡,没有什么新意,但是他仍然非常快乐,从来都是用满怀善意的微笑面对顾客,几年来一直如此。他的快乐,感染了很多人。有人不禁问他:"为什么对这样一种毫无变化的工作感到快乐?究竟什么让你充满热情?"

约翰回答道:"我每做出一个汉堡,就知道一定会有人因为它的美味而感到快乐,我就感到了我的作品带来的成功,这是多么美好的事情啊!我每天都会感谢上天给我这么好的一份工作。"

从约翰身上能看出他具有一种什么样的人生态度?

基础知识

忠诚是中华民族的传统美德,是做人的准则之一,没有忠诚,也就失去了立足之本。我们每一个人都在生活中饰演不同的角色,一个人无论担任何职务,做什么样的工作,都要忠诚,这是社会的法则,这是道德的法则,这还是心灵的法则。家庭需要忠诚,因为忠诚让家庭充满爱;社会需要忠诚,因为忠诚能够让社会平安、稳健地发展;企业需要忠诚,因为忠诚让企业更有凝聚力、战斗力和竞争力。忠诚,让我们在困难时能够坚持,让我们在成功时保持冷静,让我们在绝望时懂得不放弃。

感恩是一种积极健康的心态。当你以一种知恩图报的心情去工作、去面对所有人时,你就会拥有愉快的心情,这一点对职场的每个人来说都是至关重要的。正如英国作家萨克雷所说："生活就是一面镜子，你笑，它也笑；你哭，它也哭。"你感恩生活，生活将赐予你灿烂的阳光；你只知一味地怨天尤人，最终可能一无所有。感恩是一种生活态度，是一种善于发现美并欣赏美的智慧。如果我们拥有一颗感恩的心，善于发现事物的美好，感受平凡中的美丽，我们将会以坦荡的心境、开阔的胸襟应对生活和工作中的酸甜苦辣，让原本平淡的生活焕发出迷人的光彩。

一、忠诚胜于能力

忠诚，从本质上来说是一种与生俱来的使命，它伴随着每一个生命的始终。事实上，只有那些忠诚的人，才有可能被赋予更多的使命，才有资格获得更大的荣誉。一个缺乏忠诚感的人，首先失去的是社会对自己的基本认可，其次失去的是别人对自己的信任与尊重，甚至也失去了自身的立命之本——信誉和尊严。无论你所做的是什么样的工作，只要你足够忠诚，你所做的就是有价值的，你就会获得尊重和敬意。

（一）忠诚是一种美德

忠诚是对任何员工道德品质的最基本要求。忠诚是职场中最应该值得尊重的一种美德，因为每个企业的发展和壮大都离不开员工的忠诚。只有全体员工对企业心怀忠诚，大家才能心往一处聚，劲往一处使，进而最大限度地发挥出团队的力量，自己也相应地得到更多的成就感。同时，也使工作成为自己的一种人生享受。

忠诚是一种与生俱来的义务，是发自内心的情感，它不谈条件，更不讲回报。而且忠诚能够让工作变得更有意义，赋予我们工作的激情。忠诚的人感觉工作是享受，相反，不忠诚的人感觉工作是苦役。那些具备忠诚特质的员工，总是忠诚于自己的公司，忠诚于自己的老板，与公司和同事们同舟共济，荣辱与共。这样的员工将获得一种集体的力量，事业就会变得更有成就感，工作就会成为一种人生享受，人生就会变得更加饱满。

没有任何一个公司会喜欢一个缺乏忠诚、有异心的员工。无论你的能力多么优秀，无论你的智慧多么超群，如果你缺乏忠诚，没有任何人会放心地把最重要的事情交给你去做，也更不会将你放在重要的岗位上。因为一个精明干练的员工，一旦生有异心，他的能力发挥得越充分，可能对老板和公司利益的损害就越大。更多的时候，老板乐意任用和提拔的是那些具有忠诚美德的员工，对那些这山望着那山高、三天两头喊着另寻高枝的员工，则会毫不留情地将其打入冷宫。

（二）忠诚胜于能力

拿破仑说过："不忠诚的士兵，没有资格当士兵。"同理，员工如果不忠诚，就不可能成为一名优秀的员工。

企业考察一名员工是否称职，有许许多多素质要求——能力、勤奋、主动、正直、负责……但有一点是肯定的，老板更愿意相信那些对自己、对团队忠诚的人，即使他的能力稍微差一些，也不会随意去重用那些三心二意、没有忠诚度的人，哪怕他技能一流。当然，既忠诚又有能力的员工会更受欢迎。在实际工作中，少数人需要能力加勤劳，而多数人却靠忠诚和勤劳获得在公司的立足之地。

忠诚就是对自己所负使命的信守，忠诚就是对自己工作出色的完成，忠诚就是忘我的坚守，忠诚就是人性的升华。实际上，当一个人怀着有宗教信仰一般的虔诚去对待生活和工作时，他是能够感受到忠诚所带来的力量的。人有了忠诚的精神，就决不让自己流于平庸，他会全力争做一个异常优秀的人，不仅会做别人要求他做的，而且能够超越人们的期望，不断追求卓越，把工作做得尽善尽美。

（三）忠诚的员工更具人格魅力

忠诚的员工无论走到哪里，都会得到人们的信赖；无论从事什么样的工作，都会有成功的机会，因为忠诚的员工更具人格魅力，能够更好地让人折服。

不管你的能力是强还是弱，忠诚的品质是必不可少的。只要你真正表现出对企业足够的忠诚，你终究会得到领导的关注，他也会乐意在你身上投资，比如给你学习培训的机会、提高你的技能等，因为他认为你是值得信赖的人。

如果你受雇于一个人，就用行动去向他表示你的忠诚，因为忠诚是你的义务。如同你不能容忍别人对你的背叛一样，你的老板也将同样无法容忍你的背叛，无论你的能力多么优秀，无论你的智慧多么超群。没有忠诚，没有任何人会放心地把最重要的事情交给你去做，没有任何人会让你成为公司的核心力量。你应该记住，公司首先不会给你什么，但你如果给了公司绝对的忠诚，那么你也一定会得到相应的回报，包括薪水、职位以及荣誉。

忠诚是一名优秀员工的优势和财富，忠诚就是他的效率，忠诚就是他的人格魅力，忠诚就是他的竞争力。

二、做一个懂得感恩的人

很多用人单位的用人哲学是："会做事不如会做人，会做人不如会感恩。会感恩的人，其为人处世必定是主动积极的、乐观进取的、敬业乐群的。""抱怨不如感恩"，这是职场优秀人士的智慧总结。学会感恩，我们就会摒弃那些阴暗自私的欲望，使心灵变得澄澈明净；学会感恩，我们就会变得知足惜福，更加珍惜自己身边的一切；学会感恩，我们就能以一种更积极的心态去回报我们感恩的对象……感恩不仅是一种心态，更是一种动力，它推动我们奋勇向前。

（一）感恩是一种精神体现

随着社会的不断发展，人们对物质的追求也在不断增加。有些人把金钱和利益看得比生命还重要，成为新时代的"守财奴"。在这些人眼中，除了和孔方兄亲近以外，完全忽视了人与人之间的感情，觉得父母的悉心照顾、朋友的关心帮助都是理所当然的。忙忙碌碌的生活，让我们忘记了感恩，也无暇去感恩，这不能不说是一种悲哀。其实，现实中有很多人和事值得我们用心去铭记、去感恩。哪怕是在日常生活、工作和学习中所得到的点点滴滴的关心与帮助，这些都展示出了无私的人性之美和不图回报的惠助之恩。

常怀感恩之心，便会更加感激和怀想那些有恩于自己、却不言回报的每一个人。正是因为他们的存在，才有了我们今天的幸福和喜悦。常怀感恩之心，又足以稀释我们心中狭隘的积怨，感恩之心还可以帮助我们度过最大的灾难和痛苦。

感恩，就像阳光一样，带给我们温暖和美丽。无论你从事何种职业，只要你胸中常怀一颗感恩的心，随之而来的，就必然会不断地涌动着诸如温暖、自信、坚定、善良等这些美好的处世品格。自然地，你的生活中便有了一处处动人的风景。

（二）感恩是幸福快乐的源头

感恩是幸福快乐的源头，唯有心怀感恩，我们才能快乐工作、幸福生活。

幸福和快乐是大多数人的追求，但是很多人追求了很久甚至一生，想尽了一切办法还是没有实现，这是为什么呢？原因是他们忽略了什么才能够让他们幸福和快乐。能够让人幸福和快乐的源头是怀有一颗感恩的心。

一次，美国前总统罗斯福家失窃，被偷去了许多东西，一位朋友闻讯后，忙写信安慰他，劝他不必太在意。罗斯福给朋友写了一封回信："亲爱的朋友，谢谢你来信安慰我，我现在很平安。感谢上帝：因为第一，贼偷去的是我的东西，而没有伤害我的生命；第二，贼只偷去我部分东西，而不是全部；第三，最值得庆幸的是，做贼的是他，而不是我。"对任何一个人来说，失窃绝对是不幸的事，而罗斯福却从中找出了三条感恩的理由。

感恩不纯粹是一种心理安慰，也不是对现实的逃避，更不是阿Q的精神胜利法；它是一种歌唱生活的方式，它来自对生活的爱与希望。在水中放进一块小小的明矾，就能沉淀所有的渣滓；假如在我们的心中培植一种感恩的思想，就可以沉淀很多的浮躁与不安，消融许多的不满与不幸。唯有心怀感恩，我们才能快乐工作、幸福生活。

只有心怀感恩，我们才会更加忠诚敬业。就像余秋雨所说的："工作的追求、情感的冲撞、进取的热情，可以隐匿却不可以贫乏，可以超然而不可以清淡。"勤奋工作是员工忠诚职业的重要表现，在工作中尽心尽力、积极进取，始终保持一种尽善尽美的工作态度，满怀希望和热情地朝着自己的目标而努力，就能够获得丰富的经验，就能够提升个人的能力，同时离成功也就更近了一步。

心怀感恩，快乐工作，就是学会发掘自己蕴藏着的内在活力、热情和巨大的创造力，就是学会享受每一天的幸福。

如果你想使人生充满幸福和快乐，请记住：感恩地活着，才会幸福快乐。

（三）心存感恩，懂得知足惜福

感恩是一种现实的满足，一种对现有的珍惜。最有福气的人就是心存感恩，懂得知足惜福的人。

心存感恩，知足惜福，当我们用感恩的心对待每一件事，服务于他人，用宽容大度、尽职尽责、勤勉工作来证明一切，就会忘掉困难、失败、无奈等诸多的不愉快，心中充满美好，勇敢地、旷达地、积极主动地面对现实，那么你感受的绝不仅仅是心灵的宁静。一个怀有感恩之心的人，生活也必将赋予他最大的回报。

感恩才懂得珍惜，珍惜才知把握今天的拥有。对拥有的一切心怀感恩，会让你更懂得生活的意义。

感恩是一种积极向上的阳光心态，更是鞭策自己、战胜自己的心理素质。感恩也是一种处世哲学，是生活中的大智慧。人生在世，不可以没有感恩之心，感恩之心会激发上进之心、报恩之志。对拥有的一切心怀感恩，珍惜现在才是最幸福的。

（四）感恩是获得能力的途径

英国的塞缪尔·约翰逊博士有一句名言："感恩是伟大教养的果实，你不会在粗俗的人们中间发现这种品质。"

懂得感恩，说明一个人对自己与他人和社会的关系有着正确的认识。在感恩的氛围中，人们对许多事情都可以平心静气；在感恩的氛围中，人们可以认真、务实地从最细小的事情做起；在感恩的氛围中，人们真正做到严于律己、宽以待人；在感恩的氛围中，人们才能正视错误，互相帮助；在感恩的氛围中，人们才能成就生命和事业的辉煌。

一个懂得感恩的人，会珍惜周遭的一切，善待别人；相应的，他在工作中一定会努力不懈，成为一个最佳的雇员或职业伙伴。对公司、对事业抱有感恩之心的人，不会找借口来搪塞自己的工作，也不会做任何表面的工作来欺骗老板。他们认为勤奋工作是一种幸福，努力工作是对职务最好的回报，也是对自己、对别人最好的交代。

有关专家表示，许多知名企业在招聘大学毕业生时，看重的并不是成绩单上的分数，而是他们处理问题的方式和融入企业的速度，换句话说，就是能否怀着一颗感恩的心去做人、做事。感恩是积极向上的思考和谦卑的态度，它是自发性的行为。当一个人懂得感恩时，便会将感恩化为一种充满爱意的行动，实践于工作中。

感恩的人，为人处世是主动积极、乐观进取、敬业乐群的，前途是不可限量的，而这正是任何一家公司招募贤才的首要条件。被誉为日本"经营之神"的松下幸之助经常教导员工要常怀一颗感恩之心。他认为，一个具有感恩文化的组织才会是一个充满凝聚力和竞争力的组织。

（五）感恩激发你的无限工作潜能

只有心怀感恩的人，才能视万物皆为恩赐，当我们心中充满感恩之情时，世界会变得美好无比。此时无论是什么工作，我们都会满怀激情地去做好。感恩能够点燃我们工作的激情。

对于职场人士来说，激情就如同生命。我们可以释放出潜在的巨大能量，塑造出坚强的个性；我们可以把枯燥乏味的工作变得生动有趣，使自己充满活力，培养自己对事业的狂热追求；我们可以感染周围的同事，让他们理解我们、支持我们，拥有良好的人际关系；我们更可以获得老板的提拔和重用，赢得宝贵的成长和发展机会。

比尔·盖茨有句名言："每天早晨醒来，一想到所从事的工作和所开发的技术将会给人类生活带来巨大的影响和变化，我就会无比兴奋和激动。"因为拥有激情，我们变得活力四射、勇往直前，工作的疲态、困难也因此被清扫一空。

不管什么时候，如果我们把感恩的情绪融入所从事的工作当中，那么我们的工作激情就会被点燃，这项工作的质量也会得到改善，数量将大为增加，而工作所引起的疲劳感会相对减少。

（六）感恩从踏实工作开始

有很多人把感恩挂在嘴边，却在工作中敷衍塞责，如果感恩不落实到行动上，最终只能沦为空谈。因此，感恩需要我们从身边的事做起，多一些务实，少一些浮躁。

感恩，首先需要从认真和踏实工作开始。当今社会的浮躁和急功近利，使不少人每天都在想办法寻求成功的捷径，一行动起来，就尽可能地钻空子、占便宜，而不愿踏踏实实地去做，到头来一无所获。其实无论做什么工作，我们都应该静下心来，脚踏实地去做。只要你认认真真地做事，你的成绩就会被大家看在眼里，你的行为就会受到上司的赞赏和鼓励。

没有将认真和踏实的态度贯穿于工作中，这样的员工只是在奢谈感恩。只有能够帮助企业健康发展、使企业正常有序地运行的员工，才是以实际行动实践感恩的人。怀有一颗感恩的心，更要以踏实的行动来践行感恩。其实，只要能够勤奋地工作，认真、负责地处理工作中的日常事务，你就会赢得别人的敬重和支持。

如果一个人不能踏实做事，他必然蹉跎岁月，更何谈感恩？认真做事，踏实做好本职工作是一个人最基本的职业道德，也是最起码的职业标准。用心做好在职的每一天，踏踏实实做好现在的工作，做一名优秀的员工，才能逐渐积累自己的经验，提升自己的能力，增长自己的学识，才能以实际行动实践感恩。

案例链接

知识拓展

能力训练

忠诚者的游戏

游戏规则：两个人一组，两个人相距一米远的距离。整个游戏必须在黑暗中进行，一个人向另一个人的正面平躺倒下去，另一个人站在原地不动，只是用手接着对方的肩膀，并说："放心吧，我是忠诚者。"接人者要确保能扶住倒下者。

游戏的寓意是让每个人意识到忠诚的重要性，让每个人都做一个忠诚者。

12种良好的品格修养　　关于品格修养的语句　　当代大学生坚毅品格培养的六个维度

第四单元

情绪管理素养

知识目标

1. 掌握正面思维的含义和作用。
2. 了解适应环境的两种情况。
3. 掌握提升心理适应能力和快速适应工作环境的实现路径。
4. 了解心理压力源的种类和危害。
5. 掌握调适心理压力的方法。
6. 掌握恒心毅力的意义及培养方法

能力目标

1. 具备正面思维意识和能力。
2. 具备积极适应环境的能力。
3. 具备调适心理压力的能力。
4. 具备恒心毅力。
5. 具备抗压耐挫能力。

第一节 正 面 思 维

情境模拟

一次,有两位老师去开学术研讨会,因为不熟悉路,坐公交车坐过站了,两位老师只好往回走。其中的一位老师很不好意思,连说抱歉,因为当时在哪一站下车、两位老师意见不同,车上又没有人清楚,她坚持说下一站,结果坐过了。但是另一位老师却一点埋怨的意思都没有,连说没关系,还说这不是很好吗,让我们能有时间逛一逛,看看当地的风土人情,再说,走步也是锻炼嘛,我们得到了一个锻炼的机会!

正面思维让我们看事物更积极,保持良好的情绪和健康的心态。正面思维,你了解多少呢?

基础知识

一、正面思维的内涵

正面思维是人在处理任何事情时都能以积极、主动、乐观的态度去思考和行动，并促使事物朝着有利的方向转化。正面思维会使人在逆境中更加坚强，在顺境中脱颖而出，变不利为有利，从优秀到卓越。从认知上改变命运，是事业成功和实现自我的有效途径，它的本质是发挥人的主观能动性，挖掘潜力，体现人的创造性和价值。

正面思维的"正面"，实际上有三个方面的含义。

（一）自己的正面

所谓"自知者明"，看清自己的优势和潜力，充满必胜的信念，这样，就不会稍遇挫折就轻言放弃，从而做到持之以恒，直到成功。

（二）别人的正面

看到别人的正面，见贤而思齐，就能从别人身上学到更多东西，也更能赢得别人的好感和尊重，从而拓宽自己成长的道路。

（三）环境的正面

上帝为你关上一扇门，必然会为你打开一扇窗。不管我们处于什么样的环境之中，一定要看到光明的一面，保持乐观的心态。

二、正面思维的作用

正面思维，有点石成金的力量。

（一）有利于身心健康

在我们熟悉的中医养生理论中，情志指的是喜、怒、忧、思、悲、恐、惊七种情绪的变化。一个人如果长期处于心情不畅、情绪失调等情志不合理的状态，就会对正气、阴阳和脏腑造成伤害，影响到身心健康。

那有没有一种方法，可以帮助我们保持心情的愉快和情志的合理呢？正面思维就是一种非常有效的方式。

正面思维，是指人们在任何情况和环境下，都从正面看问题，以主动、乐观、进取的态度去思考和行动。它不仅是一种积极的人生态度，也是我们获得健康、快乐的源泉。

正面思维使我们的心胸更宽广、视野更开阔、看事物更积极，帮助我们坦然面对事物的变化、工作和生活的压力，冷静、客观地处理各种事情，保持良好的情绪和健康的心态。

那怎样才能做到正面思维呢？遇到事情不妨换个角度看问题，"重新框架"以后，你就能发现事情的积极方面和对自己的好处，从而走出困惑与烦恼。比如，你遇到一位要求严苛、简单粗暴并且处处跟你过不去的"恶"上司，你会怎么办？也许你会立即跳槽，但是，跳到下一份工作仍遇上这样的上司，你又会怎么办？其实，遇上不好的上司是件非常好的事情，这是锻炼自己的好机会。在这样的上司面前，你都能生存和发展，足以证明你的能力。大家不如这样正面去想：上司越差，对我越好。其实，无论是工作、生活，还是与人交往，很多困扰你的事情,看起来很严重,但你"重新框架"之后,你会轻松、开心很多,你的态度会大不一样,方法会增加很多,内心也会变得强大、坚定起来。

当你做到正面思维,你的积极、乐观与自信不但会给他人送去快乐、信心和希望,而且会给你的内心带来宁静、平和与喜悦。这样,你的情志就会更合理,你的身心自然也会更健康。如果你想为自己的健康加分,让自己的情志更合理,那就从现在开始做到正面思维吧!

(二)有利于人性的拓展

心理学之父威廉·詹姆斯说过,我们这个时代最伟大的发现就是人们可以通过改变思维方式来改变自己的生活,而思维方式是一种选择,我们可以用积极的思想对待事物,也可以用消极的思想对待事物。据最新出版的《学会正面思维》披露,除非身体机能出现紊乱,否则人们都可以自主地选择使用正面还是负面的思维方式进行思考。

(三)有利于事业的成功

纵观职场,成功者之所以成功,就是摆脱了负面的想法,强化了正面的想法,即自己树立自己,自己成就自己。曾子说过:"吾一日三省吾身。"如何省?无外乎取舍,无外乎用正面思维取代负面思维。一日三次,持之以恒,就能校正好自己的"思想路线",端正自己的行为。《学会正面思维》认为,成功有顺序,首先是思维的成功,然后是做法的奏效,最后才有功劳簿的记载。

可以说,正面思维是成功的源头。"正面思维会确保员工处理任何事情都可以用积极、主动、乐观的态度去思考和行动,促使事物朝有利的方向转化。"这便是《学会正面思维》的观点。因为,"正面思维使人在逆境中更加坚强,在顺境中脱颖而出;变不利为有利,从优秀到卓越;从认知上改变命运,是事业成功和实现自我的有效途径;它的本质是发挥人的主观能动性,挖掘潜力,体现人的创造和价值。"

(四)有利于实现自我价值

简言之,正面思维是一种人生态度。

迈克尔·乔丹有一句名言:"不要害怕失败,很多成功人士在成功之前,都经历过许多次失败。"失败并不可怕,成功也并不是最宝贵的,最难能可贵的是失败后还能再一次站起来,甚至取得更大的成功。

三、拒绝负面思维、拒绝失败

阿兰·彼得森在《更好的家庭》一书中说:"消极思潮正影响到我们所有的人,人天生就容易受到消极思想的影响。"彼得森所言的消极思想就是负面思维。如果一个人总是让负面思维来左右自己的言行,那就是一种不成熟的表现,而且这种思维方式还容易引起别人的厌烦。对于工作中的人来说,负面思维会使大脑的运作能力大打折扣,会降低员工做事的能力,直接影响人的工作效率和效果,并会导致利益的损失,久而久之,这种员工被淘汰出局也不是没有可能。从这一意义上讲,负面思维堪称致人失败的温床。

负面思维的几种行为表现如下:

(一)动辄生气发火

工作中,经常和同事发生矛盾、口角,处于这样的负面情绪之中的人常常会难以自拔。

有人问雅虎中国区前任总裁周鸿祎,他自己的哪个特点让他觉得最痛恨?他说:"不容易制怒。忍不住就冲人发火,自己知道这样会伤害别人,事后非常后悔。"

（二）时常抱怨

有的员工只要一走进办公室就牢骚满腹,天天抱怨。他们不接受额外的工作,拒绝加班;本职工作没做好,就到处找借口。其中,只有极少部分人是因为追求完美而抱怨,大多数人却是因不思进取而抱怨。正像荷马所说:"那些干得最少的人,指责也最多。"

（三）逃避困难

遇到问题和困难,他们不是去寻找解决的方法,而是以各种形式来躲避,有时显得可怜和无奈,甚至还振振有词。

（四）嫉妒诋毁同事

他们不懂得欣赏、赞美周围的同事和上级,甚至还对那些成功的同事和上司心生妒意,甚至去恶意诋毁他们。可以说,负面思维是职场最大的精神病毒,它造成的危害形形色色,使人不能在职场中充分实现自己的潜能。例如,负面思维会使大脑的运作能力大打折扣,会降低员工做事的能力,直接影响工作效率和效果,并会导致利益的损失。久而久之,不仅难以获得升迁和良好的工作成绩,甚至还会因此而职位不保。从这一意义上讲,负面思维确实和失败如影随形。职场如同战场,你要想在这个战场上充分地展示自己,并最终取胜,你必须把内心负面的思维清理干净,让正面思维取而代之,这样才能做到"身怀利器,轻装上阵",才能做到"手起刀落,杀敌于无形"。正面思维就好比是一个给人鼓舞士气、提振精神的发动机。当一个人在工作中提不起兴趣,也欠缺激情的时候,不妨用正面思维来给自己打气,来给自己灌输动力和能量,这样才能在工作中促成积极的结果。纵观职场,那些成功者之所以成功,就是由于不断地反省自己,不断地摆脱负面的想法,并强化了正面思维,最终成就了自己。曾子曰:"吾日三省吾身:为人谋而不忠乎?与朋友交而不信乎?传不习乎?"其意思是:"我每天都要多次反省自己:想想自己帮助别人办事是否尽心尽力了?看自己和朋友交往是不是真诚守信?还有老师传授的学业是否去进行了复习?"那么,如何反省呢?无外乎就是对自己的惯常做事态度和行事方式进行新的判断与取舍,无外乎用正面思维来取代负面思维。这样,感恩自己拥有的一切;不是只因成功才快乐,更懂得去快乐工作,在快乐中创造成功。在不少人的惯常思维中,都将"活在当下"当作自己的座右铭,乍一看来,似乎这种思维方式也没有什么不妥。我们可以把"活在当下"的范围缩小到"活在今天",认真地过好自己的每一天,踏实地走好每一步,厚积薄发,最终收获一个美好的未来。然而,"活在当下"或许是一种无可厚非的生活态度,对于职场中人而言,却是一种负面的思维方式,它会让人只是着眼于现在甚至是过去,满足于既有成绩,而难以妥善应对变幻莫测的未来形势。

正面的思维方式应当是立足当下,活在未来。我们正处于一个飞速发展的知识经济时代,变革与创新是永恒的主题,任何一个人都无法将自己置身于这种洪流之外,整个社会都在日新月异,一日千里。作为个体,也只有具备充分的紧迫感与未来意识,才能够让自己在未来的激烈竞争中不掉价,才能不被时代所淘汰。如果你不去展望未来,不考虑未来世界的发展方向,那么你今天的努力可能就会大打折扣,你离梦想可能就会越来越远。而那些"活在未来"的人,却不会为现有的各种固有思维所羁绊,他们敢于冲破现有的一切,勇于创新，善于打破常规，因而往往能够出奇制胜。当然，紧迫感和未来意识并非人生来就有的，而是在一定的生活、工作环境中养成的。正面思维，活在当下——不论是从思维的角度，还是从适应职场竞争、更好地生存的角度，我们都应该更具前瞻意识，努力让自己"活在未来中"，处处快出别人一拍。去想一下自己未来的辉煌，并在大脑中描绘出一个清晰的理想蓝图，想象那一天已经来临。这样的话，久而久之，这种梦幻中的蓝图就会真的转变为现实。

案例链接

知识拓展

能力训练

1. 每周至少长跑3次，振奋精神，训练自己的耐力。
2. 积极参加文艺活动，参加文艺节目排练，训练自己释放压力。
3. 有意识地训练情绪的自我调节和自我控制能力。

第二节 适应环境

情境模拟

据一项对大学毕业生的追踪调查表明，毕业生踏上工作岗位后，一年之内能顺利适应公司企业文化的人数仅占34%，相当高比例的毕业生属于"适应不良型"，即两年之内才逐步适应，甚至三年以上仍难适应，即所谓的"适应困难型"。

怎样才能快速适应公司的企业文化呢？

基础知识

一、环境的内涵

环境是指周围所在的条件，对不同的对象和科学学科来说，环境的内容也不同。

一棵在深山里长了好多年的大树，被修剪了枝叶后移栽到新建的公园里。人们围着它，议论着。一个人说："修枝剪叶，伤根破皮，到这里还要重新扎根生叶，还要适应环境，一定是要付出代价的啊！"虎啸深山，鱼翔浅底，驼走沙漠，雁排长空，自然界万物都知道哪里才是最适合自己的生存环境，哪里才能将自己的美绽放到极致，同样我们人类也要学会尽情绽放自己，让别人欣赏到自己的才华。

二、适应环境

"物竞天择，适者生存"，这句话大家都耳熟能详。但究竟什么是适应呢？适应就是与环境相融合。在当今社会，我们要在如此大的环境里生存，应当学会适应环境。

（一）适应环境的两种情况

在现实生活中，人们对环境的适应，从适应的方向上看大体上有两种：

1. 消极的适应

这种适应是人与环境的消极互动过程。在这一过程中，个体认同、顺应了环境中的消极因素，压抑了自身的积极因素，即自身的潜能，违背了人的心理发展方向。其结果是环境改造了人，而人未发挥自己对于环境的能动作用。例如，人在遭受了挫折的环境下，采取的消极的悲观态度等。这些人都是以压抑自己的潜能、牺牲个人的心理机能和品质的发展为代价的，这种对环境的适应是退化，而不是发展。

2. 积极的适应

积极的适应是个体在客观环境中积极主动地调整自己与环境的不适应行为，增强个体在环境中的主动性、积极性，使自身得到发展。任何环境中都存在着有利于个人成长的积极因素和不利于个人成长的消极因素。积极的适应是要正确地分析自身的特点及环境的特点，从对这二者的分析中找到自己的生长点。

（二）改变自己，适应环境

心理学家马斯洛在谈到成长与环境的关系时说："环境的作用最终只是允许他和帮助他，使他自己的潜能现实化，而不是实现环境的潜能。环境并不赋予人潜能，是人自身以萌芽或胚胎的形态具有这些潜能，属于人类全体成员，正如他的胳臂、腿、脑、眼睛一样。"马斯洛的观点虽然强调人的先天因素，但他给我们以启示：每个人都存在着潜能，环境只是才能发展的条件，而不是"种子"。我们对其理论的补充和修正是：潜能发挥的重要条件是个人的实践，个人在具体环境条件下的能动的活动。将环境中的有利因素和个性中的积极因素统一在自己能动的实践活动中，人就获得了一种积极的适应。发展是人对环境的积极适应，我们所提倡的正是这种积极的适应。

我们不能要求环境适应自己，只能让自己适应环境。虽然我们不能改变世界，但我们可以改变自己，让我们用爱心和智慧来面对一切环境。也许，我们没有庄周梦蝶的浪漫，没有庄子那"泥泞中亦可"的超然；也许，我们无法像彷徨斗士鲁迅一样以血荐轩辕，深刻揭示中华民族几千年来的劣根性；也许，我们没有海伦·凯勒那虽然盲聋但却以心灵探求未知世界的勇敢。但至少，我们可以改变自己。比尔·盖茨曾说过："社会充满不公平的现象。你先不要想着去改造它，只能先适应它。"人应该适应环境，改变自我。每个人都是一道亮丽的风景线，但世界不会为你而改变，环境也不会主动去适应我们自己。因而，我们只能去改变自己，去适应环境，进而取得成功。

当为官仅七十多天的陶渊明挂印田园归隐山间时，他改变了自己。官场的黑暗，是他无法改变的，变的只能是自己。于是不为五斗米折腰，与菊为伴，虽然仕途不复，但他高洁的志向却被历史所赏识，为后人所铭记。当"御用文人"李白呼唤自己放养于青崖间的白鹿即骑访名山时，他改变了自己。朝廷希望他吟风弄月歌功颂德，而他却只想一展鸿鹄之志，无法改变官场的他，只得改变自己的志向。于是他寄情于山水，纵览名山大川，虽然未能圆自己的经天纬地之梦，但却造就了半个盛唐的诗歌，为后人所传颂。他们改变自己，同时也改变了时代，虽不被时人钦慕，但却被后人铭记，在历史的苍穹中闪闪发光。那些不能改变自己的人，只能被环境淘汰。

阳光大学生网箴言：

当一个人无法适应周遭的环境时，那么，失败与毁灭就将常伴你左右。反之，你才能获得人生的成功与完善。一句话，适者生存。

三、提升心理适应能力的实现路径

个体成长的过程就是一个不断适应新环境的过程，在此过程中，适应的关键是内部心理活动的自我调节。对适应不良的学生通过教师采取心理辅导与咨询的方式帮助其提高适应水平。根据对心理适应内部机制的分析，建议按以下路径来增强心理适应能力：

（1）要有较强的分析问题和做出正确判断的能力，面临新环境的变化，要能够尽快了解新的要求，明确新的努力方向。

（2）对自己要有一个全面、客观的评价，了解自己不适应的表现和存在的差距，同时也要看到自己的潜力，在此基础上形成积极的自我观念，做到自尊、自爱，对自己始终充满自信。

（3）要培训自己坚韧、顽强、果断的精神和较强的自制力、竞争意识和好胜心，还要有对人对事宽容的态度与豁达的胸怀。

（4）要增强自我监控的意识和自我调节的能力。实践证明，通过系统的心理辅导与训练，可以帮助学生在心理适应能力的发展上取得明显的进步。

四、新员工快速适应工作环境的途径

人的一生，其实质是一个不断适应的过程，新员工的适应只是人生某一阶段的一个新起点，我们要学会尽快地适应新环境，主动地适应新规则，用新思想提升自己各方面的能力。刚刚加入一个新公司，一切都是陌生的。企业在接待新员工入职时都要给新员工介绍一些公司的基本外部环境以及组织结构框架，以便他们能更快更好地适应新的工作环境。一般而言，大多数员工都能比较好地适应新环境，但是当新工作环境与以前的环境差异较大，且某些新员工的心理状态有薄弱环节时，就有可能出现适应困难的情况。那么，新员工如何能顺利地接受新环境、进入新角色，进而适应公司的企业文化呢？

（一）想方设法亲密接触企业文化

"说你行，你就行，不行也行；说你不行，就不行，行也不行。"相信这句话大家耳熟能详。我们无意于纠缠这句话的真实性，但它至少反映了一种让人疑惑的现象："行也不行"。

这种现象在现实中确实存在，究其原因，与员工能否融入公司的企业文化密切相关。

进入一个新的文化环境中，肯定有一些陌生的地方，这就要求新员工多学、多问、多了解。对于"可视规矩"，则找来公司的制度、流程和职位说明书加以学习；对于"不可视规矩"，也就是企业文化，就要虚心地向老员工请教。因为他们在公司的工作时间长，对公司的方方面面可谓了解入微，多和他们交流，可以让你少走很多弯路。工作中遇到难题或是处理问题拿不准时，千万不要不闻不问、不懂装懂，而应主动大方地请教身边的同事，培养自己对公司的归属感。

国际贸易专业毕业的小陈，毕业后在一家外企找到了一份市场调研的工作，对于外企公司的工作节奏快、管理要求严的说法，此前小陈早有所闻。所以在刚参加工作时，他尽量改变自己原来读书时拖拉、懒惰、不拘小节等毛病，争取在最短的时间内完成工作，同时多学、多问、多了解。经过三个多月的努力，小陈对工作已得心应手。他感触最深的是，要快速地融入公司的企业文化，最重要的就是多学、多问、多了解，但前提是要掌握好学习和询问的时机。

（二）积极参加新员工培训

新员工培训又称岗前培训、职前教育，是一个企业把新录用的员工从局外人转变为企业人的过程。企业对新员工进行培训是新员工了解所在企业的好机会。它不但可以帮助员工了解企业的行为规范、福利待遇、可用资源等，更重要的是将企业文化大义灌输到员工的大脑。如今，越来越多的企业认识到新员工培训的重要性，在新人入职时已不仅仅只做简单的引见，往往还要安排内容丰富的培训等待新人入职。

拿国内著名企业海尔来说，通常海尔公司在新员工入职后做的第一件事就是举办新老"毕业生"见面会，通过师兄师姐的亲身感受理解海尔。新人也可以利用面对面与集团最高领导沟通的机会，了解到公司的升迁机制、职业发展等问题。这无疑是新员工了解海尔企业文化的一个绝好时机。

又如，联想对新员工实行的"入模子"培训。所有加入联想的员工，在试用期时都要接受为期一周的封闭培训（"入模子"培训），了解公司的文化、理念、产品、历史、发展方向，等等。从"模子班"里出来的员工，都感到整个人好像发生了变化，联想的一切已经深深植入脑海。

（三）谦虚行事

身处一个陌生的文化环境，谦虚行事是必不可少的。在对公司的企业文化还没有基本了解的情况下，急于表现自己的所知所能，不但不能让别人对你刮目相看，还容易弄巧成拙，给人锋芒毕露的感觉，容易让人产生厌恶感，这不利于融入公司的企业文化。

小李的专业经验非常丰富，跳槽到国内一家大型IT企业后，更是摩拳擦掌，很想大干一场，加入公司不到一周的时间就做出一份长达30多页的企划案，放到老板桌前。令小李迷惑不解的是，老板接到企划案后非但没有表扬他，反而大皱眉头。后来小李通过同事了解到：原来公司一贯奉行稳健经营的作风，而小李的企划案虽然具有开拓性，但是存在着巨大的经营风险，与公司的企业文化不符。

每家公司都有自己独特的企业文化，作为新人，都要有一个逐步适应的过程。在没有了解公司的企业文化之前，千万不要急于求成，以至于给别人留下不好的印象。谦虚行事才是最明智的做法。

案例链接

知识拓展

能力训练

1. 到大型超市去，去学会发现生活的美好。
2. 周围环境不尽如人意，学着改变它，也学着适应它。
3. 学会换一个角度看问题，学会改变态度，有胸怀接受你不能改变的。

第三节 抗压耐挫

情境模拟

北京易普斯企业咨询服务中心对1 576名高级管理人员所做的健康调查显示，近70%的高级管理人员感觉自己当前承受的压力较大，其中21%认为自己的压力极大。另一项来自《电子工程专辑》对2005年电子行业经理人的调查显示，公司董事长、高级管理人员是加班时间最多的人群，平均每周工作时间达到55.7小时。经理人长期过度透支自己的体力，再加上来自公司的销售任务、具体项目执行的压力，他们中的许多人都患有失眠、心悸等各种各样的生理、心理疾病。还有一份关于"遇到挫折心态"的调查表明：大多数"90后"大学生心理素质偏弱，抗压能力明显不足。有72.3%的人表示在遭遇挫折后，自己心理会留下阴影；甚至有5.1%的同学表示自己会因此一蹶不振。只有9.4%的新生表示愿意"总结经验，从头再来"。

如何有效地对抗压力呢？

基础知识

一、心理压力的内涵

心理压力即精神压力，现代生活中每个人都有所体验。总的来说，心理压力有社会、生活和竞争三个压力源。压力过大、过多会损害身体健康。现代医学证明，心理压力会削弱人体免疫系统，从而因为外界致病因素引起肌体患病。现代生活的压力，像空气一样无时无刻不在挤压着人们。

心理压力是个体在生活适应过程中的一种身心紧张状态，源于环境要求与自身应对能力的不平衡；这种紧张状态倾向于通过非特异的心理和生理反应表现出来。

压力是压力源和压力反应共同构成的一种认知和行为体验。人的内心冲突及与之相伴随的情绪体验是心理学意义上的压力。从心理学角度看，压力是外部事件引发的一种内心体验。

完全没有心理压力的情况是不存在的。我们假定有这样的情形，那一定比有巨大心理压力的情景更可怕。换一种说法就是，没有压力本身就是一种压力，它的名字叫作空虚。无数的文学艺术作品描述过这种空虚感。那是一种比死亡更没有生气的状况，一种活着却感觉不到自己在活着的巨大悲哀。

为了消除这种空虚感，很多人用各种举措来寻找压力或者说刺激，一部分人找到了，在工作、生活、友谊或者爱情之中；另一部分人，他们在寻找的过程中甚至付出了生命的代价。比如有一部分吸毒者，在最开始就是被空虚推上绝路的。

二、心理压力源的种类

（一）生物性压力源

躯体创伤或疾病、饥饿、性剥夺、睡眠剥夺、噪声、气温变化。

（二）精神性压力源

错误的认知结构、个体不良经验、道德冲突、不良个性心理特点。

（三）环境性压力源

纯社会的、由自身状况造成的人际适应问题。

三、心理压力的危害

压力，每天都围绕在生活中，有压力才有动力，此话不假，但面临的压力超出了心理承受能力，就会导致心理失衡，引起抑郁、焦虑等心理疾病。无论是哪种类型的心理压力，都有可能使人出现以下症状：心跳过速、手心冰冷或出汗、呼吸短促、头痛胃痛、恶心呕吐、腹胀腹泻、肌肉刺痛、健忘失眠、自卑、多疑、嫉妒、消沉、思维混乱、脾气暴躁、过度亢奋、喜怒无常，等等。

人们都知道，生活在高压环境下会给身体和情绪造成严重后果。耶鲁大学的研究人员发现，巨大的压力会减少大脑负责自控区域的灰质体积。

一旦你失去了自控力，你就会失去应对压力的能力。这样一来，你不仅更加难以让自己脱离高压环境，而且更有可能通过种种方式（比如说对别人过度反应）为自己制造压力。难怪那么多人会陷入压力越来越大的死循环，最后完全崩溃（甚至出现更糟的情况）。

压力会影响大脑的生理机能，导致高血压、糖尿病等慢性疾病，因此自控力的下降就显得尤为可怕。而且压力造成的后果还不仅限于此——它还与抑郁、肥胖、认知能力下降有关。

四、调适心理压力的方法

每个人都会有心理压力，尤其是现代社会，工作、房子、婚姻、感情等问题，人们的心理压力越来越大。对于心理压力，我们不但要学会调整它，也要学会跨越它。在压力下管理情绪、保持冷静的能力直接关系到你的表现。情商测评和训练服务商 TalentSmart 对超过一百万人进行了研究，结果表明，90%的优秀人士都善于在压力下管理情绪，保持冷静和克制。

实际上，时断时续的压力事件能够让你表现更出色，因为它能使大脑更加警觉。而大多数优秀人士都有精心磨炼的应对策略，供他们在高压环境下使用，以降低压力水平，确保自己感受到的压力不会持续下去。由此一来，他们既可以保持高水平的表现，又能够将压力的消极影响降到最低。

（一）调适心理压力的主要方法

1. 补偿

建立合理的、客观的自我期望值，奋斗目标要合理，在实施过程中，发现目标不切实际、前进受阻，实现目标的愿望受挫后，可以利用别的途径达到目标，应及时调整目标，或者确立新的目标，以便继续前进，获得新的胜利。有时做事可往最坏处着想，但向最好处努力。即"失之东隅，收之桑榆"，这是一种心理防御机制。

2. 换位

正确认知压力，灵活调整自己的心态，学会换位思考。例如，当你遇到不公平的事情、不协调的人际关系、不愉快的情感体验时，当妒火中烧时，要变换自己的角度，进行有意识的控制，增强个人修养。

3. 推移

时间是解决问题的最好办法，运用推移时间遗忘法，积极忘记过去的、眼前的不愉快，随时修正自己的认知观念，不要让痛苦的过去牵制住你的未来。

4. 升华

我们要学会管理自己的情绪，当我们愤怒时，可以离开当时的环境和现场，转移注意力。人在落难受挫之后，奋发向上，将自己的感情和精力转移到其他的活动中去。如大学生在感情上受挫之后，将感情和精力转移到学习中去。这也是大学生在受挫之后一种很好的调节方法。

5. 自信

自信自主激励法。即相信自己是最好的、最可以依赖的，每个伟业都由自信开始。

6. 学会运用压力

出现压力并不可怕，适当的压力可以让我们更加积极与进步，所以我们要学会运用压力。

（二）调适心理压力的妙招

1. 大笑

美国斯坦福医学院的一位精神病专家指出，当你大笑时，你的心肺、脊背和身躯都得到了快速锻炼，胳膊和腿部肌肉都受到了刺激。大笑之后，你的血压、心率和肌肉张力都会降低，从而使你放松。我们可以通过听相声、看小品帮助我们笑出来。

2. 一吐为快

当受了委屈，一时想不通时，不要把痛苦闷在心里，不妨说出你的焦虑，主动向朋友、同学或亲友倾诉苦衷，争取别人的原谅、同情与帮助，一个忠实的听众能帮助你减轻因紧张带来的压抑感。当我们悲伤时，就干脆痛哭一场，让泪水尽情地流出来，这样可以减轻挫折感，改变内心的压抑状态，获得身心轻松，从而让目光面向未来，增强克服挫折的信心。此外，你还可以把你的感受写成信，然后扔到一边，给自己留出一定的"忧虑"时间，随后再去解决。

3. 欣赏音乐

各种声音通过耳朵被人感受，如他人的赞扬声、指责声、议论声等都会影响你的心态，因此，你可以多听些优美的音乐，缓解不愉快的心情。

4. 户外运动

当我们遭受挫折时，我们也会出现心理压力，一般人都会感觉度日如年，这时，要适当安排一些健康的娱乐活动，到户外运动去，比如散步、爬山，呼吸大自然新鲜的空气，可以转移注意力，使挫折感转移方向，扩大思路，使内心产生一种向上的激情，从而增强自信心。

5. 自我放松

顺其自然自我解脱法也很有效。学会自我放松，在适当的情况下，通过洗温水浴、做深呼吸等放松的方法解除你的心理压力。还可以变换一下环境，例如到室外观景、到室内养花、对美好事物的想象等。

6. 丰富个人业余生活法

丰富多彩的闲暇活动往往让人心情舒畅，绘画、书法、下棋、运动、娱乐等能给人增添许多生活乐趣，调节生活节奏，使人从单调紧张的氛围中摆脱出来，走向欢快和轻松。应发展个人爱好，培养生活情趣。

7. 学会说三句话

第一句："算了！"即指对于一个无法改变的事实的最好办法就是接受这个事实。

第二句："不要紧！"即不管发生什么事情，哪怕是天大的事情，也要对自己说："不要紧！"记住，积极乐观的态度是解决任何问题和战胜任何困难的第一步。

第三句："会过去的！"不管雨下得多么大，连续下了多少天也不停，你都要对天会放晴充满信心，因为天不会总是阴的。自然界是这样，生活也是如此。

（三）调适心理压力的食疗

食物不但能满足我们的生理需求，让我们的身体得到能量，也可以帮助我们放松心理压力，调整不良情绪。放松心理压力的食物主要有：

1. 香蕉

香蕉是色氨酸（一种必需的氨基酸，是天然安眠药）和维生素 B6 的良好来源，帮助大脑制造血清素。香蕉含的生物碱也可以调节情绪和提高信心。

2. 葡萄柚

葡萄柚含有丰富的维生素 C，在制造多巴胺时，维生素 C 是重要成分之一。多巴胺是一种神经传导物质，用来帮助细胞传送脉冲信息；多巴胺会影响大脑的运作，传达开心的情绪，恋爱中男女的幸福感，与脑里产生的大量多巴胺有关。

3. 蔬果

叶酸存在于多种蔬果中，含量较丰富的有芦笋、菠菜、柑橘类、番茄、豆类等，当叶酸的摄取量不足时，会导致脑中的血清素减少，易引起情绪问题，包括失眠、忧郁、焦虑、紧张等。叶酸还能促进骨髓中的幼细胞发育成熟，形成正常形态的红血球，避免贫血；妇女怀孕期间缺乏叶酸，会影响胎儿神经系统的发育。

4. 全麦面包

碳水化合物有助于增加血清素，睡前2小时吃点碳水化合物的食物，如蜂蜜全麦吐司，有安眠药的助眠效果，但没有像药物会产生依赖性的副作用，不会上瘾。

5. 深海鱼类

根据哈佛大学的研究报告，鱼油中的Omega-3脂肪酸，与抗忧郁成分有类似作用，可以调节神经传导，增加血清素的分泌量。血清素是一种大脑神经传递物质，与情绪调节有关，如果血清素功能不足、分泌量不够或作用不良时，会有忧郁的现象发生，因此，血清素是制造幸福感的重要来源之一。

（四）乐观防御

如何有效地对抗压力？管理专家吴岱妮女士认为快乐就是抵抗压力最好的防御针。"人生以快乐为目的"，她指出卓越的经理人在受到压力或意外打击时，他们相信自己能赢。他们可以将自己的情绪从低潮中挣脱出来，重新找回价值信仰和精神力量。乐观防御心理压力，保持良好的身体和心理状态主要有以下几种方法：

1. 充分休息

不管多忙，每天必须保证8小时的睡眠时间。睡眠对于提高情商、管理压力水平的重要性，再怎么强调也不为过。当你睡觉的时候，大脑在重新休整，整理一天的记忆，进而储存或丢弃其中的某些部分（梦境就是这么产生的）。于是，当你醒来的时候，头脑就会清晰而警觉。一旦睡眠不足或质量不好，你的自控力、注意力和记忆力都会下降。睡眠不足本身就能升高应激激素的水平，即便没有压力源的存在。压力大的项目往往会让你觉得没时间睡觉，但是花一点时间，好好睡一个晚上，往往能够让你精力充沛地将事情置于掌控之下。

2. 调适饮食，禁烟少酒

酒精和尼古丁只能掩盖压力，不能解除压力。

3. 性爱是最好的减压药

富有激情的性生活，对缓解心理压力大有益处。（当然，这只适于已婚成年人）

4. 知足

花一点时间来思考值得让你感恩的事物，这不仅仅是一项应该做的事情，它还能改善你的情绪，因为它能使你体内的应激激素皮质醇减少23%。加州大学戴维斯分校开展的研究表明，每天努力培养感恩心态的人，能够体验到情绪、能量和身体健康的改善。皮质醇水平的降低很可能在其中发挥了主要作用。

5. 使自己具备一定弹性

工作张弛有度，考虑到让压力时断时续的重要性，我们就很容易知道，工作之余偶尔放松一下，有助于将压力控制在适度的水平。当你让自己24小时/7天任听差遣时，你就会将自己暴露在压力源的持续攻击之下。逼自己"离线"甚至"啪"的一声关掉手机，能够让身体摆脱压力源的持续攻击，从而养精蓄锐。研究表明，就算只是空出一段时间不看邮件，也能降低压力水平。技术的进步使人们实现了无间断的沟通，与此同时也形成了对24小时/7天任听差遣的预期。在工作之余享受无压力的时刻已经变得极其困难，因为随时可能有邮件发送到你的手机上，让你骤然改变思维状态，想到（忧心）工作上的事情。如果说，工作日的晚上脱离与工作相关的通信，实在太难做到，那么周末试一试怎么样？选择一些时间段来切断联系，让自己"离线"，你会惊讶地发现，经过这些时间的休息，你整个人会变得神清气爽，可以以全新的心理状态投入一周的工作当中。如果你担心这样做会造成负面影响，那就先在不太可能有人联系你的时间段尝试一下——比如周日早晨。等你对此更加放心，而同事也开始接受你"离线"的时间以后，你就可以慢慢地延长自己脱离通信工具的时间。

6. 与自己的伴侣建立良好的关系

建立良好的关系，有助于维系并深化感情。

7. 拥有几位快乐的朋友

拥有几位快乐的朋友，其意义不言而喻，快乐的朋友不但可以影响你的情绪，而且在你有不快乐时，可以有倾诉的对象。

8. 开展自己理想的生活方式

比如适度地进行运动、每年定期地休假等。比如只运动10分钟，也能促进机体分泌伽马氨基丁酸（GABA），这种神经递质具有镇静作用，能够帮助你控制情绪，进而减少压力，进而改善心情，提高工作效率。

9. 敢于说"不"

对自己感到难以承受的工作和义务，要敢于拒绝，量力而为。加州大学旧金山分校开展的研究表明，你越难说"不"，就越容易感觉到压力、崩溃甚至抑郁。说"不"对于大多数人来说，确实是一大挑战。"不"是一个很有威力的词语，你不应该害怕使用它。在该说"不"的时刻，情商高的人不会说出"我想我可能不太行"或者"我不确定"这样的话。对新的承诺说"不"，能够使你专注于兑现已有的承诺，并给自己机会来完成它们。

10. 打开相册，重温过去的美好时光、回忆曾经拥有的最幸福时刻

做这些事时，注意不要沉迷其中。

11. 不问"万一……怎么办？"

"万一……怎么办？"这句话会给紧张和焦虑的情绪火上浇油。事情可以向一百万个不同的方向发展，你越是花时间担心各种可能性，就越没有时间专注于采取行动让自己冷静下来，将压力置于控制之下。成功人士都知道，提出"万一……怎么办？"这个问题只会让他们陷入自己不想或者根本无须陷入的境地。

案例链接

知识拓展

能力训练

1. 训练学生具有释放情绪的能力

引导学生学会适度发泄，转移坏情绪，把挫折暂时搁置，"忘我"地热衷于让自己开心的事情，比如，绘画、写作、打球等。另外，还要教育学生对别人要宽容大度。

2. 训练学生对挫折的认识能力

让学生知道挫折发生的必然性，正确看待挫折。使他们懂得挫折是现实生活中难以避免的现象，使之对挫折有心理准备。

3. 训练学生对挫折的抵御能力

通过讲解古今中外挫折成就了很多伟人的案例，例如，爱国诗人屈原、《史记》的作者司马迁、《孙子兵法》的作者孙膑、身残志坚的海伦·凯勒、当今的保尔——张海迪等，让学生明白挫折并不可怕，关键是怎样对待挫折。

4. 训练学生对挫折的适应能力

越王勾践的卧薪尝胆、鲁迅的彷徨、歌德曾想自杀，但他们都以顽强的毅力战胜了自己的消沉和软弱，通过自己的努力，最终都走向了辉煌。教师要经过一系列教育启迪和开导，使学生们能坦然面对挫折，逐渐培养对挫折的适应能力。

5. 训练学生的耐挫能力

创设挫折情景，有针对性地进行耐挫力的培养和训练。开展行为训练，组织学生登山野炊、郊游野营等，来增强学生的耐挫能力和提高学生的生存能力。

第四节 恒 心 毅 力

情境模拟

张海迪，1955年出生于济南。五岁的时候，因患髓血管瘤造成高位截瘫。在残酷的命运挑战面前，她没有沮丧和沉沦，而是对人生充满了信心，以顽强的毅力和恒心与疾病作斗争，经受了严峻的考验。虽然没有机会走进校门，但她发奋努力，学完了小学和中学的全部课程，自学了大学英语和日语还有德语，并攻读了大学本科和硕士研究生的课程。1983年她开始涉足文学，先后翻译了《海边诊所》等10万余字的英文小说，创作了《向天空敞开的窗口》、《生命的追问》、《轮椅上的梦》等作品，被誉为"当代保尔"。

这个故事告诉了我们什么？

基础知识

一、恒心毅力的内涵

毅力也叫意志力，是人们为达到预定的目标而自觉克服困难、努力实现的一种意志品质；毅力，是人的一种心理忍耐力，是一个人完成学习、工作、事业的持久力。当它与人的期望、目标结合起来后，它会发挥巨大的作用；毅力是一个人敢不敢自信、会不会专注、是不是果断、能不能自制和可不可忍受挫折的结晶。

二、恒心毅力的意义

（一）毅力对成功有决定意义

在所有的成功者中，有没有毅力，坚强不坚强，起着决定性的作用；而对失败者来说，缺乏毅力几乎是他们共同的毛病。所以毅力极其重要，也很可贵。毅力会帮助你克服恐惧、沮丧和冷漠；会不断地增加你应付、解决各种困难问题的能力；会将偶然来的机遇转变为现实；会帮助你实现他人实现不了的理想……因此，古今中外的先人、哲人、伟人、名人，都对它作了高度的评价。

（二）毅力是实现理想的桥梁

毅力是实现理想的桥梁，是驶往成才的渡船，是攀上成功的阶梯。通往成功的道路往往是充满荆棘、坎坷不平的，会有许多障碍险阻。有作为的人，无不具有顽强的意志、坚忍不拔的毅力。我国古代大医药学家李时珍写《本草纲目》花费了 27 年，进化论创始人达尔文写《物种起源》用了 15 年，天文学家哥白尼写《天体运行论》用了 30 年，大文豪歌德写《浮士德》用了 60 年，而郭沫若翻译《浮士德》就用了 30 年，马克思写《资本论》用了 40 年。这些中外巨人的伟大成果无一不是理想、智慧与毅力的结晶。还有一些科学家为坚持真理付出了鲜血与生命。例如赛尔维特发现了血液循环，被宗教徒活活烤了两个小时；布鲁诺提出了宇宙无限、没有中心的思想，被罗马教廷关了 7 年，最后被判火刑。顽强的毅力是他们成为巨人的一个必备重要条件。

培养顽强的毅力，要从小做起。有位教育家做了一个实验：找来一些孩子，拿来一堆糖果等好吃的东西告诉他们说："在我离开这里再次回来之前，你们不能吃这些东西，等我回来后才能吃，而且我回来后会给你们更多的糖果。"这位教育家走后，有些孩子耐不住了，就动手吃了这些糖果。这位教育家过后做了一个跟踪调查，凡是当初能克制自己，在这位教育家回来前没有吃糖果的孩子，长大以后发展前途好，事业有成。所以常言有"三岁看大，七岁知一生"的说法。

三、恒心毅力的培养

恒心毅力是一种心智状态，所以是可以培养训练的。恒心毅力和所有的心态一样，奠基于确切目标，培养恒心毅力的途径有以下几种：

（一）强化正确的动机

强烈的动机可以驱使人超越诸多困境。目标坚定，是培养恒心毅力最重要的一步。由灼烧的热切渴望，支持自己实现确切的目标，使人比较容易有恒心毅力，并坚持到底。人们的行动都是受动机支配的，而动机的萌发则起源于需要的满足。什么也不需要或者说什么也不追求的人，从来没有。人都有各自的需要，也有各自的追求；只是由于人生观的不同，不同的人总是把不同的追求作为自己最大的满足。斯大林说，伟大的目的产生伟大的毅力。从奥斯特洛夫斯基和张海迪身上，我们可以充分地看到，崇高的人生目的怎样有力地激发出坚韧的毅力。

（二）从小事做起

从小事做起可以锻炼大毅力。李四光向来以工作坚韧、一丝不苟著称，这与他年轻时就锻炼自己每步走零点八米这类的小事不无关系。道尔顿平生不畏困难，看来从他五十年天天观察气象而养成的韧性中受益匪浅。高尔基说："哪怕是对自己的一点小小的克制，也会使人变得强而有力。"生活一再昭示，人皆可以有毅力，人皆可以锻炼毅力，毅力与克服困难伴生。克服困难的过程，也就是培养、增强毅力的过程。毅力不是很强的人，往往能克服小困难，而不能克服大困难；但是，积克服小困难之小胜也能使人具有克服大困难之毅力。今天，你或许挑不起一百斤的担子，但你可以挑三十斤，这就行。只要你天天挑，月月练，总有一天，一百斤担子压在你肩上，你能健步如飞。恽代英说得深刻："立志需用集义功夫。余谓集义者，即在小事中常用奋斗功夫也。在小处不能不犯过失者，其在大处犯过失必矣。小压迫小引诱即能胜过，在大压迫大引诱中能否胜过尚为一问题。如小处不能胜过，尚望大处胜过，岂非自欺之甚乎？胜过小者，再胜过较大者。此所谓集义也。不然集义仍然是一句空话。"

小事情很多，从哪些小事情做起？有的人好睡懒觉，那不妨来个睁眼就起；有的人"今日事，靠明天"，那就把"今日事，今日毕"作为座右铭；有的人碰到书就想打瞌睡，那就每天强迫自己读一小时的书，不读完就不睡觉，只要天天强迫自己坐在书本面前，习惯总会形成，毅力也就油然而生。人是需要同自己作对的，因为人有惰性，克服惰性需要毅力。任何惰性都是相通的，任何意志性的行动也是共生的。事物从来相辅相成，此长彼消。从小事情做起就可以培养大毅力，其道理就在其中。

（三）培养兴趣

有人说兴趣是毅力的门槛，培养兴趣能够激发毅力，这话是有道理的。法布尔对昆虫有特殊的爱好，他在树下观察昆虫，可以一趴就是半天。诺贝尔奖获得者丁肇中说："我经常不分日夜地把自己关在实验室里，有人以为我很苦，其实这只是我的兴趣所在，我感到'其乐无穷'的事情，自然有毅力干下去了。"当然人的兴趣有直观兴趣和内在兴趣之分，但两者是可以转换的。例如：有的人对学外文兴味索然，可他懂得，学好外文是建设四化的需要，对这个需要，他有兴趣，因此他能强迫自己坚持学外文。在学的过程中，对外文的兴趣也就能够渐渐培养起来了，这反过来又能进一步激发他坚持学外文的毅力。一个人一旦对某种事物、某项工作发生内在的稳定的兴趣，那么，令人向往的毅力会不知不觉来到他身边，也就成为十分自然的事情。

（四）由易入难

由易入难，既可增强信心，又能锻炼毅力。有些人很想把某件事情善始善终地干完，但往往因为事情的难度太大而难以为继。对毅力不太强的人来说，在确定自己的奋斗目标、选择实现这一目标时，一定要坚持从实际出发、由易入难的原则。徐特立同志学法文时，已年过半百，别人都说他学不成，他说："让我试试看吧。"他知道自己记性差了，工作又忙，所以，开始为自己规定"指标"，每天只是记一两个生词。这个计划起步不大，容易实现，看起来慢了一些，但能够培养信心，几个月下来，徐老不但如期完成计划，而且培养了兴趣，树立了信心，又慢慢掌握了学法文的"窍门"，以后每天可以记三四个生词了。徐老的做法很有辩证法。要是一开始在没有把握的情况下，就提出过高的指标，结果计划很可能实现不了，信心也必然锐减，纵使平时有些毅力的人，这时也可能打退堂鼓。美国学者米切尔·柯达说过："以完成一些事情来开始每天的工作是十分重要的，不管这些事情多么微小，它会给人们一种获得成功的感觉。"这种感觉无疑有利于毅力的激发。柯达的话看来对于人们干其他事情也是有启发的。

（五）自立自强

相信自己有能力执行计划，可以鼓舞一个人坚持计划不放弃。（自立自强可以根据自我暗示那一原则培养出来）。

（六）计划确切

即使是不太扎实的计划，不够实际的计划，都能鼓励人坚忍不拔，以连贯的行动执行确切的计划。

（七）正确的知识

自己的明智计划是以经验或以观察为根据的，可以鼓励人坚定不移；不知情而光是猜想，则易摧毁恒心毅力。

（八）合作

和他人和谐互助、彼此了解、声息相通，容易助长恒心毅力。和一名以上鼓励自己执行计划追随目标的人建立友好的盟谊关系。

（九）意志力

集中心思，拟构确切目标，可以带给人恒心毅力。

（十）习惯

恒心毅力是习惯的直接产物。人们会吸引滋长心智的日常经验，并且化身为其中的一分子。可以采取强迫自己行动的方法，来对抗恐惧。每个在作战中积极行动过的人都知道这一点。

案例链接

知识拓展

能力训练

1. 锻炼自己,坚持每天做好一件事,如清扫卫生。
2. 坚持每天大声朗读一首古诗或美文。
3. 坚持每天参加体育锻炼,走3公里或是打一个半小时球。

第五节 自信乐观

情境模拟

爱因斯坦的"相对论"发表之后,有人曾炮制了一本《百人驳相对论》,网罗了一批所谓名流对这一理论进行声势浩大的挞伐。可是,爱因斯坦自信自己的理论必然胜利,对挞伐不屑一顾。他说:"假如我的理论是错的,一个人反驳就够了,一百个零加起来还是零。"他坚定了必胜的信念,坚持研究,终于使"相对论"成为20世纪的伟大理论,为世人所瞩目。

爱因斯坦胜于自信的故事告诉了我们什么?

基础知识

一、自信乐观的内涵

自信,是指自己相信自己,是发自内心的自我肯定与相信。乐观是一种向阳的人生态度,精神愉快,积极向上,对事物的发展充满信心。

自信是指人对自己的个性心理与社会角色进行的一种积极评价的结果。它是一种有能力或采用某种有效手段完成某项任务、解决某个问题的信念。它是心理健康的重要标志之一,也是一个人取得成功必须具备的一项心理特质。广义地讲,自信本身就是一种积极性,自信就是在自我评价上的积极态度。狭义地讲,自信是与积极密切相关的事情。没有自信的积极,是软弱的、不彻底的、低能的、低效的积极。

二、自信乐观的重要性

(一)自信是成功的基础

我们重温一下熟知的"毛遂自荐"故事。

赵王使平原君求救于楚,平原君约其门下食客文武备具者二十人与之俱,得十九人,余无可取者。毛遂自荐于平原君。平原君曰:"夫贤士之处世也,譬若锥之处囊中,其末立见。今先生处胜之门下三年于此矣,左右未有所称颂,胜未有所闻,是先生无所有也。先生不能,先生留!"毛遂曰:"臣乃今日请处囊中耳!使遂蚤得处囊中,乃脱颖而出,非特其末见而已。"(赵王让平原君去向楚国求救,平原君打算请他门下食客中二十个文武全才的人和他一起去,找到了十九个,剩下的没有能选到。毛遂向平原君自我推荐。平原君说:"有才能的人处在世上,好比锥子放在口袋里,那锥子尖立刻就会显露出来。现在先生在我的门下已经三年了,身边的人对您没有什么称道,我也没有听说什么,这表明先生没有什么能耐。先生不行,先生留下吧!"毛遂说:"我不过是今天才请求进入口袋里的呀!假如早让我进入口袋,就连锥子上部的环儿也会露出来,岂止是露出个锥子尖呢!")

战国时期,秦国的军队围攻赵国都城邯郸。赵国派平原君到楚国求救,平原君的门下食客毛遂"自荐"并且在出使中建立奇功,终于劝说楚王同意援救赵国,从此流传于后世,后人就用"毛遂自荐"来比喻自告奋勇,自我推荐。

毛遂"自荐"是建立在对自己有信心的基础上。"自荐"需要能力、自信和对国家的一腔热诚。有信心,才能克服眼前困难,看到光明前景。盲目的"自荐"则是行不通的。

历史上无数成功的事例和经验证明了自信之于成功的重要,我们也熟知关于自信乐观的很多名言,李白的"长风破浪会有时,直挂云帆济沧海";毛泽东的"自信人生二百年,会当水击三千里";还有但丁的"走自己的路,让别人说去吧";等等。

(二)乐观是成功的积极力量

相信大家都听过半杯水的故事。讲述的是两个人穿越沙漠去另一边的绿洲。天气炎热,喝水量很大。走到一半的时候,一个人发现自己的水壶只剩半壶水,心里有些紧张烦躁。他一边走一边抱怨、诅咒、谩骂;而另一个人则想到自己水壶还剩半壶水,只要他节省点喝,就可以熬过去的。后来,惋惜自己只有半壶水的人没有走出沙漠,而心态好的另一个人则走出了沙漠。美国著名心理学家马丁塞利格曼认为,乐观是一种"迷人"的性格特征。他经过长期的研究及跟踪调查发现,乐观对一个人的成长起着积极的作用,这主要表现在:乐观能使人对生活中的许多困难产生免疫力;乐观能使人的身体更加健康;乐观的人更容易与周围的人保持融洽的关系;乐观的人更容易获得家庭的幸福和事业的成功。

乐观,是一种态度,从容、自信、处变不惊;乐观,是一种人生,既能娱己又能悦人,使人生旅途充满情趣。

三、自信乐观的培养

(一)挑前面的位子坐

你是否注意到,无论在教室还是在各种聚会场合,后排的座位是怎么先被坐满的吗?大部分占据后排座的人,都希望自己不会"太显眼"。而他们怕受人注目的原因就是缺乏信心。而坐在前面能建立信心。把它当作一个规则试试看,从现在开始,就尽量往前坐。当然,坐前面会比较显眼,但要记住,有关成功的一切都是显眼的。

(二)练习正视别人

一个人的眼神可以透露出许多有关他的信息。某人不正视你的时候,你会直觉地问自己:

"你想要隐藏什么呢？他怕什么呢？他会对我不利吗？"不正视别人通常意味着：在你旁边我感到很自卑，我感到不如你，我怕你。躲避别人的眼神意味着：我有罪恶感；我做了或想到什么我不希望你知道的事；我怕一接触你的眼神，你就会看穿我，这都是一些不好的信息。正视别人等于告诉你：我很诚实，而且光明正大。我相信我告诉你的话是真的，毫不心虚。

（三）把你走路的速度加快 25%

当大卫·史华兹还是少年时，到镇中心去是很大的乐趣。在办完所有的差事坐进汽车后，母亲常常会说："大卫，我们坐一会儿，看看过路行人。"母亲是位绝妙的观察行家。她会说："看那个家伙，你认为他正受到什么困扰呢？"或者"你认为那边的女士要去做什么呢？"或者"看看那个人，他似乎有点迷惘。"观察人们走路实在是一种乐趣。这比看电影便宜得多，也更有启发性。许多心理学家将懒散的姿势、缓慢的步伐跟对自己、对工作以及对别人的不愉快的感受联系在一起。但是心理学家也告诉我们，借着改变姿势与速度，可以改变心理状态。你若仔细观察就会发现，身体的动作是心灵活动的结果。那些遭受打击、被排斥的人，走路都拖拖拉拉，完全没有自信心。普通人有"普通人"走路的模样，作出"我并不怎么以自己为荣"的表白。另一种人则表现出超凡的信心，走起路来比一般人快，像跑。他们的步伐告诉整个世界："我要到一个重要的地方，去做很重要的事情，更重要的是，我会在 15 分钟内成功。"使用这种"走快 25%"的技术，抬头挺胸走快一点，你就会感到自信心在滋长。

（四）练习当众发言

拿破仑·希尔指出："有很多思路敏锐、天资高的人，却无法发挥他们的长处参与讨论。并不是他们不想参与，而只是因为他们缺少信心。"在会议中沉默寡言的人都认为："我的意见可能没有价值，如果说出来，别人可能会觉得很愚蠢，我最好什么也不说。而且，其他人可能都比我懂得多，我并不想让你们知道我是这么无知。"这些人常常会对自己许下很渺茫的诺言："等下一次再发言。"可是他们很清楚自己是无法实现这个诺言的。每次这些沉默寡言的人不发言时，他就又中了一次缺少信心的毒素了，他会愈来愈丧失自信。从积极的角度来看，如果尽量发言，就会增加信心，下次也更容易发言。所以，要多发言，这是信心的"维他命"。不论是参加什么性质的会议，每次都要主动发言，也许是评论，也许是建议或提问题，都不要有例外。而且，不要最后才发言，要做破冰船，第一个打破沉默。也不要担心你会显得很愚蠢，不会的，因为总会有人同意你的见解。所以不要再对自己说："我怀疑我是否敢说出来。"用心获得会议主席的注意，好让你有机会发言。

（五）咧嘴大笑

大部分人都知道笑能给自己很实际的推动力，它是医治信心不足的良药。但是仍有许多人不相信这一套，因为在他们恐惧时，从不试着笑一下。真正的笑不但能治愈自己的不良情绪，还能马上化解别人的敌对情绪。如果你真诚地向一个人展颜微笑，他实在无法再对你生气。拿破仑·希尔讲了一个自己的亲身经历："有一天，我的车停在十字路口的红灯前，突然'砰'的一声，原来是后面那辆车的驾驶员的脚滑开刹车器，他的车撞了我车后的保险杠。我从后视镜看到他下来，也跟着下车，准备痛骂他一顿。但是很幸运，我还来不及发作，他就走过来对我笑，并以最诚挚的语调对我说：'朋友，我实在不是有意的。'他的笑容和真诚的说明把我融化了。我只有低声说：'没关系，这种事经常发生。'转眼间，我的敌意变成了友善。"咧嘴大笑，你会觉得美好的日子又来了。笑就要笑得"大"，半笑不笑是没有什么用的，要露齿大笑才能有功效。我们常听到："是的，但是当我害怕或愤怒时，就是不想笑。"当然，这时，任何人都笑不出来。窍门就在于你强迫自己说："我要开始笑了。"然后再笑。要控制、运用笑的能力。

（六）怯场时，不妨道出真情，即能平静下来

内观法是研究心理学的主要方法之一，这是实验心理学之祖威廉·华特所提出的观点。此法就是很冷静地观察自己内心的情况，而后毫无隐瞒地抖出观察结果。如能模仿这种方法，把时时刻刻都在变化的心理秘密，毫不隐瞒地用言语表达出来，那么就没有产生烦恼的余力了。例如初次到某一个陌生的地方，内心难免会疑惧万分，这时候，不妨将此不安的情绪，清楚地用语言表达出来："我几乎愣住了，我的心忐忑地跳个不停，甚至两眼也发黑，舌尖凝固，喉咙干渴得不能说话。"这样一来，不但可将内心的紧张驱除殆尽，而且也能使心情得到意外的平静。不妨再举一个很实在的例子。有一个位居美国第 5 名的推销员，当他还不熟悉这行工作时，有一次，他竟独自会见美国的汽车大王。结果，他真是胆怯得很，在情不自禁之下，他只好老实地说出来了："很惭愧，我刚看见你时，我害怕得连话也说不出来。"结果，这样反而驱除了恐惧感，这要归功于坦白的效果。

（七）如用肯定的语气，则可以消除自卑感

有些女人面对着镜子，当她看到自己的形影或肤色时，忍不住产生某种幸福的感受。相反地，有些女人却被自卑感所困扰。虽然彼此的肤色都很黝黑，但自信的女人会以为："我的皮肤呈小麦色，几乎可跟黑发相媲美。"而她内心一定暗喜不已。可是，一个缺乏自信的女人却因此痛苦不堪地呻吟起来："怎么搞的，我的肤色这么黑。"两种人的心情完全不同。有的女人看见镜子就丧失信心，甚至在一气之下，把镜子摔破。由此可见，价值判断的标准是非常主观而又含糊的。只要认为漂亮，看起来就觉得很漂亮，如果认为讨厌，看来看去都觉得不顺眼。尤其关于自卑感的情况，也常常会受到语言的影响，所以说，否定意味的语言，对于一个人的心理健康有百害而无一利。

《物性论》一书的作者是古罗马大诗人卢克莱修，他奉劝天下人要多多称赞肤色黝黑的女人："你的肤色如同胡桃那样迷人。"只要不断如此赞赏对方，那么，这位女人即使再三对镜梳妆，或明知自己的皮肤黝黑，也会毫不在乎。这样一来，她就能专心于化妆，而且总觉得自己不失为迷人的女性。

总之，运用肯定或否定的措词，可将同一件事实，形容成有如天壤之别的结果。可见措词这件事，诚然是任何天才都无法比拟的魔术师。在任何情况之下，只要常用有价值的措词或叙述法，则可以将同一个事实完全改观，驱除自卑感，而令人享受愉快的生活。

（八）自信培养自信

缺乏自信时，如果一直做些好像没有自信的举动，就会愈来愈没有自信。

缺乏自信时，更应该做些充满自信的举动。缺乏自信时，与其对自己说没有自信，不如告诉自己是很有自信的。为了克服消极、否定的态度，我们应该试着采取积极、肯定的态度。如果自认为不行，身边的事也抛下不管，情况就会渐渐变得如自己所想的一样。有某一学生

团体，提倡大学生每年选出一位最合乎现代且美丽的大学生，并且举办比赛。以下是那里的工作人员说的。

他（她）们到各大学、到大街上，看到美丽的人，就把小册子拿给他（她）们看，请他（她）们参加这个比赛。从地方到中央，举办一次又一次各种的比赛。然而，大家变得愈来愈美，简直让人看不出来。那里的工作人员说："大概愈来愈有自信了吧！"这话完全正确。因为"我要参加这个比赛"的这种积极态度，使这些人显得好美。"我要参加这个比赛"，这种肯定生活的态度产生自信，使这些人显得更美。丹麦有句格言说："即使好运临门，傻瓜也懂得把它请进门。"如果抱着消极、否定的态度，即使好运来敲自己的门，也不会把它请入内。机会来临时，更应该抛开自己消极、否定的态度。运气不仅发自于外，也发自内心，"今天一整天都不说刻薄话"，这些事看起来容易，其实不简单。但是，只要下定决心去做，就做得到。如果能在声音中表现得有笑容，那么人生就会一天天变得亮丽起来。因为，如果声音带着亲切的笑意，人们就会想和你交谈，然后因为和人接触而有精神起来。电话交谈时，如果用有笑容的声音说话，对方听了舒服，自己也觉得快意。苦着一张脸或者冷言冷语，不仅会让对方不舒服，自己也会不痛快。用言语冲撞对方时，就是用言语在冲撞自己，自己对对方的态度同时也是对自己的态度。我们应该像砌砖块一样一块一块砌起来，堆砌我们对人生积极、肯定的态度。即使不能喜欢所有的人，也应该努力多喜欢一个人，喜欢一个人，相对地，也会喜欢自己，然后，也会克服对他人不必要的恐惧。因为，自信会培养自信。一次小成就会为我们带来自信。如果一下就想做伟大、不平凡的事，就会愈来愈没有自信。

（九）做自己能做的事

做自己做得到的事时，个性会显现出来。重要的是，与其极欲恢复自我的形象，不如找出现在可以做的事。知道应该做的事，然后加以实行，就可以从自我的形象中获得解放。总之，要试着记下马上可以做的事，然后加以实践，没有必要非是伟大、不平凡的行动，只要是自己能力所及的事就足够了。因为我们就是想一步登天，所以才找不到事做。"今日事今日毕"，今天可以轻松做完的工作，如果留到第二天，工作就会变得很沉重。如果心想"真烦"而留待第二天，工作就会相对地变重。今天能动手做的事如果拖到第二天，那么那些延迟的工作就会使自己的负担加重。从没遇到有人说："从明天起我要戒烟。"而把烟戒了的。也从没遇到有人说："今晚酒喝到此为止！"而把酒戒掉的。以下是一位摄影师的小故事。一次，这位摄影师出席某个聚会。前往酒会的途中，这位摄影师说道："我戒酒了。"问他："什么时候开始的？"他回答："刚才我决定戒掉的。"他把烟、酒都戒掉了。大部分的人都会回答："待这次酒会过后"或者"这次酒会是最后一次"。"永远"也是一小时一小时累积起来，因为抽掉一小时，也就没有永远了。试着制作两张卡片：一张写上"Go ahead！"（做吧），另一张写上"待会儿再做"。把这两张卡片随身带着，当自己不太有自信时，抽出其中一张。这时应该抽出写着"Go ahead"那张。我们可以在背面先写上"要有自信"，当自己不知道要不要做时，务必抽出这张卡片。因为今天关系着第二天，今天可以动手做的事，如果没有动手做，明天再要动手做，就会变得更加困难。

（十）自信才能自立

关于学生自信与自立的品质问题，目前对孩子无论是在学校还是在家庭，从小到大都缺少这方面的教育和培养。因此，在学校在家庭，是教师还是家长，都应该有对孩子自信自立的品质教育和培养意识。在社会，需要政府和各部门以及大家的共同努力来实现文明卫生、安定健康的环境；在家庭，则需要父母的良好形象和教育作出积极向上的影响来构建家庭和睦幸福的环境；而在学校，需要的是学校领导、班主任和各科任教老师以教育者的素质来营造求知育人的环境。在这个基础上，对培养学生自信自立的品质，促进孩子认真学习努力做人有着现实的意义。

自信是对自己充分肯定时的心理态度，是战胜困难、取得成功的积极力量。而自立是在对自信作出力所能及的不依靠他人劳动或帮助的能力。无论自信与自立有何种关系，发挥何种作用，它都是人们赖以生存的个性品质和自身价值得以实现的至关因素。人总是在自立的基础上建立自信，从竞争的环境中寻找获胜的机会。可见，没有自立作充实基础的自信是盲目的自信，现实中的生活、工作，乃至事业的成就和成功也是茫然的。对于学生，无论是在校学习，还是将来走向社会或参加工作，自信与自立都将伴随其一生，对他们的前程和幸福都起着极其重要的作用。

案例链接

知识拓展

能力训练

1. 记下马上可以做的事，然后加以实践。
2. 只要是自己能力所及的事，就马上去做。
3. 试着先锁定一个小目标，全力以赴，不达目的，绝不止步。
4. 应该试着采取积极、肯定的态度，乐观地面对一切。

思考与练习

1. 掌握正面思维的含义和作用。
2. 适应环境有哪两种情况？
3. 提升心理适应能力和快速适应工作环境的路径有哪些？
4. 调适心理压力的方法有哪些？

5. 恒心毅力的培养方法有哪些?
6. 你有没有认识过自己的情绪?有意识地记录自己的情绪变化过程,反思一下是否得当。

北京大学公开课——大学生职业素养提升——情绪管理

情绪管理的方法与技巧

情绪管理小故事

第五单元

语言素养

知识目标

1. 了解语言素养的重要性。
2. 了解声音美,掌握运用声音的具体要求。
3. 掌握"五声十字""五请一谢"礼貌用语。
4. 掌握用语文明的要求。
5. 学会正确使用称呼语、问候语、应答语、致谢及致歉语。
6. 了解语言素养的培养方法。
7. 掌握艺术运用交谈语的要求。

能力目标

1. 声音运用达到美的要求。
2. 能正确使用"五声十字""五请一谢"礼貌用语。
3. 能正确使用称呼语、问候语、应答语、致谢及致歉语。
4. 做到用语文明。
5. 能艺术运用交谈语。

第一节 语言素养的重要性

情境模拟

小红和洋洋去参加一个企业的面试。在面试过程中,她们极力向面试官推销自己:小红说:"在我负责销售部期间,我使部门工作获得了较大起色,并且在我的严格管理下,本部门工作人员也得到了极大的锻炼和进步,因此我得到了总公司的赞赏,这令我非常欣慰。"洋洋说:"在我负责销售部期间,部门工作获得很大起色,不仅销售额比去年上升了百分之三十,而且部门职员也得到了极大的锻炼和进步,总公司对此的奖励,是对我们全部工作人员的极大鼓励。"结果洋洋顺利过了面试关。

同样的内容，洋洋的表达效果就好得多。她没有一连串地使用五个"我"，并且未将功劳全部归为自己，更容易让面试官接受和喜欢。心理学家告诉我们，多数人既有展示自我的欲望，又有不愿意做别人的观众的心态，因此在面试时，考生痛快地使用"我"的时候，考官可能已经厌烦了。而怎样利用好语言，准确地表情达意，还真是一门学问呢。

基础知识

一、语言是人类最重要的交际工具

在社交活动中，语言是最能表情达意、传递信息的，只有很好地利用语言，社交活动才能顺利进行。人与人之间的交往，可以说大多数是从彼此的交谈开始的。尽管人与人之间相互沟通凭借的符号系统有很多，比如以琴、棋、书、画、诗文会友，但是，人们在沟通中，语言符号的利用率是居首位的。语言是民族性的重要特征之一，人们借助语言保存和传递人类文明的成果。

二、语言是个人思想的外化

俗话说："言为心声。"语言美是内在品格的自然流露，是心灵美的外化表现。一个人的内心世界包括思想、道德、人格、情感、知识、审美心理等，总要借助语言表现出来，同样，一个人的语言也是表现其内心活动的内容。俗话说："一句话能把人说跳，一句话也能把人说笑。"语言是思想的衣裳，它可以表现出一个人的高雅或粗俗。

三、语言是单位管理水平的反映

规范的礼貌用语直接反映单位的服务质量和管理水平。作为工作人员，能否使用文明礼貌用语，热情接待，对客人很重要。如能讲究语言艺术，并能灵活巧妙地运用，即使出现意外，也可弥补不足，取得良好的效果。

四、语言能力决定发展潜力

在现代社会，由于经济的迅猛发展，人们之间的交往日益频繁，语言表达能力的重要性也日益增强，好口才越来越被认为是现代人所应具有的必备能力。作为现代人，我们不仅要有新的思想和见解，还要在别人面前很好地表达出来；不仅要用自己的行为对社会做贡献，还要用自己的语言去感染、说服别人。就职业而言，现代社会从事各行各业的人都需要口才：对政治家和外交家来说，口齿伶俐、能言善辩是基本的素质；商业工作者推销商品、招徕顾客，企业家经营管理企业，这都需要口才。在人们的日常交往中，具有口才天赋的人能把平淡的话题讲得非常吸引人，而口笨嘴拙的人就算他讲的话题内容很好，人们听起来也是索然无味。有些建议，口才好的人一说就通过了，而口才不好的人即使说很多次还是无法获得通过。

美国医药学会的前会长大卫·奥门博士曾经说过："我们应该尽力培养出一种能力，让别人能够进入我们的脑海和心灵，把自己的思想和意念传递给别人。在我们这样努力去做而不断进步时，便会发觉：真正的自我正在人们心目中塑造一种前所未有的形象，产生前所未有的影响。"总之，语言能力是我们提高素质、开发潜力的主要途径，是我们驾驭人生、改造生活、追求事业成功的无价之宝，是通往成功之路的必要途径。

案例链接

知识拓展

能力训练

1. 每天选一个平淡的话题，尽量把它讲得非常吸引人。
2. 练习用语的条理性、逻辑性。
3. 每天说话时注意语言的亲和力，避免过于生硬。

第二节 声 音 美

情境模拟

大明是新生二班班长，热情朝气，工作有方法，能力也很强。大明信心百倍地参加了竞选年级学生会干部的演讲，但是没选上。和那些慷慨激昂、口吐莲花、字字珠玑的竞选者一比，他显得灰头土脸的。回来总结时，同宿舍的兄弟们一致认为是大明声音不美造成的结果，大家七嘴八舌地说：你声音嘶哑，发音不够准确，语音语调也不恰当，还带有地方口音，都鼓励大明进行声音训练，来年再战。

生活中人们说话的声音是多样的，有悦耳的，也有难听的；有美的，有丑的。声音是人的一张名片，也是性格气质的表现。有的人一开口就让你觉得有可信度和号召力，而有的人一开口你就觉得他很假。美好的声音让一个人的魅力升值。陈道明、陈宝国、孙红雷，之所以有魅力，不仅仅是演技，更重要的是有男人味的声音，这也不难解释为什么一些电影需要专业的配音员，好的表演只有同时配上好的声音和语言表达才能完美，锦上添花。

基础知识

加拿大语言学家莫利·巴贝尔说，声音也是魅力的重要组成部分。声音在语言中的地位相当重要，除去它是思想内容的载体之外，声音的大小高低、粗细快慢等也具有表达复杂情感的作用。诸如持重与浮躁、坚定与犹豫、爽快与拘谨等潜在的内心感情，甚至个性，都可以通过语音的变化得以表达。总的来说，音量要适度，语调要柔和，语速要适中，要抑扬顿挫，吐字清晰，语言简练准确，通俗易懂，说普通话。

一、音量适度

音量要适度，以客人听清楚为准，轻声总比提高嗓门让人感到悦耳，切忌大声说话，震惊四座。放低声音总比提高嗓门让人听起来感到舒适，当需要说话给一个人或是周围人听时，其音量只要大到让他们听清即可，当然，声音也不宜太低太轻。

二、语调柔和

嗓音要动听，增加语言的感染力与吸引力。一个人的嗓音是由其本身天生条件决定的。但也不能忽视后天的训练。若是能认真注意，随时调整自己的嗓音，就能起到增强语言的感染力和吸引力的作用。要尽可能使声音听起来柔和，避免尖酸的讲话。为自己创造一个温文尔雅的形象。

三、速度适中

语速要适中，讲话速度不要过快，避免连珠炮式地讲话。应该尽可能娓娓道来，这不仅会给他人留下稳健的印象，还会给自己留下思考的余地。

四、抑扬顿挫

讲话时应注意音调的高低起伏，语调要婉转、抑扬顿挫有情感，令人愉快。以增强讲话效果，避免过于呆板的音调，这种音调往往不会得到预期的效果。

五、吐字清晰

讲话时应该尽力避免口吃、咬舌或吐字不清的毛病。口齿不清者，可以把讲话的速度尽量放慢，操之过急，往往会使口齿不清的毛病更突出。

六、运用声音的具体要求

（1）声调：应进入高音区，显得有朝气，且便于控制音量和语气。
（2）音量：正常情况下，应视客户音量而定。
（3）语气：轻柔、和缓但非嗲声嗲气。
（4）语速：适中，每分钟应保持在120个字左右。
总之，语言要庄重、雅洁、幽默生动，应避免枯燥乏味、刻板教条的语言。

案例链接

知识拓展

能力训练

1. 声调训练：进入高音区，有朝气。
2. 音量训练：正常情况下，应视对方音量而定。
3. 语气训练：轻柔、和缓但非嗲声嗲气。
4. 语速训练：适中，每分钟应保持在 120 个字左右。
5. 每天大声朗读一篇美文。
6. 每天口头复述一堂课的内容。

第三节 语　言　美

情境模拟

一位年轻人准备去青海湖风景区旅游。那天天气炎热，他下车后已走得筋疲力尽，口干舌燥，不知距目的地还有多远，举目四望，不见一人。正失望时，远处走来一位老者，年轻人大喜，张口就问："喂，离青海湖还有多远呀？"老者目不斜视地回了两个字："五里。"年轻人精神倍增，快速向前走去。他走呀走，走了好几个五里，青海湖也不见踪迹，他恼怒地骂起了老者。

请问：老者为什么没告诉年轻人到青海湖真实的距离？

（资料来源：百度网）

基础知识

美的语言才会有魅力，才会为个人形象和组织形象增光添彩，美的语言的表现力是无穷的，我们要严格要求自己，在生活的百花园中勤奋采撷，不断锻炼自己，认认真真学习语言。

一、用语文明

（一）多使用"五声十字"礼貌用语

讲话时要尊重别人，多用"五声十字"礼貌用语，如您好、请、谢谢、对不起、再见等。

（二）多使用"六请一谢"礼貌用语

请、请进、里边请、请坐、请带好随身物品、请慢走、谢谢您的光临，欢迎您下次再来。要求"请"字在前、"谢"字在后。

（三）用语文明的要求

1. 和气

心态上保持心平气和，态度上和蔼可亲，语气上温和亲切，做到以理服人，不强词夺理，保持语言的纯洁性、亲切性。

2. 文雅

说话措词应文雅，应对得体，运用礼貌语言、谦词、雅语，让人感到"良言一句三冬暖"，落落大方，文质彬彬，显示出公务员的涵养。

3. 谦逊

尊重他人，不傲慢，不冷淡，不盛气凌人，不狂妄自大，态度诚恳，语言朴实，虚心谦恭。

4. 与客人交谈"五不讲"

（1）有伤客人自尊的话不讲；

（2）责怪、挖苦客人的话不讲；

（3）粗话、脏话、无理话不讲；

（4）与办公、服务无关的话不讲；

（5）指责其他同事或单位的话不讲。

二、准确使用称呼语

男士一般称"先生"，妇女可称为"女士"。

三、灵活运用问候语

问候语是指在社交场合或接待宾客时，根据时间、场合和对象的不同，所使用的规范化的问候用语。

按每天不同的时刻问候客人："您早""您好""早上好""下午好""晚上好"。

根据工作情况的需要，在使用上述问候语的同时，最好紧跟其他一些礼貌用语，如"先生您好，您有什么吩咐吗？"这样会使客人倍感亲切。

向客人道别或送行时，可说"晚安""再见""明天见"。

四、学会使用应答语

（1）对前来的客人说："您好，请问您找什么人吗？""您好，我能为您做什么？""请问，我能帮您什么忙？"

（2）引领客人时说："请跟我来""这边请""里边请""请上楼"。

（3）接受客人吩咐时说："好，明白了""好，马上就来""好，听清楚了，请您放心"等。

（4）听不清或未听懂客人问话时应说："对不起，请您再说一遍""很对不起，我还没听清，请重复一遍，好吗？"等。

（5）不能立即接待客人时应说："对不起，请您稍候""请稍等一下""麻烦您，等一下"。

（6）对待等候的客人，打招呼时说："对不起，让您久等了"。

（7）接待失误或给客人添麻烦时应说："实在对不起，给您添麻烦了""对不起，员工疏忽了，今后一定注意，不再发生这类事，请再光临指导"。

（8）有事要问客人时说："对不起，我能不能问一个问题""对不起，如果不麻烦的话，我想问一件事"等。

（9）当客人误解致歉时应说："没关系""这算不了什么"。

（10）当客人赞扬时应说："谢谢，过奖了，不敢当""承蒙夸奖，谢谢您了""谢谢您的夸奖，这是我应该做的"等。

（11）当客人提出过分或无理要求时应说："这恐怕不行吧""很抱歉，我无法满足您的这种要求""这件事我要同主管商量一下"，此时，员工要沉得住气，表现出有教养、有风度。

（12）客人来电话时应说："您好，这里是××单位，请讲""我能为您做什么？"当铃响过3遍，接电话时应先说："对不起，让您久等了"。

五、语言选择

（1）根据客户的语言习惯，正确使用普通话或方言；若是外宾，应使用简单的英语。

（2）在解答客户疑难问题时，要用简单易懂的语言，尽量不使用专业术语。

（3）当客户的面询问其他同事问题时，应使用客户能听懂的语言。

六、运用语言的要求

（一）言之有礼

讲话时要尊重别人，多用"五声十字""六请一谢"等礼貌用语，巧用礼貌语言和谦语、雅语。比如与好久不见面了的人见面说"久违"；与不相识的人初次见面说"久仰"；有了过失求人原谅说"请包涵"；请人帮忙说"劳驾"；有事找别人商量说"打扰"；请人勿远送说"请留步"；指点行为说"有不对的地方请指教"；不能陪客人说"失陪"；送还物品叫"奉还"；陪同朋友叫"奉陪"；影响别人工作和休息时说"打扰了"；当别人表示谢意时用"别客气"。另外，在谈话中不应用命令式的词语。

（二）言之有理

"有礼走遍天下、无理寸步难行"。做到以理服人，不强词夺理。

（三）言之有诚

1. 说话谦逊

尊重他人，不盛气凌人，虚心谦恭。

2. 准确使用称呼语

在涉外场合，正确使用称呼非常重要，切忌使用"喂"来招呼宾客，即使宾客离你较远时，也应该使用敬称，切不可掉以轻心。比如英、德等国家，他们对自己的头衔非常看重，如对方有博士学位，在称呼时一定不能省略。即使对称呼较为随便的美国人，在不熟悉的情况下，最好还是称"××先生""××夫人""××小姐"为好。否则，会伤害对方的感情，或者被对方认为缺乏教养。总之，在称呼上要多加学习研究，善于正确使用，以免造成误会。

由于各国社会制度不一，民族语言各异，风俗习惯相差很大，因而在称呼上要多加注意。同时，还应对各国、各民族的姓名组成和排列顺序有一个大概的了解，这是称呼礼节中不可忽略的一个重要方面。

（四）言之有物

语言要简洁精练、通俗易懂，使听者在较短的时间内获取较多有用的信息。列宁提倡讲短话，主张讲话要挤掉水分，愈简短愈好。美国总统林肯就有一个嗜好，他经常花几个小时去思考一件事情，当他想清楚之后，还要把思索出的三句话中，挑一句最好的说出来。讲短话并不是目的，目的是要管用，要让听众听进去，受到启发和教益。

（五）言之得体

谈话时运用得体的语言，既能创造和谐的气氛，又能明确地表达自己的主张和观点，维护自己的立场，如中美断交20多年后，尼克松总统首次来华访问。双方领导人见面之时，尼克松说了一句："我们都是同一星球上的乘客。"巧妙地表明了中美建交具有共同的基础。短短一句话，成功地创造了一种良好的气氛，使双方的心理距离得以缩短。又如，周恩来在谈到中日关系时曾引用了一句中国的俗语："前事不忘，后事之师。"这既显得大度不失友好，又明确暗示了中日历史及未来的原则立场。

（六）言之有术

讲话要具有艺术性。对于一个口才高手而言，谈话中用得最多、最有效的手段就是充分利用语言的艺术，因为富有文采的语言既能创造和谐的气氛，又能明确地表述自己的主张和观点，维护自己的立场。口才高手讲话都有分寸，能顾及他人的感受，不伤害他人。俗话说："话多不如话少，话少不如话好。"真诚感谢暖人心，说贴心的话，站在对方的立场去说话，说话掌握技巧很重要。

社交语言需要用讲话者和听话者双方都习惯、共同感兴趣的"大白话"来表达，这样才容易沟通感情、交流思想。若追求华丽新奇、过分雕琢的语言，听者就会认为这是在炫耀文采，从而对你的讲话有敌视的情绪，而不愿意接受。

（七）说好普通话

说好普通话，这是职业语言规范化的需要，是听、说双方思想交流的基础，是提高信息效用的保证，有利于密切人际关系。讲好普通话，是职业人员必备的基本素养。

七、服务忌语

（1）不行。

（2）不知道。

（3）找领导去；您找我，也没用；要解决就找领导去。

（4）您懂不懂。

（5）不知道就别说了。

（6）这是规定，不行；不能退就不能退，没有为什么，这是规矩。

（7）没到上班时间，急什么。

（8）着什么急，没看见我正忙着。

（9）墙上贴着，自己看。

（10）有意见，告去；您可以投诉，尽管去投诉他们好了。

（11）刚才不是和您说过了吗，怎么还问？（不是告诉您了，怎么还不明白）

（12）您想好了没有，快点。

（13）快下班了，明天再来。

（14）我就这态度，不满意到别处问。

（15）干什么，快点；有什么事快说。

（16）挤什么挤，后面等着去。

（17）您问我，我问谁。

（18）我解决不了。

（19）交钱，快点。

（20）没零钱，自己换去。

八、学习语言的途径

（一）博采口语

语言的天才存在于人民群众之中，我们要在生活里向人民群众学习语言，生活是语言最丰富的源泉，要使自己的生活丰富起来，一个闭目塞听、与观众世界毫无接触的人是无所谓知识的。对于学习语言也一样，没有生活就没有语言。学习语言要"博采口语"。学习语言还要多看，即勤于观察、体验，真正熟悉你所描写的对象，而不是生搬硬套现成的词语。

（二）多读中外名著

"熟读唐诗三百首，不会写诗也会吟"的经验之谈，是大家所熟悉的，它告诉人们学习口头语言，提高口才技巧，就应多读名著。对其中语言的精妙之处要细细品味，反复揣摩，持之以恒，勤记善想，等到自己用的时候，精美的语言便会源源而来。

（三）掌握丰富的知识

知识贫乏是造成语言贫乏，特别是词汇贫乏的一个重要原因。掌握丰富的知识和学习语言是紧密结合在一起的。

案例链接

知识拓展

能力训练

1. 普通话训练。
2. "五声十字""六请一谢"礼貌用语训练。
3. 按运用语言的要求逐项进行训练。
4. 语言美训练。

第四节　艺术运用交谈语

情境模拟

清朝张之洞新任湖广总督时,抚军谭继洵在黄鹤楼设宴为他接风,并请了鄂东诸县父母官作陪。席间,大家聊起了长江,没想到谭张二人为了长江到底有多宽的问题争论起来。谭说五里三,张说七里三,两人各执己见,争得面红耳赤,谁也不肯承认对方是对的。这时,坐在末座的江夏知事陈树屏站了起来,于是二人便让陈作答。陈略作思考,朗声答道:"长江的宽度,水涨七里三,水落五里三。二位大人说得都对。"一句话说得谭、张二人均抵掌大笑,赏了陈树屏20锭大银。

这就是语言的魅力。交谈礼仪还有哪些呢?

基础知识

一、艺术运用开头语

怎样开口,有许多的学问和奥妙,不适当的开头语,往往使谈话很难继续下去。相反,好的开头语,会使双方心情愉快,是交际成功的开始。艺术地运用开头语,是必备的职业素质。

（一）初次见面,最好有中间人

因为中间人对双方都有所了解,可以做个介绍人,可以向初识的双方提起都合适的话题,这样开始交谈就轻松多了。

（二）适当运用问候与寒暄

诸如"您好""您早""晚上好""很久不见了""您近来好吗"这些语言本身并不表示特定的内容和含义,但由于这些语言的交流,已经接通了与对方感情的热线,让对方感到你很有礼貌,为正式交谈奠定了良好的基础,虽然如此,有些问候、寒暄语必须注意环境和场合,还要注意不同的民族习惯，才能产生好的效果。

（三）交谈者开口时必须有灵敏的反应

善于把握交谈的时机，从对方所处的环境准确判断对方的爱好、特长、性格，找到适当的话题。

有一部话剧叫《陈毅市长》。表现陈毅在上海当市长的一段生活。当时上海满目疮痍，百废待兴，人心不稳。其中第三章描写的是：大资本家傅一乐为了了解共产党的政策，想请市工商局长顾充吃饭，顾充心想，这一定是资产阶级的糖衣炮弹，不肯去，陈毅却说必须去，因为他要借此机会宣传共产党对民族工商业和民族资本家的政策，清除资本家对党的戒心，尽快复工，支持上海的经济建设。陈毅带着工商局长去傅一乐家赴宴，当陈毅和顾充西装革履地来到傅家时，傅一乐碰巧不在，傅太太热情地把他们让进屋里，问陈毅是哪儿的老板。陈毅回答说："我是全上海市的老板。"傅太太看他这么幽默，不由笑了。接着陈毅便和傅太太谈养鱼、养花，谈贝多芬的交响乐，谈罗曼·罗兰，谈上海的生意经，陈毅礼貌幽默的谈吐，消除了他与傅太太之间开始交谈时的提防，而当傅一乐回来时，他与傅太太已经谈得很融洽了，当傅一乐对傅太太介绍说这是陈毅市长时，傅太太不禁大吃一惊。她说想不到共产党人也懂贝多芬，也懂生意，由于先前已经没有了隔膜，所以现在也筑不起提防之心，把陈毅当成朋友看待了，朋友的话自然是易于接受的。在这个例子当中，适当的开头语是谈话的成功所在，如果不是陈毅将误就误，承认自己是上海市的大老板，恐怕谈话不会这样融洽顺利。

二、交际过程中的语言技巧

（一）选择正确的交谈话题

熟人之间、陌生人之间，选择有特点的话题，像"家乡"，可以"润物细无声"地涉入目的性交谈。"爱好"，投其所好，交谈应看对象、年龄、性别、职业社会、地位，人生阅历不同的人，喜爱的话题，喜欢的口吻，惯用的语言不同，交谈时应有选择，中国有句古话："酒逢知己千杯少，话不投机半句多。"

（二）善于运用多种语言表达方式

在社交言谈中，富于社交能力的人，有驾驭语言的功力，就会自如地运用多种语言表达方式，不断探求各种各样的语言风格。生活中，有时要直言不讳，有时还非得含蓄委婉不可，才能使效果更佳。

所谓含蓄委婉，是一种修辞手法。它是指在讲话时不直陈本意，而是用委婉之词加以烘托或暗示，让人思而得之，而且越揣摩，含义越深越多，因而也就越有吸引力和感染力。交际语言需委婉含蓄，当然有时交际语言也要开门见山，要分清场合、地点、时间，不同对待。传说北京过去有一家理发店开张，门前贴着一副对联："磨刀以待，问天下头颅几许。""及锋而试，看老夫手段如何。"这直来直去的对联，产生了磨刀霍霍、令人胆寒的效果。吓跑了不少顾客。理发店自然是门庭冷落。而另一家理发店的对联是："相逢尽是弹冠客，此去应无搔首人。"上联取"弹冠相庆"之典故，含有准备做官之意，使人感到吉祥，又正合理发人进门脱帽弹冠之情形。下联是"人人满意"的意思，即满意而归，此联语意婉转含蓄，由此这家理发店生意兴隆，财源茂盛。这是书面交际语言委婉含蓄的功效。口头语言同样效果不凡。培根这样称赞委婉含蓄的语言："交谈时的含蓄和得体，比口若悬河更可贵。"周恩来曾在1972年美国总统尼克松访华时的一次酒会上说："由于大家都知道的原因，中美两国隔绝20多年"。话说得委婉含蓄、绝妙无比。这种语言的表达，既让人知道造成中美隔绝的原因，又不伤美国客人的面子，还不回避不愉快的往事。听者无不发出会心的微笑。

再如，曾两度竞选美国总统均败在艾森豪威尔之下的史蒂文森，从未失去幽默。在第一次荣获提名竞选总统时，他承认的确受宠若惊，并打趣说："我想得意扬扬不会伤害任何人，也就是说，只要人不吸入这空气的话。"在他第一次竞选败给艾森豪威尔的那一天早晨，他以充满幽默力的口吻，在门口欢迎记者进来："进来吧，来给烤面包验验尸。"几年后的一天，史蒂文森应邀在一次餐会上演讲。他在路上，因为阅兵行列的经过而耽误，到达会场时已迟到了。他表示歉意，解释说："军队英雄老是挡我的路。"史蒂文森使用巧妙含蓄的语言，用一句句轻松、微妙的俏皮话，说得很委婉，改变了他在人们心目中的形象，使听众感到他并不是一个失败者，而是赢者，使他在人们心目中的形象不可消失，值得纪念。

在社会交际乃至政治生活中，人们往往会遇到难以言表、不便直言的事，只得用隐约之词来暗示。青年男女向异性求爱，虽然文学作品中也有直率的描写，但大多数人尚无这种勇气，难以直言此事。因此，常用婉语。少数民族青年男女以对歌来表达爱情，比喻形象、生动，令人回味。电影《五朵金花》中的金花问情人："蝴蝶飞来采花蜜，阿妹梳头为哪桩？"影片《阿诗玛》中的阿黑哥试探阿诗玛："一朵鲜花鲜又鲜，鲜花开在崖石边。有心想把鲜花戴，又怕崖高花不开。"可见情人表达爱情，是很委婉的。

人们在说话时，又常常用故意游移其词的手法，给人以风趣之感。有人谈及某人相貌丑陋时，说"长得困难点"，谈到某人对一个人、一件事有不满情绪时，说他对此人此事有点"感冒"，等等，都曲折地表示了事情的本意，但又没有违反使用语言的规律。

英国著名作家萧伯纳曾与一家大企业的老板并坐看戏。萧伯纳瘦瘦，而这位老板却满身肥肉，胖得流油。胖老板想嘲笑一下瘦作家，说："作家先生，我一见你，便知道你们那儿在闹饥荒。"萧伯纳接着说道："我一见你，便知道闹饥荒的原因。"

妙用歇后语形容、描绘某事物，就会以其形象、生动、逼真、直观感强的长处，给人俏皮、诙谐、幽默之感，使语言表达的艺术性大增，必会妙趣横生，余味无穷。像"猫哭老鼠，假慈悲""泥菩萨过河，自身难保""擀面杖吹风，一窍不通""骑驴看唱本，走着瞧"等歇后语，都很活泼有趣。如毛泽东同志批评那些冗长又不生动的文章是"懒婆娘的裹脚布，又臭又长"。用得恰当，格调风趣，大大增加了说服力。歇后语用得巧，可使言语生辉；用得不当，也会适得其反。言语轻浮，口出秽词，必令人生厌；生搬硬套，违反语言使用习惯，必使人费解；言不达意，生造硬凑，必定令人捧腹。因此，使用歇后语要适当，做到少而精，而不能多而滥。

（三）注意提高社交语言的应变能力

随机应变力，是指在随时随地的语言交往中，自己或者对方的言语行为出现突发事件或意外情况时，能灵活地、迅速地、恰当地做出反应并进行处理，应变力就是这种反应和处理能力。语言随机应变能力，对于人们的社交活动的效果具有重要的作用，大致有以下三点：

1. 含蓄地回答敏感话题，反击对方的刁难

在交往中，对方有时往往会利用表达者自己的话语、逻辑和常理设置难题，使表达者难以回答，这时表达者就要突发奇想，另辟新径，反击对方的刁难。

2. 弥补语言失误，把交往继续下去

"一言既出，驷马难追"，由于时间紧促，不容周全地考虑，这一言难免出错，这就靠表达者的应变能力渡过难关。

3. 灵活应对意外情况，完成预定任务

在社交中出现意外情况是常有的事，它往往并非表达者本人的过失，也不是对方故意刁难，而是其他情况所致。随机应变力强的人能自圆其说，补救失误；能反击对方攻势，兵来将挡，水来土掩；能应付意外，出色完成任务。它展现人的才能与智慧，增强人的魅力，使一个人在人际交往中处于有利的位置。在交谈中，学会正确使用"避锋法"，要尽量了解问话者的心理目的乃至他的身份、性格等，善于察言观色，做到"知己知彼"。注意双方语意语脉的贯通，"靠船下篙"，切不可"顾左右而言他"，南辕北辙，牛头不对马嘴；坚定自己的立场，旗帜鲜明。不成熟或模棱两可的观点不要摆出。同时，也不要故作高深，故弄玄虚，使人产生反感；可适当地运用幽默感，使严肃紧张的气氛变得轻松、愉快。有时，虽"理直"也不可"气壮"，要以大局为重，善于化干戈为玉帛。

（四）说话要留有余地

与人交往或工作时要注意说话的分寸，给自己和他人留点余地。比如表扬某人说："只有他行，别人谁也不行。"这就没有给自己留余地。如果工作最需要某人，他恰巧不在，每人都会推托自己不行，代替不了。因为大家心中都有一个不言而喻的"疙瘩"，谁也不愿为他冲锋陷阵。

三、社交语言的忌讳

我国是一个有悠久历史的大国，礼仪多，忌讳也多。如果不注意，不避忌讳，即使不是故意说的，也容易使人伤感，影响到社交的效果。

在使用语言进行交际时，有些情况下的语言忌讳不可不注意。言谈中，淫词秽语、不健康的口头禅更应禁忌。见到年轻妇女，一般不应问年龄、婚否，或径直询问别人的履历、工资收入、家庭财产等私生活方面的问题，那样容易使人反感。切莫对心情惆怅的人说得意话、得意事。若对方曾犯过错误或有某种缺陷，言谈时要避免刺激性的话语。对别人不愿回答的问题不要追问，不要刨根问底，一旦触及，应立即表示歉意，巧妙地转移话题。探望病人也要注意忌讳，否则会好心办坏事。

四、征询与委婉的原则

与客人交流，语气要温和，多采用商量式、询问式、建议式、选择式的方法进行表达，避免转达式、通知式、命令式、指责式。让客人始终拥有主角意识，得到被尊重、被重视的精神享受和满足。

案例链接

知识拓展

能力训练

1. 每天观察、体验、积累，持之以恒，勤记善想，学习口头语言，提高口才技巧。
2. 交谈中的语言技巧训练。

思考与练习

1. 谈谈你对声音美的理解。
2. 语言美的要求有哪些？
3. "五声十字""六请一谢"礼貌用语都有哪些？
4. 能正确使用称呼语、问候语、应答语、致谢及致歉语。
5. 怎样艺术运用交谈语？
6. 如何把握交谈中的语言技巧？

语言素养

在公务员考试中，解决面试中的语言表达问题是首要问题

第六单元

礼仪素养

知识目标

1. 了解礼仪素养的重要性。
2. 了解并掌握仪容礼仪。
3. 了解并掌握着装礼仪及服饰穿戴选择的基本原则。
4. 掌握表情礼仪。
5. 掌握仪态美。
6. 掌握电话礼仪。

能力目标

1. 会化淡妆。
2. 学会梳理2~3种适合不同场合的发型。
3. 会搭配服饰。
4. 做到站、坐、走姿的标准、优雅。
5. 能准确使用公务注视、社交注视。
6. 会中国式微笑和世界式微笑。
7. 能够熟练运用手势、握手、介绍、致意、递物与接物等礼仪。
8. 有电话修养。

第一节 礼仪素养的重要性

情境模拟

　　元世祖忽必烈一次召见应聘官员，应聘者中有一位学士叫胡石塘。此人生性粗心，不拘小节，歪戴着帽子也没有发现，就进去面见元世祖。元世祖忽必烈看见他，问道："你有什么本事啊？说来我听听。"胡学士回答说："我有治国平天下的学识。"忽必烈听了哈哈大笑："你连自己头上的帽子都戴不平,还能平天下吗?"

胡学士因为歪戴帽子、不拘小节而葬送了前程。

基础知识

一、礼仪素养的重要性

礼仪的重要性早已被我国古人所认识。孔子曾经指出:"不学礼,无以立。"荀子说:"人无礼则不立,事无礼则不成,国无礼则不宁。"

马克思说:"人的本质并不是单个人所固有的抽象物,在其现实性上,它是一切社会关系的总和。"(《关于费尔巴哈的提纲》)人总是社会的人。社会生活中的人们,其活动都是某种形式的社会交往活动,总是受着各种社会规范的影响和制约,礼仪规范便是其中之一。而人们对礼仪规范的认识与把握,将决定他们的人生是否会获得成功。

人生的实质就是一个人人生价值的展示过程,也是自我表现的过程,一个人在其生命的主要时期,无论是从事什么职业,也不论其信仰、观念、思想有何不同,都在自觉或不自觉地表现着自己,礼仪规范能最大限度地帮助人们成功地完成这一表现,找到实现自我价值的最佳表现形式。

可见礼仪是人生的必修课,是事业成功、家庭幸福的保证,它也是一个时代人际关系的润滑剂,是不可忽视的社交准则。所以说礼仪素养是职业人的必备素养。

礼仪美是对公务人员自身修养和素质提出的必然要求。公务人员岗位的特殊性使得他们的言谈举止备受瞩目。公务人员熟悉并掌握良好的公务礼仪,对交往对象表示友好、尊重,在各种公务活动中遵循文明规范、准则和惯例,无疑为社会文明树立了一面旗帜,为公众提供了学习的榜样。

小节之处显精神。公务活动虽然是通过一个具体的办公人员的行为来实施的,但它却体现着一个社会组织乃至国家和民族的整体形象。因此,礼仪美是对公务人员自身修养和素质提出的必然要求。

二、礼仪基础知识

礼仪包含的内容比较广泛,诸如礼、礼貌、礼节、礼仪等。

(一)礼

礼是表示敬意的统称,是表示尊敬的言语或动作,是人们在长期的生活实践中由于风俗习惯而形成的为大家共同遵守的仪式。也可作为礼仪、礼节、礼貌乃至礼品的简称。

(二)礼貌

礼貌是人们交往时相互表示谦虚恭敬和友好的言行规范。是接人待物时的外在表现,它通过言谈、表情、姿势等来表示对人的尊重。礼貌可以分为礼貌行动和礼貌语言两个部分。

礼貌行动是一种无声的语言,如微笑、点头、致意、鞠躬、握手等。礼貌语言是一种有声的行动,如使用"先生""女士""你好""请进""请多关照"等。它体现了时代的风尚与道德水准,体现了人们的文化层次和社会的文明程度,也体现一个人的基本品质。

（三）礼节

礼节是人们在日常生活中，特别是在交际场合相互表示尊敬、问候、祝颂、慰问、哀悼以及给予必要的协助与照料的惯用形式，礼节是礼貌的具体表现，是礼貌在仪表、仪容、仪态及语言、行为等方面的具体要求。例如奉茶、上菜先宾后主、先女宾后男宾。

（四）礼仪

礼仪是指在较大或较隆重的场合，在礼遇规格、礼宾次序等方面应遵循的礼貌、礼节要求。也就是指人们与他人交往的程序、方式以及实施交往行为时外在表象方面的规范，包括语言、仪容、仪态、风度、仪式等。如迎接外国国家元首或政府首脑的检阅仪仗队和鸣放礼炮、大型工程的奠基仪式、运动会开幕、开业剪彩等。

礼貌、礼节、礼仪都有一个"礼"字，是人们在交往中，相互表示敬重和友好的言行规范，其本质都是尊重人、体贴人；礼节是礼貌的具体体现，礼貌是礼节的规范；礼仪则通过礼貌、礼节得到体现。三者相辅相成，密不可分。其区别在于，礼貌是表示尊重的言行规范；礼节是表示尊重的惯用形式和具体要求；礼仪则是表示敬意而举行的隆重仪式。

案例链接

知识拓展

能力训练

练习在超市、餐厅等场合应遵守的礼仪规范，学会适应特定环境。

第二节　仪　表　美

情境模拟

列夫·托尔斯泰的《安娜·卡列尼娜》中有这样一段情节：在安娜和渥伦斯基相识的舞会上，安娜穿着全黑的天鹅长裙，长裙上镶威尼斯花边，闪亮的边饰把黑色点缀得既美丽安详，又神秘幽深，这同安娜那张富有个性的脸庞十分相称，当安娜出现在舞会的门口，吸引了在场所有人的视线，吉蒂看到安娜的装束后，也强烈地感受到安娜比自己美。安娜的黑色长裙在轻淡柔曼的裙海中显得高贵典雅，与众不同，也与安娜蔑视世俗的个性融为一体。

怎样做才能达到仪表美？

基础知识

一、仪表美

仪表，指人的外表，包括仪容和服饰两个方面，它是一个人的精神面貌、内在素质的外在体现。仪表美是自尊自爱的体现，也是尊重他人的需要。在人际交往的最初阶段，往往最易引起对方注意的就是人的仪表。人们常说的"第一印象"往往就是来自一个人的仪表。一个举止潇洒、仪表端庄、服饰得体的人总比一个衣衫不整、不修边幅的人给人们的第一印象要好得多。所以仪表是一种无声的语言，在一定意义上它能反映出一个人的修养、素质、性格、受教育程度等特征。注重仪表，也可以促进人们在思想上、情感上的沟通，从而达到人际交往的目的。

（一）仪容美

仪容主要是指人的容貌，是个人仪表的重要组成部分之一，它由面容、发式以及人体所有未被服饰遮掩的肌肤（如手部、颈部等）等内容所组成。仪容在人的仪表美中占有举足轻重的地位。在人际交往中，整洁的仪容是取得事业成功的必要条件之一。

1. 发式美

发型是构成仪容美的重要内容。头是出于人体的制高点，对人的冲击力很强，特别是从远处看一个人的时候，五官模糊，而发式却早已收入眼帘。

美观的发型能给人一种整洁、庄重、洒脱、文雅、活泼的感觉。发式除考虑自身条件外，要选择朴素、端庄、大方、整洁的发式，会给公众留下生气勃勃、精神饱满的印象。而发型散乱不整，会给公众萎靡不振的感觉，降低信誉度。

日本著名的企业家松下幸之助从前不修边幅，企业也不注重形象，因此企业发展缓慢。一天，理发时，理发师不客气地批评他不注重仪表，说："你是公司的代表，却这样不注重衣冠，别人会怎么想，连人都这样邋遢，他的公司会好吗？"从此，松下幸之助一改过去的习惯，开始注意自己在公众面前的仪表仪态，生意也随之兴旺起来，现在，松下电器的产品享誉天下，与松下幸之助长期率先垂范，要求员工懂礼貌、讲礼节是分不开的。

2. 面容美

面容美是人的仪表美之首。要注意清洁与适当的修饰，为了使自己容光焕发，显示活力，男士应养成每天修面剃须的良好习惯，鼻毛应剪短，不留胡子。女士可适当化妆，但应以浅妆、淡妆为宜，不能浓妆艳抹，并避免使用气味浓烈的化妆品。

3. 颈部美

人们化妆时，往往只注意面部的美容，涂脂抹粉颇为细心，却常常忽略了与面部相连的颈部的美容。其实，颈部是人体最容易显现一个人年龄的部位，平时要和脸部一样注意保养颈部，保持颈部皮肤的清洁，平时涂面霜时，应在颈部也薄薄地施上一层，以保护颈部皮肤。并加强颈部的运动和营养按摩。

4. 手部美

手是人的第二张脸。手、手指和指甲的美与人体其他部位的美一起，组成了人尤其是女性的整体风采，也极易被他人注意。古人常用"芊芊玉手"来形容女性手的美。一双美丽的手，应是皮肤细洁、丰满和修长的，这当然是指女性。对男性而言，则应是指粗壮、掌肌丰满、灵活有力。但无论男女，共同的要求是手的肤色要光泽丰润，干巴巴的肤色、粗糙的皮肤，总让人看了不适，因此应学会对手的美容。首先，应注意保护手的皮肤，避免由于干燥而皱裂，因不慎而烫伤。其次，要注意美化指甲。女士应选择透明无色的指甲油，既本色又优雅。

5. 个人卫生

做到勤洗澡、勤换衣袜、勤漱口，身上不能有异味。工作之前不能喝酒，忌吃葱、蒜、韭菜等带有强烈异味的食物，以免引起他人的反感。

（二）服饰美

服饰，大而言之是一种文化，它反映着一个民族的文化素养、精神面貌和物质文明发展的程度。小而言之，服饰又是一种语言，它能反映出一个人的职业、性格、文化素养、审美意识，也能表现出一个人对自己、对他人以至于对生活的态度。因此，在办公室或社交场合和日常生活中要注意自己的服饰。

1. 服饰穿戴选择的基本原则与要求

1）服饰穿戴选择的基本原则

基本原则是和谐、得体、整洁、美观。

（1）服饰的选择要与穿戴者所处的环境相协调。

不同场合有不同的情境气氛，人的衣着打扮应与所处的环境相协调。在社交场合的穿着大致可分为礼服和便服两种。礼服主要是出席正式、隆重、严肃的场合时的着装，如西服、旗袍或民族服装。便服只是在一般场合、日常交际中的穿戴，相对可随意一些。在一些特定的场合，服饰应遵守下列礼仪常规：

① 办公时的着装。在办公室工作时穿着应整齐、稳重、大方。有的单位专门规定工作人员上班时不能穿短裤、运动服，女士不能穿超短裙。有些单位要求员工统一着装，以显示良好的形象，不论是否有统一要求，办公服装必须是庄重整齐的，它表明了工作人员的责任感和可信任程度，也表现了对他人的尊重。穿新潮时装是不妥的。

② 宴会、记者招待会时的着装。出席这类较为隆重、正规的社交场合，着装应讲究，男士可穿颜色深一点的西装，女士可穿套裙。这类场合切勿穿衬衫、短裤之类服装，这是极为失礼的。

③ 葬礼时的着装。葬礼的气氛是悲痛肃穆的，此时应穿简便、庄重的服装，宜着黑色，至少也要穿深色的衣服，女士不抹口红、不佩饰物。出席此种场合，穿红戴绿、浓妆艳抹是不适当的，也是有失礼数的。

④ 参加婚礼的服装应整齐、美观、大方，不应过分艳丽。

⑤ 外出旅游、参观，或休闲在家，着装可随便些，一般以宽松舒适为宜。

（2）服饰的选择要与穿戴者的职业和身份相协调。

服饰应适合自己的职业和身份。教师着装应是朴素、整洁、自然大方，学生应穿校服，以自然质朴为原则。作为外交官夫人，在对外正式场合，衣饰就不好过于随便。再如，礼仪小组、公关小姐、服务小姐、航空小姐的服装都有各自的规范。如果自己的服饰与自己的身份、职业很不协调，就可能显得滑稽可笑。

（3）服饰的选择要与穿戴者的自身条件相协调。

服饰应与体型相协调。身材高的人，在服装选择与搭配上，应注意上衣适当加长，以缩小高度，切忌穿太短的上装。较矮的人，上衣不要太长、太宽，裤子不能太短，裤腿不要太大，裤子宜盖着鞋面为好，服装色彩宜稍淡，明快柔和些为好，上下色彩一致可以造成修长之感，服装款式宜简洁，忌穿横条纹的服装。V型无领外套，比圆领更能营造修长之感。较胖的人穿衣不能穿太紧身的衣服，衣领以低矮的V型领为最佳，裤或裙不宜在衣服外面，更不能用太夸张的腰带，这样容易显出粗大的腰围，颜色上以冷色调为好，过于强烈的色调就更显胖了。忌穿横条纹、大格的或大花的衣服。偏瘦的人要尽量穿得丰满些。不要穿太紧的服饰，服装色彩尽量明亮柔和，太深太暗的色彩反而显得更瘦弱，可选穿一些横条、方格、大花图案的服饰。

着装除了与体型身材协调外，还应该与年龄相吻合。年轻人可穿得鲜亮、活泼、随便些，中老年人相对应该穿得庄重、严谨些。年轻人穿得太老气，就显得未老先衰，没有朝气；相反，老年人如穿得太花哨，就会被认为老来俏。随着生活的发展，人们着装的观念发生了许多变化，一个很明显的趋势就是：年轻人穿得素雅，而中老年相对花俏，老年人希望通过服装来掩盖岁月的痕迹，年轻人试图通过服饰来使自己成熟，这自然无可厚非。但不管怎么说，服饰打扮始终还是有年龄距离的，一个老年人如穿上少女装总欠妥当。服饰的选择必须适合自己的年龄，方能创造出服饰的神韵。

服饰应与肤色相配。肤色黄白，适宜穿粉红、橘红等柔和的暖色调衣服。面色红润，适宜穿茶绿或墨绿色服装，但不要穿纯绿色的，否则会显得很俗气。面色偏黄，适宜穿蓝色或浅蓝色上装，可将肤色衬托得洁白。肤色黑黄，不要选择鲜艳的蓝色和紫色。肤色偏黑，适宜浅色调明亮些的衣服，如浅黄、浅粉、月白等色彩，不宜穿深色的，尤其不要穿黑色的服饰。

（4）服饰的选择要与穿戴的时节相协调。

选择服饰时除了要考虑到环境、场合、职业和自身条件外，还要考虑到时节变化。在寒冷的冬季，应选择深色的服装，以咖啡、藏青、深褐色为主，保暖性要强一些。春秋季节应选择中浅色调的服饰，夏季服饰应以简洁、凉爽为原则，色调以淡雅为宜。

2）服饰穿戴选择的要求

（1）服饰素雅。

公务员选择的服饰，一般应具备以下几个特点：色彩少、质地好、款式雅、做工精、搭配准。

（2）服饰庄重。

主要应注意五忌：忌过分炫耀、忌过分裸露、忌过分透视、忌过分短小、忌过分紧身。

（3）服饰整洁。

应注意四忌：忌肮脏、忌残破、忌折皱、忌乱穿。

总之,公务人员服饰穿戴选择的基本原则是和谐、得体、整洁、美观。服饰的选择除了应当合乎身份,庄重、朴素、大方,还要与自身条件相协调。要做到扬己之美,避己之丑。选择与自己年龄、相貌、肤色、身体、气质、性格等相协调的服饰,体现自己的审美情趣和较高的文化修养。

以上主要讲授了服饰礼仪的有关问题,就每个着装的个体而言,这的确是自己的事,如何着装自然也就有着自己的选择权,但一个人一旦参加到集体活动中去,就成了群体中的一员,在着装问题上也就加进了不容忽视的集体因素。服饰是一种文化,恰当地着装,对国家与民族来说,是社会形象问题,对集体来说是群体形象问题,对个人来说是素质修养问题。总而言之,在群体活动、礼仪场合以及社会个人之间的交往中,我们应遵守一定的礼仪服饰规则,才会体现出自己的服饰合乎礼仪。

案例链接

知识拓展

能力训练

1. 学会化淡妆。
2. 学会梳理2~3种适合不同场合的发型。
3. 进行服饰搭配训练。

第三节 表 情 美

情境模拟

有一则颇令人回味的故事。在西班牙内战时,一位国际纵队的普通军官不幸被俘,并被投进了森冷的单人监牢。在即将被处死的前夜,他搜遍全身,竟发现半截皱皱巴巴的香烟,很想吸上几口,以缓解临死前的恐惧,可是他发现自己没有火。在他的再三请求之下,铁窗外那个木偶式的士兵总算毫无表情地掏出火柴,划着火。当四目相对时,军官不由得向士兵送上了一丝微笑。令人惊奇的是,那士兵在几秒钟的发愣后,嘴角也不太自然地上翘了，最后竟也露出了微笑。后来两人开始了交谈，谈到了各自的故乡，谈到了各自的妻子和孩子，甚至还相互传看了珍藏的与家人的合影。当曙色渐明，军官苦泪纵横时，那士兵竟然动了感情，并悄悄地放走了他。微笑，沟通了两颗心灵，挽救了一条生命。

微笑是对人的理解和奉献，微笑是全世界通用的货币。"表情礼仪"的内涵还有哪些内容呢？

基础知识

表情有很多种，诸如"回眸一笑百媚生""横眉冷对千夫指""仰天大笑出门去"，都在我们心中留下了难以磨灭的印象，令人久久难以忘怀。

表情是指人的面部情态，是人的情感的外在形式，是人的心理活动有意无意的流露和表现。表情在人与人之间的沟通上占有相当重要的位置。良好的表情留给人们的印象是深刻的，它是优雅风度的重要组成部分。

一位心理学家在研究了人的情感表达方式后，得出了一个公式：情感的表达=7%的音词+38%的声音+55%的面部表情。《善解人意》一书的编者戴文说得好："抒怀何必三寸舌，眼波一漾，眉峰一耸，嘴角一咧，都是导隐衷诉幽情的绝妙手段。"

由此可见表情在人际交往中的重要性。

表达表情的器官有含秋波的眼睛，有传情的眉毛，有倾诉衷肠的嘴，连面部皮肤、肌肉也有表情达意的作用。据研究，单是眉毛就能表达 20 多种感情。这里我们主要介绍微笑、眼神两个方面。

一、微笑

在人际交往中，微笑是最富有吸引力的、最值得提倡的、最积极的面部表情。为了表示相互敬重、相互友好，保持微笑是必要的。在各种场合恰当地运用微笑，可以起到传递感情、沟通心灵、征服对方的积极心理效应。

微笑是对人的尊重、理解和奉献，被誉为全世界通用的货币。微笑是一种最美妙的语言，它好像有一种磁力、一种电波，能够沟通人与人之间心灵的对话，促进人与人之间情感的交流。

（一）微笑是美丽的语言

宾客光临，微笑是欢迎曲；初次见面，微笑是问候语；客人过节，微笑是祝贺歌；出了差错，微笑是道歉话；客人离开，微笑是告别词。

（二）微笑的主要特征

面含笑意，齿不露、声不出，充分表达友善、诚信、和蔼、融洽等美好的情感。

（三）微笑的基本方法

先要放松自己的面部肌肉，然后使自己的嘴角微微向上翘起，让嘴唇略呈弧形。

（四）微笑的要求

1. 微笑要亲切自然

微笑时不出声、不露齿，嘴角两端略微向上提起。微笑时要由眼神、眉毛、嘴巴等协调动作来完成。微笑时应目光柔和，神情友善，自然大方。微笑要恰到好处，不要生硬、不要做作、不要虚伪。亲切自然的微笑对自身而言，表示心情愉快；对他人而言，则表示尊重和友好。

2. 微笑应发自内心

微笑体现的是内心的愉悦，是内心情感在面部的自然流露，所以，微笑一定要自然坦诚、发自内心，切不可故作笑颜假意奉承。即使是心情不好的时候，也应该注意控制自己的情绪，不要把不快挂在脸上，要做到微笑待人。只有发自内心的微笑才让人感到舒适，才符合礼仪要求。

微微一笑，时间只需几秒，但给人们留下的记忆却不易逝去。有些时候和场合，不能以行动，也不能以语言，只能用微笑才能解决问题。微笑，似沙漠中的绿叶，给人们带来露珠甘泉。愿我们都学会微笑，它是无声的祝福，是温馨的千言万语。

二、眼神

眼睛被人们称为心灵的窗户，人的眼睛是最富于表情的，从一个人的眼神中，往往能看到他的整个内心世界。"眉目传情"就说明人的眼睛可以无言地传递各种信息和情感。

（一）正确的注视

在人际交往中，尤其是与人交谈时，目光应注视对方，注视对方的什么位置，传达的信息有一定区别，造成的气氛也相异，不同的场合和对象，目光所及处应有差别。

1. 公务注视

这种注视在洽谈、磋商、谈判、谈生意等场合用。注视的位置应在对方双眼或双眼与额头之间的区域，若一直注视这个区域，一种严肃的气氛便油然而生，对方会感觉到你想谈正事，你的目光若一直在对方眼部以上，你就能一直保持主动。

2. 社交注视

这是各种社交场合使用的注视方式。注视的位置在对方唇心至双眼之间的三角区域。

3. 亲密注视

这是亲人之间、恋人之间、家庭成员之间使用的注视方式。注视的位置在对方双眼到胸之间，由此会产生亲密的气氛。

4. 侧扫视

侧扫视表示兴趣或敌意。表示兴趣时轻轻一瞥，加上轻轻扬起的眉毛和笑容，常用来传递求爱的信息。但若一瞥加上皱眉和压低的嘴角，则表疑虑、敌意或批评的态度。

明白了这些，就知道在何种情况下该怎样看人家，免得无意识的目光造成冒犯。如果你批评某人，若用社交注视，就会使你的语言变得无力，无论你说得多大声，多有威胁性，若用亲密注视则显得不伦不类，闹得双方都尴尬，这时最恰当的应是公务注视，让对方知道你的严肃。而在社交场合，若用公务注视，就过于严肃，气氛难以活跃。男女间接触，某男士或女士若想表现高不可攀，避免用亲密注视，而用社交注视就行了。女性若在社交场合滥施亲密注视,容易造成错觉,给人卖弄风骚的印象,男性若这样,显得"色眯眯"。

一个良好的交际形象,目光应是坦然、亲切、和蔼、诚恳的,与人交谈时,应注视对方,不应该躲闪或游移不定,在整个谈话过程中,目光与对方接触应累计达到全部交谈过程的50%~70%。听人说话时,闭眼是最令人讨厌的,这种姿势常常不自觉地发生,意在把对方挡在视线之外,表示厌烦,对对方的话不感兴趣,或自认为比对方优越。在社交场合,闭眼的姿势是很不礼貌的,但若你在说话时发现别人有这种姿势,说明对方有消极的态度,要想做有效沟通的话,你应及时改变谈话的战术,以引起对方的重视。

(二)使用眼神应注意的问题

1. 与人交流时,应当不断地通过眼神与对方交流

与人交流时,眼神应该是友善、真挚、热情的,随着话题、内容的变换,眼神应该及时地做出会意的反应。如果有较多的交流者在场,应用眼睛有意识地环视每一个人,使别人感到你没有忽略他,感受到你对他的尊重。并且通过眼神及时地了解不同人的反应,以便随时调整自己的话题。应该注意对方目光的变化,注意分析对方目光所表达的含义与信息。对方目光专注,表示对话题感兴趣,可以继续交流;对方目光长时间地终止接触,表示对交流不感兴趣,应当尽快结束交流。

2. 眼神应该与情感和谐统一

与人交流时,想要表达的情感应该和运用的眼神和谐统一。眼睛炯炯有神,熠熠生辉,表明心情愉快、充满自信;眼神沉稳,会表现出一种震慑力量;眼神呆滞,表明精神萎靡不振。对人表示欢迎时,眼神应该是热情的、友好的,表现出喜悦、愉快的心情。在长辈面前,眼神应该是谦恭的、尊敬的;与朋友、同学交谈,眼神应该是诚恳的、平等的。总之,眼神应该与内心的情感、所要表达的信息和谐统一。

3. 了解各国人民的习俗,正确运用眼神。

应考虑到不同的民族、不同的文化、习俗、形体语言的寓意是不同的,眼神的运用也有差异。在美国,一般情况下,男士是不能盯着女士看的,两个男子之间也不能对视时间过长。日本人说话时,目光落在对方的颈部,四目对视是失礼行为。从整个世界而言,大部分国家的人都忌讳直视对方的眼睛,甚至认为这种目光带有挑衅、侮辱的性质,我国传统习惯认为,两个人交谈时,眼睛不看着对方是不礼貌的表现,是对别人的不尊重和轻视。

总之,要做到表情美,要注意以下几点:

(1)表情亲切自然而不紧张拘泥。

(2)神态真诚热情而不过分亲昵。

(3)眼神专注大方而不四处游动。

案例链接

知识拓展

能力训练

1. 训练正确的注视，准确使用公务注视、社交注视。
2. 训练中国式微笑和世界式微笑。
3. 练习微笑、点头、致意等礼貌行动，使之成为一种习惯。
4. 练习使用先生、女士、你好、请进、请多关照等礼貌语言，使之成为一种习惯。

第四节 仪态美

情境模拟

有一位美国华侨，到国内洽谈合资业务，洽谈了好几次，最后一次来之前，他曾对朋友说："这是我最后一次洽谈了，我要跟他们的最高领导谈，谈得好，就可以拍板。"过了两个星期，他又回到了美国，朋友问："谈成了吗？"他说："没谈成。"朋友问其原因，他回答："对方很有诚意，进行得也很好，就是跟我谈判的这个领导坐在我的对面，当他跟我谈判时，不时地抖着他的双腿，我觉得还没有跟他合作，我的财就都被他抖掉了。"

财为什么被"抖掉"了？举止礼仪都有哪些呢？

基础知识

仪态是指人在行为中的姿势和风度。姿势是指身体呈现的样子，风度是指一个人德才学识诸方面修养的外在表现。仪态作为一种无声的体语在生活中广泛运用。

在现代，我们敬爱的周恩来总理是世界公认的最有风度的领导人和外交家。曾任美国总统的尼克松对于周恩来的评价很高，在他的回忆录中曾这样写道："他待人很谦虚，但沉着坚定。他优雅的举止、直率而从容的姿态，都显示出巨大的魅力和泰然自若的风度。"

我们敬爱的周总理曾在天津南开中学求学，这所学校曾在教学楼门前树立一面镜子，上面写有40字的镜铭："面必净，发必理，衣必整，纽必结。头容正，肩容平，胸容宽，背容直。气象：勿傲、勿暴、勿急。颜色：宜和、宜静、宜庄。"周总理以此镜铭作为言谈举止的规范，为他永保举世公认的伟人风度奠定了良好的基础。

公务人员的仪态美，可以弥补口语沟通的不足，对公众起着潜移默化的影响作用。

一、姿势

姿势是仪态礼仪的重要内容。姿势美是一种极富魅力和感染力的美，它能使人在动静之中展现出人的气质、修养、品格和内在的美。从某种意义上说，一个人的各种姿势，更引人注目，形象效应更为显著。仪态往往胜于言语，真实地表现人的情操。端正秀雅的姿势，从行为上展示着一个人内在的持重、聪慧与活力，可谓"此时无声胜有声"。如果一个人容貌俊秀、衣着华贵，但没有相应的姿势行为美，便给人一种虚浮粗浅感。姿势主要包括站、行、坐、卧几个方面。"站如松，坐如钟，行如风，卧如弓"，也就是说，坐、立、行，应当坐有坐相，站有站态，走有走姿，这是古人提出的姿态范式，今天仍可供我们借鉴。

（一）站姿

站如松。站立是人们日常交往中的一种最基本的举止，是生活中以静为造型的动作。站立不仅要挺拔，还要优美典雅，站姿是优美举止的基础。男士要求"站如松"，刚毅洒脱；女士则应秀雅优美，亭亭玉立。站姿是否优美，其感召力是不一样的。正确健美的站姿会给人以挺拔笔直、舒展大方、精力充沛、积极向上的印象。

1. 站姿的基本要领

（1）头正、颈直，双目平视，嘴唇微闭，下颌微收，面容平和自然。

（2）双肩齐平放松，略向后张，人体有向上的感觉。

（3）躯干挺直、挺胸、收腹、立腰、收臀。

（4）双臂自然下垂，置于身体两侧，中指贴拢裤缝，两手自然放松。

（5）双腿挺直，双膝靠拢，双脚并拢。

（6）身体重心穿过脊柱、骨盆、双腿之间，落于双脚后部。

以上为标准站姿，在此基础上还可以有所调整。

2. 几种常用站姿

（1）肃立。

身体立直，双手置于身体两侧，双腿自然并拢，脚跟靠紧，脚掌分开呈"V"字形。面部表情严肃、庄重、自然。参加升降国旗仪式或庄重严肃的场合应该用肃立站姿。

（2）直立。

身体立直，右手搭在左手上，自然贴在腹部（前搭手势），或两手背后相搭在臀部（后背手势），两腿并拢，脚跟靠紧，脚掌分开呈"V"字形。（男女都适用，男士两脚可以略分开站立，更显洒脱）

（3）直立（女士直立姿态）。

身体立直，右手搭在左手上，自然贴在腹部，右脚略向前靠在左脚上成丁字步。

（4）直立（男士直立姿态）。

身体立直，两手背后相搭，贴在臀部，两腿分开，两脚平行，比肩宽略窄些。

3. 站姿的注意事项

站立时切忌东倒西歪，耸肩驼背，左摇右晃，两脚间距过大。不要挺腹、含胸、缩脖、耸肩或塌腰等，不要依靠在墙上或椅子上。在正式场合站立时，不要将手插入裤袋或交叉在胸前，更不能下意识地做小动作，如摆弄衣角、咬手指甲等，这样做不仅显得拘谨，而且给人以缺乏自信、缺乏经验的感觉。良好的站姿应该有挺、直、高的感觉，真正像松树一样舒展、挺拔、俊秀。

（二）坐姿

坐姿是姿态美的主要内容之一。对坐姿的要求是"坐如钟"，即坐要像大钟一样沉稳、端正。端庄优美的坐姿，会给人以文雅稳重、自然大方的美感。

1. 坐姿的基本要领

（1）入座时要轻、稳、缓，从座位左边入座，右脚稍向后撤，使腿肚贴在椅子边，上身正直轻稳地坐下。

（2）头正、颈直，嘴唇微闭，下颌微收，面容平和自然。

（3）双肩平正放松，两臂自然弯曲放在膝上，女士双手叠放在左或右膝上，掌心向下。

（4）坐在椅子上，要立腰、挺胸，上体自然挺直。

（5）双膝自然并拢，双腿正放或侧放，双脚并拢或交叠。男士两膝间可分开一拳左右的距离，双脚可取小八字步或稍分开。

（6）坐在椅子上，只坐满椅子的 2/3，宽座沙发只坐 1/2。落座后至少 10 分钟左右时间不要靠椅背。时间久了，可轻靠椅背。

（7）谈话时应根据交谈者方位，将上体双膝侧转向交谈者，上身仍保持挺直。

（8）离座时，要自然稳当，右脚向后收半步，而后站起。

2. 几种规范坐姿

（1）双腿并拢，上体挺直，坐正，两脚略向前伸，两手分别放在双膝上（男士双腿略分开）。

（2）女士坐姿。坐正，上身挺直，双腿并拢，两脚交叉，双手叠放，置于左腿或右腿上。

（3）男士坐姿。坐正，上身挺直，双腿并拢，两腿同时侧向左或侧向右，双手叠放，置于左腿或右腿上。

（4）搭腿式坐姿（或叫两腿交叠坐姿）。其方法是将左腿微向右倾，右大腿放在左大腿上，脚尖朝向地面（切忌右脚尖朝天）。这种坐姿给人以高贵、典雅的美感。但应特别注意与跷二郎腿区别开。跷二郎腿，一般悬空脚的脚尖朝天，脚底朝向人，并伴有上下抖动的不雅动作，有的国家是忌讳脚底朝向人的，因为这表示挑衅、不满、轻视、愤怒的情感，是粗俗不雅的举止。

3. 坐姿的注意事项

入座时要轻盈、和缓，从容自如，起立时要端庄稳重，不可弄得座椅乱响。就座时不可以扭扭歪歪，两腿过于叉开，不可以高跷二郎腿。坐下后不要随意挪动椅子，腿脚不停地抖动。女士着裙装入座时，应用手将裙装稍稍拢一下，再缓缓而坐，不要坐下后再拉拽衣裙，那样不优雅。如果椅子位置不合适，需要挪动椅子的位置，应当先把椅子移至欲就座处，然后入座。而坐在椅子上移动位置，是有违社交礼仪的。就座时，一般坐满椅子的三分之二，不可坐满椅子，也不要坐在椅子边上过分前倾；沙发椅的座位深广，坐下来时不要太靠里面。椅子如有两扶手时，女士不要把双手放在椅子的扶手上。不要将双手夹在腿之间或放在臀下，不要将双臂端在胸前或抱在脑后。

（三）走姿

走姿又称步态。如果站姿和坐姿被称作是人体的静态造型的话，那么走姿则可谓人体的动态造型。走姿要求"走如风"，是指人行走时要轻盈，如风行水上，有一种轻快自然的美。

即走起路来像风一样轻盈、清爽。优美的走姿要胜过优美的舞姿。轻盈稳健的走姿，会产生感染力和号召力，最具榜样的力量。正确的走姿可以表现出一个人朝气蓬勃、积极向上的精神状态，会给人留下美好的印象。

1. 走姿的基本要领

（1）双目向前平视，微收下颌，面容平和自然。

（2）双肩平稳，上臂带动小臂前后自然摆动，摆动时要以肩关节为轴，手臂摆直线，肘关节略屈，小臂不要向上甩动，向后摆动时，手臂外开不超过30°，前后摆动的幅度为30~40 cm。双肩不要过于僵硬，手指自然弯曲。

（3）上身挺直，头正、挺胸、收腹、立腰，重心稍前倾。

（4）注意步位，两只脚的内侧落地时所踩的是一条直线，而不是两条平行线。

（5）步幅适当，一般应该是前脚的脚跟与后脚的脚尖相距为一脚长，但因性别不同和身高不同会有一定差异。步幅与服饰也有关，女士穿裙装，特别是穿旗袍、西服裙、礼服时和穿高跟鞋时步幅应小些，穿长裤时步幅可大些。

2. 走姿的注意事项

走路时最忌内八字和外八字；不要弯腰驼背、歪肩晃膀；不要步子太大或太碎；走路时不要大甩手，扭腰摆臀，左顾右盼和回头张望，更不要盯住行人乱打量或对别人评头论足；不要双腿过于弯曲，不要双手插裤兜；不要脚蹭地面；不要上下颤动；多人一起行走，不要排成横队。

（四）其他动作姿势

1. 蹲姿

下蹲时左脚在前，右脚稍后（不重叠），两腿靠紧向下蹲。左脚全脚着地，小腿基本垂直于地面，右脚脚跟提起，脚掌着地。右膝低于左膝，右膝内侧靠于左小腿内侧，形成左膝高右膝低的姿态，臀部向下，基本上以右腿支撑身体，男士两腿间可有适当距离，女士将腿靠紧。

2. 上下轿车

上车时，先侧身坐于车座上，随后把双腿一并挪入车内，再将身体调整好。下车时，应将双腿先行移出，使双脚落地，再侧身出来。最错误的姿势是把头先钻进去，弯腰翘臀，然后把双脚轮流跨入；下车时先探头后钻身出车，这是极不雅观的。

3. 上下楼梯

上下楼梯时，上体要保持挺直，靠右侧行走，双眼应平视正前方，勿低头看梯。胸要微挺，膝要弯曲，脚步要轻，同时要注意平稳。

二、手势

手势美会为交际形象增辉。手势是人们交往时不可缺少的动作，是富有表现力的一种体态语言。手势美是一种动态美。得体适度的手势，可增强感情的表达，能起到锦上添花的作用。手势可以加强语气，沟通信息，表情达意。

（一）手势的规范

手势的规范标准是：五指伸直并拢，腕关节伸直，手与前臂形成直线，要自然优雅，与眼神、步伐和礼节相配合。在做动作时，肘关节弯曲 130°左右为宜，掌心向斜上方，手掌与地面形成 45°角。

（二）几种常用的手势

1. 请进

迎接来宾做"请进"的手势时，其动作要领是：站成右丁字步，左手下垂，右手从体侧移至腹前，然后以肘关节为轴，向右平移到身体的右前方，腕关节要低于肘关节。

2. 请往前走

给来宾指引方向做"请往前走"的手势时，其动作要领是：将右手由前抬到与肩同高的位置，前臂伸直，用手指向来宾要去的方向。

3. 请坐

请来宾入座做"请坐"的手势时，其动作要领是：一只手由前抬起，从上向下摆动到距身体 45°处，其手臂向下形成一斜线。

（三）使用手势的注意事项

（1）在交往中，手势不宜过多，动作不宜过大，切忌"指手画脚"和"手舞足蹈"。

（2）打招呼、致意、告别、欢呼、鼓掌属于手势范围，应该注意其力度的大小、速度的快慢、时间的长短，不可过度。

（3）在任何情况下都不要用大拇指指自己的鼻尖和用手指指点他人。谈到自己时，应用手掌轻按自己的左胸，那样会显得端庄、大方、可信。用手指指点他人的手势是不礼貌的。

（4）有些手势在使用时应注意区域和各国不同习惯，不可以乱用。因为各地习俗迥异，相同的手势表达的意思不仅有所不同，而且有的大相径庭。如在某些国家认为竖起大拇指、其余四指蜷曲表示称赞夸奖，但澳大利亚则认为竖起大拇指尤其是横向伸出大拇指是一种污辱。英国人跷起大拇指是拦车要求搭车的意思。伸出一只手，将食指和大拇指搭成圆圈，美国人用这个手势表示"OK"，是"赞扬"和"允诺"之意；在印度，表示"正确"；在泰国，表示"没问题"；在日本、缅甸、韩国，表示"金钱"；在法国，表示"微不足道"或"一钱不值"；斯里兰卡的佛教徒用右手做同样的姿势，放在颌下胸前，同时微微欠身颔首，以此表示希望对方"多多保重"；在巴西、希腊和意大利的撒丁岛，这是一种令人厌恶的污秽手势；在马耳他，则是一句无声而恶毒的骂人语。由此不难看出，每种文化都有自己的"手势语言"，千姿百态的手势语言，饱含着人类无比丰富的情感。它虽然不像有声语言那样实用，但在人际交往中能起到有声语言无法替代的作用。

三、致意

致意是一种最为常用的礼节，它表示问候、尊敬之意。通常用于相识的人或只有一面之交的人之间在各种场合打招呼。致意时应该诚心诚意，表情和蔼可亲。若毫无表情或精神萎靡不振，会给人敷衍了事的感觉。

（一）致意的形式

1. 点头礼

点头礼通常用于比较随便的场合或不宜交谈的场合，如会议、会谈在进行中；在碰到同级、同辈或与相识者在同一地点多次见面或仅有一面之交、交往不深的相识者的时候，均可以点头为礼。点头的正确作法是头向下微微一动，不可幅度过大，也不必点头不止。

2. 注目礼

原为军人施行的特殊礼节，现已成为社交场合广泛使用的礼节之一。行礼时双目凝视对方，并随他们的行走而转移。它一般在介绍、握手、点头、举手的同时使用，以示敬重。

3. 举手礼

举手礼也是军人施行的礼节之一，现已演变成为日常交往时的一种礼节。通常是在公共场合遇到相识的人时或迎送时所用，在彼此相距较远、行走急促时可举起右手向对方打招呼，一般不必出声，只将右臂伸直，掌心朝向对方，轻轻摆一两下手即可，不要反复摇动，招手时一般应空手。

4. 鞠躬礼

鞠躬礼在我国古代特别盛行，双方以弯曲身体表示谦逊恭敬，在现今，鞠躬尽管没有像握手那样流行，但在一些特别场合还是经常使用。

在讲演会上，讲演者在讲演前和讲演后，都应向听众行鞠躬礼，表示自己对听众的敬意。在颁奖场合，受奖人也要向颁奖人和全体与会人员鞠躬，深表谢意。演员谢幕时，也会向观众行鞠躬礼。在喜庆的婚礼中，还保存着新郎新娘三鞠躬的礼俗。在肃穆的追悼会上，人们也要向死者行三鞠躬礼，可见鞠躬礼在很多场合还是适用的。鞠躬礼是日本最常用的致意礼节。

行鞠躬礼时，须脱帽、呈立正姿势，脸带笑容，目视受礼者。男士双手自然下垂，贴放于身体两侧裤线处，女士的双手下垂搭放在腹前。然后上身前倾弯腰，下弯的幅度可根据施礼对象和场合决定鞠躬的度数。一般15度，而90度大鞠躬常用于特殊情况。受礼者除是长者、贤者、宾客外（女士还礼可不鞠躬，用欠身、点头、微笑致意），其他人均应以鞠躬礼相还。

5. 合十礼

这原是印度的一般礼节，后为东南亚佛教国家及各国佛教徒普遍采用的礼节。

施礼时五指并拢，两手掌在胸前对合，指尖和鼻尖基本平齐，向外倾斜，头略低。合十礼的双掌举得越高，表示尊敬的程度越深。见面时地位较低、年纪较轻者，应先向对方行合十礼，地位高者、长者还礼时，手的位置可低些。国际交往中，当对方用此礼时，也应如此还礼。

6. 吻礼

在社交场合，尤其是涉外的社交场合，吻礼也是与握手礼一样重要的一种见面致意礼节。吻礼在西方比较流行。

吻礼一般是长辈对晚辈、朋友之间或夫妇之间表示亲昵、爱抚的一种见面礼仪。多采用拥抱、亲脸或吻额头、贴面颊、吻手、接吻等形式。见面时如双方为表示亲近，女子间可互相吻面颊，男子间抱肩拥抱，男女间互贴脸颊，长辈可亲晚辈额头，男子可吻女子手背。行吻手礼时，需等女方先把手伸出并作出下垂状时，男子才能轻提女士的手指尖部在手背上吻一下，以示高雅，吻手礼是比较高贵的礼节。男性行礼动作宜轻柔、温雅，千万不要发出"吮"的声音，否则会给双方带来难堪。吻面颊时两人同时亲吻对方的右侧、左侧，或亲吻一侧，贴面颊时两人的面颊相贴，顺序是先右后左。接吻礼一般用在夫妇之间，是一种最亲密的表示。据说在古罗马帝国时期,严禁妇女饮酒,丈夫外出归来,常常检查一下妻子是否饮酒,便凑到妻子嘴边闻一闻,这样沿袭下来,逐渐演变成夫妻表示亲昵的一种礼节。

7. 脱帽礼

朋友,熟人见面若戴的是无檐帽,就不必脱帽,只需欠身致意即可,但注意不可以双手插兜。若戴着有檐儿的帽子,则以脱帽致意最为适宜。若是熟人、朋友迎面而过,也可以轻掀一下帽子致意即可。脱帽之时,请别忘了问声好。

另外,在日常社会交往中,常用的致意礼节还有:作揖礼、叩手指礼、拥抱礼、鼓掌礼等。

(二)致意的基本规矩

致意的基本规矩是:男士应当首先向女士致意;年轻者应当首先向年长者致意;未婚者应先向已婚者致意;学生应当首先向教师致意;下级应当首先向上级致意。一般而言,作为女士,唯有遇到长辈、上司以及自己特别敬佩的人时,才需要首先向对方致意。遇到别人首先向自己致意,不管自己心情如何,感觉如何,都必须马上用对方所采用的致意方式"投桃报李",回敬对方,绝不可视若不见,置之不理。

(三)致意的注意事项

致意是一种不出声的问候,故向他人致意时一定要使对方看到、看清,才会使自己的友善之意被对方接受。致意时不要同对方相距太远,比如站在几十米之外,也不要站在对方的侧面或背面。假如对方由于看不到或看不清楚而对你的致意毫无反应,是令人难堪的。在餐厅等场合,若男女双方不十分熟悉,一般男士不必起身走到跟前去致意,在自己座位上欠身致意即可。女士如果愿意,可以走到男士的桌前去致意,此时男士应起身协助女士就座。在社交场合,遇见身份较高的熟人,一般不宜立即起身去向对方致意,而应在对方的应酬告一段落之后,再上前致意。致意的动作不可敷衍或满不在乎,表情也不能过分呆板,或显得萎靡不振。必须认认真真的,以充分显示对对方的尊重。

四、握手

握手礼源于西方人类半野蛮半文明时期。在战争和狩猎时,人们手上经常拿着石块或棍棒等防御武器。当他们遇见陌生人时,如果大家都无恶意,就要放下手中的东西并伸出手掌让对方摸摸手心,表示自己手中没有藏着什么武器,以证实自己的友好,并乐意接受对方的友谊。几个世纪以后,在人类的进化中,这种习惯逐渐演变成今天的握手礼,并被大多数国家所采用,可以说,握手礼是全世界最通用的社交礼节,在我国,握手礼还作为一种祝贺、感谢或相互鼓励的表示,握手虽然非常常见,但未必每个人都掌握要领,握手有许多礼仪规范,必须遵守。

(一)握手的场合

握手是人们日常交际的基本礼仪,从握手可以体现出一个人的思想情感和礼貌修养。在应该握手的场合如果拒绝或忽略了别人伸过来的手,是很失礼的,所以应该明确握手的场合:迎接客人到来时;当你被介绍与人相识时;与朋友久别重逢时;社交场合突然遇到熟人时;拜访告辞时;送别客人时;拜托别人时;别人给予你一定的支持、鼓励或帮助时;在比较正式的场合和认识的人道别时；表示感谢、恭喜、祝贺时；对别人表示理解、支持、肯定时；向别人赠送礼品或颁发奖品时；等等。通常，上述所列举的情况下都是适合握手的场合。

（二）握手的顺序

握手时伸手的先后顺序是由握手人双方所处的社会地位、年龄、性别等各种条件决定的。握手应遵守"尊者决定"的原则，即双方首先确定彼此身份的尊卑，由位尊者先行伸手，位卑者予以响应，贸然抢先伸手是失礼的。其基本规则如下：

1. 男女之间

男方要等女方先伸手后才能握手，如女方不伸手，无握手之意，男方可用点头或鞠躬致意。

2. 宾主之间

主人应向客人先伸手，以示欢迎，客人在告辞时，应由客人首先伸手来与主人握手，表示感谢和告别之意。

3. 长幼之间

年幼的要等年长的先伸手。

4. 上下级之间

下级要等上级先伸手，以示尊重。

5. 一人与多人握手

应按照由尊而卑的次序进行，即先年长者后年幼者，先长辈后晚辈，先老师后学生，先女士后男士，先已婚者后未婚者，先上级后下级，先职位高者后职位低者。

应当强调的是，上述握手时的先后次序不必处处苛求于人。如果自己是尊者或长者、上级，而位卑者、年轻者或下级抢先伸手时，最得体的就是立即伸出自己的手配合。而不要置之不理，使对方当场出丑。

在公务场合，握手时伸手的先后顺序主要取决于职位、身份；在社交和休闲场合，主要取决于年龄、性别和婚否。

（三）握手的方式

握手的方式多种多样，含义各不相同，给人的礼遇也不同。美国著名聋女作家海伦·凯勒曾写道："我接触过的手，虽然无言，却极有表现力。有的人握手能拒人于千里之外，也有些人的手充满阳光，他们伸出手来与你相握时，你会感到很温暖……"

标准的握手方式：握手时两人相距约一步，双腿立正，上身稍前倾，伸出右手，四指并拢，拇指分开，两人手掌与地面垂直相握，上下轻摇三四次，随后松开手来，恢复原状。握手时注视对方，微笑致意或用言语致意，这是一种自然而平等的纯礼节意义上的握手方式。

（四）握手的要求

（1）与人握手时的神态应专注、热情、友好、自然。握手时应面带微笑，热情地注视对方双眼，并加适当的问候语或敬语，如"您好""见到您很高兴""幸会"等。不应东张西望，或一边握手，一边看着别处，心不在焉，也不能死死盯住对方不放，或不断地上下打量对方。

（2）在许多人同在的社交场合，如要握手，可以根据距离远近，一一相握，不要伸出双手同时去握，也不要与人交叉握手，应等他人握完了再行握手。

（3）握手的时间应长短适宜，一般以三五秒为好。如初次见面，握手的时间不宜过长，如老朋友意外相见，握手的时间可适当加长，以表示不期而遇的喜悦。与女士握手，时间不宜过长，拉住女士的手不放是很不礼貌的。

（4）握手用力要均匀，不要死握住对方不放，让人有痛感，尤其对女性，不能让女性产生痛楚感，一般象征性地握一下即可。握手也不要松松垮垮，绵软无力，尤其是男性，握手如无力，只轻轻碰一下，就被认为毫无诚意。

（5）军人戴军帽与对方握手时，应先行举手礼，然后再握手。

（6）在正规的社交场合，一般以单手握手，不用双手相握，有时如遇见一些特别熟悉或较要好的朋友时，为表达某种特别深的感情，可以用双手行握手礼。

（五）握手的禁忌

（1）不要用左手相握，尤其是和阿拉伯人、印度人打交道时要牢记，因为在他们看来，左手是不洁的。

（2）不要用不洁净的手与他人握手。

（3）不要在握手时戴着手套或墨镜，只有女士在社交场合戴着薄纱手套握手，才是被允许的。

（4）不要在握手时另外一只手插在衣袋里或拿着东西。

（5）不要在握手时把对方的手拉过来、推过去，或者上下左右抖个没完。

（6）不要拒绝和别人握手，即使有手疾或汗湿、弄脏了，也要和对方说一下"对不起，我的手现在不方便"，以免造成不必要的误会。

（7）不要在与人握手之后，立即用手帕擦拭自己的手。

五、介绍

介绍是人们之间相识的一种手段，是日常生活和工作中及各种社交活动中经常遇到的。正确的介绍可以使不相识的人相互认识，也可以通过落落大方的介绍和自我介绍，显示良好的交际风度。

（一）介绍的原则

介绍的基本原则是：应该受到尊重的一方有了解的优先权。按照这一基本原则，国际上的一般惯例如下：

1. 将男士介绍给女士

在介绍过程中，先提到某个人的名字是对此人的一种尊敬。通常先把男士介绍给女士，并引导男士到女士面前作介绍。介绍中，女士的名字应先被提到。如"王小姐，我给你介绍一下，这位是关先生"。

2. 将年轻者介绍给年长者

把年轻者介绍给年长者，以示对前辈、长者的尊敬。

3. 将地位低者介绍给地位高者

在介绍中，不分男女老幼，只凭社会地位的高低作为衡量的标准，遵从社会地位高者有了解对方的优先权的原则，在任何场合，都是将社会地位低者介绍给社会地位高者。

4. 将未婚者介绍给已婚者

在两位女士之间，通常将未婚的介绍给已婚的；如果未婚的女子明显年长，则又是将已婚的介绍给未婚的。

5. 将迟到者介绍给先到者

先到者都已相互熟识，将迟到者介绍给临近的先到者，然后再将先到者介绍给晚到者。

6. 将家庭成员介绍给对方

（二）介绍的类型

从不同角度可以将介绍划分为不同的类型：

1. 按社交场合的正式与否来划分

可以分为正式介绍和非正式介绍。

2. 按介绍者所处的位置来划分

可以分为自我介绍和他人介绍。

3. 按被介绍者的人数来划分

可以分为集体介绍和个别介绍。

（三）介绍的礼仪

1. 他人介绍

他人介绍，又称第三者介绍，是指由第三者为彼此不相识的双方相互介绍、引见的一种介绍。

他人介绍的礼仪要求如下：

（1）正式介绍他人之前，最好先了解双方是否有结识的愿望，切不可冒昧引见。

（2）介绍时应使用敬语、尊称。如："王小姐，请允许我向您介绍一下""两位小姐，请允许我来介绍一下""李老，我可以介绍小张和您认识吗？"等。

（3）介绍时话要简洁，介绍的内容是姓名、单位、职务、兴趣、学历、爱好等。

（4）介绍时应面带微笑，两眼要和被介绍双方交流沟通，应将右手掌伸开去，手心向上，手背向下，五指并拢，以肘关节为轴，指向被介绍者一方，并向另一方点头微笑。手是平移到左右侧，摆动幅度不宜过大。

（5）介绍时，应先向双方打招呼："请允许我介绍你们认识一下""我介绍你们相互认识一下好吗？"然后再把双方的名字介绍一番。因为在介绍时先打招呼，可使双方有思想准备，不会感到突然，同时要避免并克服羞怯心理。

（6）介绍时要注意先后顺序，在介绍姓名时要口齿清楚，语言明确，不可含混不清，并作必要的说明："章先生的'章'是'立''早''章'"，这样使人听起来明确，加深印象。

（7）介绍别人时，要实事求是，恰如其分，不能吹捧，以免使被介绍者处于尴尬的境地，尤其是介绍异性朋友时，更要注意，否则，会引起误会，造成不良后果。

（8）介绍别人相识后，不能马上就走开，特别是介绍男女相识，更要注意。因为介绍的目的是让双方认识并交谈，如果介绍人走开得太早，也可能双方谈不起来，所以介绍后应该稍停片刻，以引导双方交谈，待他们谈得较为融洽时，再托故走开。

（9）介绍后，通常被介绍者应主动伸出手来与对方握手，并互相问候，可以用一些礼貌语问候，如"久仰大名""能认识您，非常荣幸"等。但有时用简单的"张先生您好""认识您非常高兴"显得更加真切自然。然后交换名片,如身上没有名片,应致歉说明。被介绍后的反应应该是彬彬有礼、以礼相待,切忌反应冷淡,甚至毫无反应。

2. 自我介绍

自我介绍,是在必要的情况下,自己担任介绍的主角,自己将自己介绍给他人。

自我介绍的礼仪要求如下:

(1)自我介绍时举止应庄重、大方,必须充满自信,只有自信的人才能使人另眼相看,才能有魅力,并使人产生信赖和好感。介绍时可将右手放在自己的左胸上,不要慌慌张张,毛手毛脚,不要用手指指着自己。

(2)自我介绍时要面带微笑,表情应亲切、自然,眼睛应看着对方或大家,要善于用眼神来表达友谊之情,不要显得不知所措,面红耳赤,更不能一副随随便便、满不在乎的样子。

(3)自我介绍时语气要自然,语速正常,吐字清晰,从容不迫,从而使对方产生好感。

(4)介绍要把握好内容。根据不同场合、不同对象和不同的需要,自我介绍的内容应有所区别。应酬式的自我介绍,应该简单明了,只介绍一下自己的姓名即可;工作式的自我介绍,除介绍姓名外,还应介绍工作单位和从事的具体工作;社交式的自我介绍,则需要进一步交流和沟通,在介绍姓名、单位和工作的基础上,进一步介绍兴趣、爱好等,以加深了解,建立友谊。如果是求职,那就不仅要介绍姓名、身份、目的、要求,还要介绍自己的经历、学历、资历、职称、性格、爱好、专长、经验、能力、兴趣等。

(5)介绍要恰如其分。自我介绍不仅仅是对自己基本情况的客观陈述,也包含着对自己所作所为的自我评价。哪怕是简单的自我介绍,也少不了包含着自我评价的内容。做自我评价,既不能过高,也不能过低,应实事求是,恰如其分,一般不宜用"很""最""极""第一"等极端的词。

3. 集体介绍

集体介绍是他人介绍的一种特殊形式,是指介绍人在为他人介绍时,被介绍者其中一方或者双方不止一个人,甚至是许多人。在做集体介绍时,应根据具体情况来对待。

(1)将一个人介绍给大家。

当被介绍双方地位、身份大致相似时,应由一人礼让多数人、人数少的一方礼让人数多的一方,先介绍一人或人数少的一方,再介绍人数较多的一方或多数人。

(2)将大家介绍给一个人。

当被介绍双方地位、身份存在明显的差异,地位、身份明显高者为一个人或人数少的一方时,应先向其介绍人数多的一方,再介绍地位、身份高的一方。

(3)人数较多的双方介绍。

被介绍双方均为多人时,应先介绍位卑的一方,后介绍位尊的一方;先介绍主方,后介绍客方。介绍各方人员时,则应由尊而卑,依次进行。如果需要介绍各方的成员时,也应按由尊而卑的顺序,依次介绍。

六、递物和接物

递物与接物是生活中常常遇到的一种举止,一个小小的举止动作,也能体现一个人的修养。

（一）递物

递物的基本礼仪是尊重他人，而双手递物恰恰体现了对对方的尊重。

1. 递交名片

双方经介绍相识之后，往往要互相递交名片。递交名片的时候，应该面带微笑，正视对方，用双手恭恭敬敬地递上。与外国人打交道，只用右手就可以了。名片正面对着对方。递交名片的时候，应和对方说"请多多关照""请多多指教"或"希望今后能够保持联系"等。

2. 递交文件

工作中有文件需要上级过目或是签字时，应该用双手递上文件，并且使文件的正面对着接物的一方。

3. 递交其他物品

如果是一名营业员，应该把顾客所需要的物品双手递到手中，并且关照"请您拿好"，不可以随便把商品仍给对方。作为学生，把作业交给老师，应行鞠躬礼，随后恭恭敬敬地用双手递上。递笔、刀剪之类的物品，需将尖头朝向自己，握在手中，而不要指向对方。

（二）接物

一般讲，对方用双手恭恭敬敬地递过来的物品，都应该同样用双手去接，同时点头示意，或道声"谢谢"。

接受他人名片，应当恭恭敬敬，双手捧接，马上说一声"谢谢"。接过名片之后，一定要仔细看一遍，可就名片上的某个问题当面请教，或是有意识地读一下名片。然后把名片仔细放进自己的名片盒或名片夹里存放。接过对方的名片看也不看，把它漫不经心地塞进口袋里，或是随随便便地在手里拿着，或是仍到桌子上，对对方都是失敬的。如果需要将名片暂时放在桌子上，那么切记不要在名片上放上其他东西。

接过别人名片之后，应马上将自己的名片递过去。倘若自己暂时还没有名片，应说"抱歉，我的名片刚刚用完"或"对不起，我没有带名片"，不愿把名片给别人也可以这么说。

案例链接

知识拓展

能力训练

1. 站姿训练：两个人一组，背靠背站立，要求二人脚跟、小腿、臀部、双肩、后脑勺都贴紧。每次训练应坚持15~20分钟。
2. 坐姿训练：按坐姿基本要领，训练入座、就座、离座。每次训练应坚持15~20分钟。
3. 走姿训练：在地上画一条直线，行走时双脚内侧要踩在直线上。
4. 上下楼梯、上下小车、取底处物品，要按照其动作要领，坚持经常练习，习惯成自然。
5. 模拟情境进行致意的练习，可集体练习，也可分组练习。
6. 按照握手的做法、次序、注意事项分组进行不同场合、不同角色的握手礼练习，小组成员观察评议。
7. 为不同角色的人做介绍，在不同场合进行自我介绍。
8. 递物与接物训练：训练双手递接物品时的要领及表情。
9. 个人形象意识训练，学会展示良好的个人形象。
10. 组织形象意识训练，激发强烈的组织形象意识。

第五节　接打电话的修养

情境模拟

2000年奥运会是中国金牌最多的一次，中国运动健儿的出色表现征服了国外观众，但某些中国人的不文明习惯却给他国运动员、记者留下了不好的印象。有媒体报道，中国记者团几乎每个人都配备了移动电话，铃声是非常特别的音乐，在很嘈杂的场所也可以清楚分辨是不是自己的电话。但在射击馆里，当运动员紧张比赛的时候，这种声音就显得特别刺耳。组委会为了保证运动员发挥出最佳水平，在射击馆门前专门竖有明显标志：请勿吸烟，请关闭手机。也不知是中国的一些记者没看见还是根本不在乎，竟没有关机。其实，把手机铃声调到"振动"并不费事。王义夫比赛时，中国记者的手机响了，招来周围人的嘘声和众多不满的目光。有外国人轻轻说："这是中国人的手机！"在陶璐娜决赛射第七发子弹的关键时刻，中国记者的手机又一次响了……

你了解电话礼仪知识吗？

基础知识

一、电话的重要性

电话是一种现代化通信工具，对现代人而言已成为一种生活必需品，是人们接触社会的触角，在组织形象中扮演了重要角色。接打电话不仅反映着个人的涵养和风度，更体现着一个组织的文明和礼貌。因而掌握电话礼仪十分重要。日本著名企业家松下幸之助说："不管是在公司，还是在家里，凭某人打电话的方式，就可以基本上判断出其教养的水准。我每天除了收到好多预约讲演的信件，还接到很多邀请讲演的电话。我凭着对方电话里的讲话方式，就能判断其教养如何；凭对方在电话里的第一句话，就可以基本决定我去还是不去。"所以说，打电话是一门艺术，如何打电话、怎样接电话是我们现代人的一门必修课。

二、打电话的礼节

（一）打电话之前要做好准备

尤其是打求职电话、商业电话，更要准备好各方面的准备工作，最好是将所谈内容要点列出提纲，做到有备而谈。

（二）注意打电话的时间

除了紧急要事之外，一般在以下时间是不宜打电话的：

（1）三餐吃饭的时间；

（2）早晨 7 时以前；

（3）中午午休时间；

（4）晚上 10 点半以后。

（三）注意通话所需的时间

电话交谈所持续的时间，一般以 3~5 分钟为宜，如果一次电话要占用 5 分钟以上，就应该首先说出你要办的事，并问一下："您现在和我谈话方便吗？"假如不方便，就和对方另约时间。

（四）注意使用礼貌用语

电话接通后，应使用规范的电话用语，说："您好，我是×××公司的×××。请帮忙找×××接电话，谢谢！"如果对方说找的人不在，应致谢，并附带一句"改日再打"之类的话。如果对方问是否要留话时，如有，说"谢谢"，告知转告的内容。如没有，也应说"谢谢，打扰了"，这样就客气多了，礼貌多了。如果对方替你找人去了，你应守在电话机旁，不要不耐烦，甩下话筒忙别的去了，等接电话的人来了，听听没声音，以为人走了或等半天才通上话。和要找的人通上电话以后，也要记住请他向找人的同志道一声谢，以示对人家劳动的尊重。当你被缠在电话上时，应先暗示对方希望结束通话，如无效，应在对方讲话停顿时或必要时打断他们的讲话，可以说："非常抱歉，我得挂电话了，我有个约会，已经要迟到了。"或"对不起，我这里又来了一位客人，过一会儿我给你回电话好吗？"

（五）打商务电话应注意的问题

（1）准备一张在电话中所要提及的要点核对单；

（2）在心中仔细想过这次谈话的内容；

（3）打电话前想办法取得所有相关的事实；

（4）集中精神，避免分心；

（5）如果涉及事实或数字，应将所有的参考资料、计算器放在触手可及的地方。

（6）一般规矩：先挂断的应是拨电话的一方，接电话的人不应抢先挂断，与长辈通电话，则不论谁先拨的电话，都要等长辈放下话筒后再挂断。

（7）向对方说"再见"后轻轻放下话筒，切忌"啪"地扔下话筒。

三、接电话的礼节

（1）一听到电话铃响，应尽快拿起话筒，自报家门，一般应在电话铃响三遍之前拿起话筒，最好是铃响第二声后拿起话筒。如果在响第一声时就接，显得较仓促，精神上准备不够，影响话音质量。如果是铃响四声以后拿起话筒，一般要说"对不起，让您久等了"，拿起话筒后的第一件事是自报家门，而且应使用规范的电话用语："您好，××××公司，×××在为您服务（请问您有什么吩咐？或请问您找谁？）"而以"喂，谁呀？""喂，找谁？"开口欠妥当，因为这是以盘问开头，总有审问的嫌疑。

（2）仔细聆听对方的讲话，并不时用"嗯，对"等给予对方积极的反馈。

（3）一般应左手拿话筒，右手做记录，用事先准备好的纸笔，立即将对方提供的信息、指示记录下来，特别是记录下时间、地点、数量等，并向对方重复一遍。

（4）如果对方向你们发出邀请或会议通知，应记录下来，并致谢。

（5）如果自己手头工作正忙，不可能和对方长谈，则可委婉地告诉对方改天再打，或以后打电话给对方。

（6）如果你不是受话人，请对方稍等后，应把话筒轻轻放下，走到受话人身边通知对方。不能话筒尚未放下，便大喊"……你的电话！"这很不礼貌。

（7）万一找的人正忙着或在厕所，应说："对不起，请稍等一下，他马上过来。"而不应该说"他在厕所"之类的话。

（8）若对方找的人不在，不要把电话一挂了事，而应问一声"有没有话要转告"，并应耐心地询问对方的姓名、电话号码、是否需转告，如果需要，征得对方同意后，详细记录下来，记录的内容须包括：对方公司的名称、所属单位、人名；电话的具体内容；来电话的日期和时间；是否需回话；回电话给何单位、何人；将留言记录当面转交，如不能当面转交，则置于办公桌上，同时记下接电话的日期、地点、自己的姓名。

（9）秘书及有关人员代表上司拦截电话，一定要礼貌、友善，不要像笑话中所说："我们经理说他不在？"问清对方的姓名、单位名称后，根据上司的意思，加以拦截，或通知上司，或记录在案以呈送上司。

案例链接

知识拓展

能力训练

1. 熟练掌握电话礼仪的要求。
2. 模拟练习接打电话。
3. 熟练掌握电话中的语言礼仪。

思考与练习

1. 化妆的礼仪要求是什么？
2. 发型的礼仪要求是什么？
3. 服饰穿戴选择的基本原则是什么？
4. 男士着装礼仪有哪些要求？
5. 女士着装礼仪有哪些要求？
6. 表情礼仪包括哪些内容？
7. 站姿、坐姿、走姿的基本要领是什么？
8. 手势、握手、介绍、致意、递物与接物的礼仪要求是什么？
9. 模拟练习接打电话。
10. 打电话应注意哪几点？

培养职业礼仪，提升职业素养（孙留芳）

职业素养培训

职业素养与礼仪培训

礼仪小故事

第七单元

人际沟通素养

知识目标

1. 了解人际沟通的概念。
2. 理解人际沟通的类型、沟通的过程、沟通的障碍。
3. 熟知有效沟通的意义、沟通的种类及不同沟通类型的特点。
4. 掌握有效沟通的技巧。
5. 掌握职场沟通的策略。

能力目标

1. 能够运用沟通原理实现有效沟通，解决沟通中存在的问题。
2. 能够有效地消除影响有效沟通的障碍，实现有效沟通。
3. 能够灵活地运用沟通技巧，提高沟通能力。
4. 能够适当应用职场沟通策略，处理好职场中的人际关系。

第一节 人际沟通概述

情境模拟

2010年7月，某高职学院软件技术专业的两名2008级学生被上海微创软件公司预录取，安排在软件开发部门实习。11月，公司将他们调整到软件测试部门，两人认为测试与专业不对口，却不与公司沟通，几天后默不吭声地离职了。系领导获知消息后，立即与公司沟通了解情况，原来公司调整他们的岗位是认为他们具有测试方面的创意思维，且测试人员必须懂开发。这两名学生听到系领导反馈的信息后懊悔不已，便联系公司，表明心迹：想返回公司继续实习。但很遗憾，遭到公司拒绝。

是什么原因导致这两名学生丢掉了理想的工作？

基础知识

一个人能够与他人准确、及时沟通，才能建立起牢固的长久的人际关系。英国文豪萧伯纳说过："假如你有一个苹果，我也有一个苹果，而我们彼此交换苹果，那么，你我仍然各有一个苹果；如果你有一种思想，我也有一种思想，而我们彼此交换这些思想，那么，我们每个人都将各有两种思想。"这段话生动地告诉我们什么是沟通。

一、沟通与人际沟通

沟：水道、通道；通：贯通、往来、通晓、通过、通知……沟通，首先有沟，然后才能通。沟通就是"沟"通，把不通的管道打通，让"死水"成为"活水"，彼此能对流、能了解、能沟通、能交通、能产生共同意识。沟通是一个将事实、思想、观念、感情、价值、态度，传给另一个人或团体的过程。沟通的目的是相互间的理解和认同，使人或群体之间互相认识、相互适应。人类社会的一切活动，都是信息制造、传递、搜集的过程，因而沟通是无时无刻不在进行着的事情。

沟通具有随时性、双向性、情绪性、互赖性的特点。所谓随时性，就是说我们所做的每一件事都是沟通；我们在沟通时既要搜集信息，又要给予信息，这就决定了它的双向性；所谓情绪性，就是说接收信息会受传递信息方式的影响；沟通的结果和质量是由双方决定的，所以它还有互赖性的特点。

人际沟通则是指人与人之间在共同的社会生活中彼此之间交流思想、感情和知识等信息的过程，主要是通过语言和非语言符号系统来实现的，其目的更侧重于人们之间思想与情感的协调和统一。人际沟通是一种本能，但更是一种能力，要靠有意识地培养训练而不断提升，它是形成良好人际关系的重要保障。

二、人际沟通的类型

依据不同划分标准，对沟通进行如下分类：

（一）依据沟通的中介或手段划分

1. 口头沟通

口头沟通，又称语言沟通，这是最基本、最重要的沟通方式，是人与人之间使用语言进行沟通，表现为演讲、交谈、会议、面试、谈判、命令以及小道消息的传播等形式。口头沟通在一般情况下都是双向交流的，信息交流充分，反馈速度快，实时性强，信息量大。但是由于个人理解、记忆、表达的差异，可能会造成信息内容的严重扭曲与失真，传递的信息无法追忆，导致检查困难。因此，在组织中传达重要的信息时慎用口头沟通这种方式。

2. 书面沟通

书面沟通，又称文字沟通，这是指以文字、符号等书面语言沟通信息的方式。信函、报告、备忘录、计划书、合同协议、总结报告等都属于这一类。书面沟通传递的信息准确、持久、可核查，适用于比较重要的信息的传递与交流。但是在传递过程中耗时太多，传递效率远逊于口头沟通，而且形式单调，一般缺乏实时反馈的机制，信息发出者往往无法确认接收者是否收到信息，是否理解正确。

3. 非语言沟通

人的面部表情、眼神、眉毛、嘴角等的变化和手势动作、身体姿势的变化都可以传达丰富的信息，这种传递信息的方式称为非语言沟通。非语言沟通中信息意义十分明确，内涵丰富，含义隐含灵活，但是传递距离有限，界限模糊，只能意会，不能言传。一般情况下，非语言沟通与口头沟通结合进行，在沟通中对语言表达起到补充、解释说明和加强感情色彩的作用。美国心理学家艾伯特·梅拉比安的研究表明，口头交流时，55%的信息来自面部表情和身体姿态，38%来自语调，而只有7%来自词汇。

4. 技术设备支持的沟通

这是指人们借助于传递信息的设备装置所进行的沟通，例如，利用电报、电话、电视、通信卫星、手机、网络支持的电子邮件、可视会议系统作为沟通媒介，进行信息交流。技术设备支持的沟通传递速度快、信息容量大、远程传递信息可以同时传递给多人，并且价格低廉，但是它属于单向传递，并且缺乏非语言沟通。应当说，技术设备支持的沟通并非单独的一种沟通方式，技术设备与其他各种媒介物共同构成人际沟通中的信道。在现代以计算机为代表的信息技术、通信技术的支持下，尤其是在国际互联网的环境下，人与人的沟通可以延伸到世界范围。

（二）按组织管理系统和沟通情境划分

1. 正式沟通

正式沟通是指以正式组织系统为沟通渠道，依据一定的组织原则所进行的信息传递与交流。例如，组织与组织之间的公函来往，组织内部的文件传达、会议，上下级之间定期的信息交换等。正式沟通比较严肃，效果好，约束力强，易于保密，可以使信息沟通保持权威性。但是这种方式依靠组织系统层层地传递，形式比较刻板，沟通速度慢。

2. 非正式沟通

非正式沟通是正式沟通渠道以外的信息交流和传递，它不受组织监督，自由选择沟通渠道。团体成员私下交换看法，朋友聚会、传播谣言和小道消息等都属于非正式沟通。非正式沟通是正式沟通的有机补充。非正式沟通不拘形式，直接明了，速度较快，容易及时了解到正式沟通难以提供的"内幕新闻"。但非正式沟通难以控制，传递的信息不确切，易于失真，而且它可能导致小集体、小圈子的形成，影响人心稳定和团体的凝聚力。

（三）按沟通中信息的传播方向划分

1. 上行沟通

这是指下级的意见向上级反映，即自下而上的沟通。管理者依靠下属人员获取的信息、有关工作的进展、出现的问题，通常需要上报给领导者。通过上行沟通，管理者能够了解下属人员对他们的工作及整个组织的看法。下属提交的工作报告、合理化建议、员工意见调查表、上下级讨论等都属于上行沟通。

2. 下行沟通

这是指领导者对员工进行的自上而下的信息沟通。上级将信息传递给下级，通常表现为通知、命令、协调和评价下属。

3. 平行沟通

这是指组织中各平行部门之间的信息交流。保证平行部门之间的沟通渠道畅通，是减少部门之间冲突的重要措施。例如，跨职能团队就急需通过这种沟通方式形成互动。

（四）按是否进行信息反馈划分

1. 单向沟通

单向沟通是指发送者和接收者两者之间的地位不变（单向传递），一方只发送信息，另一方只接收信息。这种信息传递方式速度快，但准确性较差，有时还容易使接收者产生抗拒心理。

2. 双向沟通

在双向沟通中，发送者和接收者两者之间的地位不断交换，且发送者是以协商和讨论的姿态面对接收者。信息发出以后，还需及时听取反馈意见，必要时双方可进行多次重复商谈，直到双方共同明确和满意为止，如交谈、协商等。其优点是沟通信息准确性较高，接收者有反馈意见的机会，从而产生平等感和参与感，增加自信心和责任心，有助于建立双方的感情。但是，这种沟通方式花费的时间较多。

（五）根据沟通的对象划分

1. 自我沟通

自我沟通也称内向沟通，即信息发送者和信息接收者为同一行为主体，自行发出信息，自行传递，自我接收和理解。自我沟通过程是一切沟通的基础。事实上，人们在对别人说出一句话或做出一个动作前，就已经经历了复杂的自我沟通过程。国学家翟鸿燊曾说："一个很会沟通的人，一定很会和自己沟通。"自我沟通的过程是其他形式的人与人之间沟通成功的基础。精神分裂患者由于自我沟通过程出现了混乱，因而不能与别人有真正成功的沟通。

2. 人际沟通

人际沟通特指两个人或多个人之间的信息交流过程。这是一种与人们日常生活关系最为密切的沟通。与别人建立和继续关系，都必须通过这种沟通来实现。本书所涉及沟通问题，主要是以人际沟通为核心的。

三、沟通过程模式

（一）传播过程的 5 个基本要素

沟通本身属于信息传递的过程。1948 年，美国学者 H·拉道威尔第一次提出沟通过程模式，如图 7–1 所示。他提出传播过程的 5 个基本要素，即 "5 W"，并按照一定的顺序将其排列，分别是信息发送者（Who）、信息内容（Say What）、渠道（in Which Channel）、信息接收者（to Who）；什么是结果（with What Effect）。

（二）沟通过程的几个环节

一个完整的沟通过程主要包括以下几个环节：编码、通过沟通发送、通过渠道接收、译码、反馈。沟通过程包括以下要素：

1. 发送者与接收者

这是沟通的双方主体，发送者的功能是产生、提供用于交流的信息，是沟通的初始者，处于主动地位；而接收者则是接收信息的个体，处于被动状态。但是由于沟通的互动性，信息的发送者与接收者往往随时发生转换。

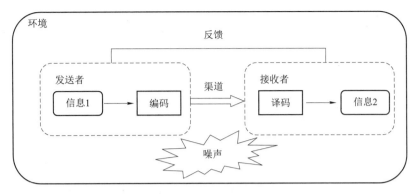

图 7-1 沟通过程模式

2. 编码与译码

编码是发送者将自己所要传送的信息转变成适当的传递符号例如语言、文字、图片、模型、身体姿势、表情动作等，简单地讲，就是用一种方法让别人能够领会本人意图。译码可以说是编码的逆过程，指的是信息接收者对传递过来的信息进行翻译、还原的过程。编码与译码只有在完全对称的情况下，信息 1 与信息 2 才有可能对等，接收者才会完全理解发送者的意图，否则沟通障碍就会产生。

3. 信息

在沟通过程中，人们只有通过"符号——信息"的联系才能理解信息的真实含义，但是，由于不同的人在编码与译码过程中会存在偏差，发送者传递的信息与接收者接收到的信息之间也会存在不同程度的偏差。

4. 渠道

渠道是发送者把信息传递到接收者那里所借助的媒介物，比如口头语言沟通借助的是声波与肢体语言，书面语言沟通借助的是纸张，电子网络沟通借助的是互联网与手机通信等。

5. 反馈

在沟通的过程中，接收者把接收到的信息反馈给发送者，及时修正沟通内容，形成双向的互动交流过程。及时的反馈是达成有效沟通的重要环节。

6. 环境

环境是指沟通中面临的综合环境，一般包括物理背景、心理背景与文化背景。

物理背景是指沟通中所处的场所。不同的物理背景可以显示出不同的沟通效果。如嘈杂的饭店与典雅幽静的咖啡屋会让人不由自主地改变交流沟通的内容与方式，自然交流效果也会截然不同。

心理背景是指沟通双方当时的情绪与态度。兴奋、平和、激动、悲伤、焦虑、友好、冷淡或敌视等七情六欲及不同态度对沟通效果有着重要的影响。

文化背景是指沟通者的教育背景、价值取向、思维模式、生活背景等。例如，亚洲国家重礼仪与委婉、多自我交流与心领神会，西方国家重独立与坦率、少自我交流，重语言沟通。不同的生活背景，造成不同的文化背景，对沟通交流有着不同的影响。

7. 噪声

噪声是指干扰沟通有效进展的任何因素，是产生沟通障碍的主要原因，它存在于沟通过程中任一环节，包含客观性噪声与主观性噪声。

1) 客观性噪声

(1) 沟通发生在不适宜场所。
(2) 模棱两可的语言，难以辨认的字迹。
(3) 信息传递媒介的物理性障碍。
(4) 不同的文化背景、风俗习惯差异。

2) 主观性噪声

(1) 沟通者的价值观差异、伦理道德差异等导致的理解差异。
(2) 沟通时的不佳情绪和态度。
(3) 沟通者的身份地位、教育背景差异导致的心理落差和沟通距离。
(4) 沟通双方在编码和译码时所产生的信息代码差异等。

四、有效沟通对建立良好人际关系的重要意义

人际关系与人际沟通密不可分。人际沟通是人际交往的起点，是建立人际关系的基础，沟通良好，促进人际关系更加和谐，同时，人际关系良好，会促使沟通比较顺畅。反过来，沟通不良，就会使人际关系紧张甚至恶化人际关系；不良的人际关系也会增加沟通的困难，形成沟通障碍。

（一）人际沟通是人际关系发展和形成的基础

如果人类社会是网，那每个人就是网的结点，人们之间必须有线。如果人和人之间没有线的连接，那么社会就不再是网，而是一堆的点，社会也就不能成为组织，不能成为社会。人和人之间的连接，就是沟通。

人际关系是在人际沟通的过程中形成和发展起来的，离开了人与人之间交往的沟通行为，人际关系就不能建立和发展。事实上，任何性质、任何类型的人际关系的建立，都是人与人之间相互沟通的结果；人际关系的发展与恶化，也同样是相互交往的结果。沟通是一切人际关系赖以建立和发展的前提，是形成、发展人际关系的根本途径。

（二）人际沟通状况决定人际关系状况

并不是所有的问题都能通过沟通交流来解决。但是，现实中的许多问题，却是由糟糕的人际沟通所造成的。美国国家通信协会的一项全国性调查指出，缺乏有效的沟通是人际关系（包括婚姻）最终破裂的最重要的原因。所以，提高人际沟通的技能，能够帮助人们改善人际关系。更重要的是，这一研究结果并不仅适用于亲密关系，有效的沟通还能改善友谊关系、亲子关系、老板与员工的关系等。

在社会生活中，一个人不可能脱离他人而独立存在，总是要与他人建立一定的人际关系。假如人们在思想感情上存在着广泛的沟通联系，就标志着他们之间已经建立起了较为密切的人际关系。假如两个人感情上对立，行为上疏远，平时缺乏沟通，则表明他们之间心理不相容，彼此间的关系紧张。

（三）有效沟通是建立良好人际关系的重要保障

有效沟通是建立良好人际关系的重要保障。有效的人际沟通可以把沟通双方的思想、情感、信息进行充分的、全方位的交换，达到消除误解与隔阂、增加共识、增进了解、联络感情的效果。和谐、团结、融洽、友爱的人际关系能够使人们在工作中互相尊重、互相关照、

互相体贴、互相帮助，充满友情和温暖。沟通的过程使积极的情感体验加深，消极的沟通障碍减少，世界上最美的东西就是人与人之间的情感联络，而人与人之间的情感联络就是通过人际沟通来实现的。

案例链接

知识拓展

沟 通 漏 斗

沟通漏斗，是指工作中团队沟通效率下降的一种现象。指如果一个人心里想的是 100%的东西，当你在众人面前、在开会的场合用语言表达心里100%的东西时，这些东西已经漏掉20%了，你说出来的只剩下 80%了，如图 7-2 所示。

一个团队要共同完成一项任务，必须配合默契。一个企业要发展壮大，员工之间必须达成有效的合作，合作的默契源于沟通，是对沟通的升华。在工作中尽可能减少沟通漏斗，才能达到更好的理解，才能更出色地完成工作；还能避免他人不全面的或错误的理解影响人际关系。

沟通漏斗呈现的是一种自上至下逐渐减少的趋势，因为漏斗的特性就在于"漏"，如图 7-2 所示。对沟通者来说，是指如果一个人心里想的是100%的东西，当你在众人面前、在开会的场合用语言表达心里100%的东西时，这些东西已经漏掉20%了，你说出来的只剩下 80%了。而当这 80%的东西进入别人的耳朵时，由于文化水平、知识背景等关系，只存活了60%。实际上，真正被别人理解了、消化了的东西大概只有 40%。等到这些人遵照领悟的 40%具体行动时，已经变成20%了；一定要掌握一些沟通技巧，争取让这个漏斗漏得越来越少。

在沟通中，你心里所想的100%，他人行动时却只有20%，我们心里要说的话，为什么会层层漏掉？表 7-1 能解答这些疑问。

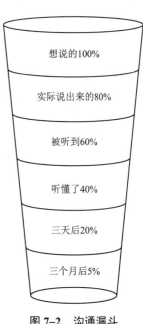

图 7-2 沟通漏斗

表 7-1 沟通漏斗的原因、对策分析

序号	内　　容	原　　因	对　　策
1	第一个漏掉的 20%（你心里说的100%，你嘴上说的80%）	（1）没有记住重点； （2）不好意思讲	写下要点

续表

序号	内　容	原　因	对　策
2	第二个漏掉的 20%（你嘴上说的 80%，别人听到的 60%）	（1）你自己在讲话时有干扰； （2）他人在听话时有干扰； （3）没有笔记	（1）避免干扰； （2）记笔记
3	第三个漏掉的 20%（别人听到的 60%，别人听懂的 40%）	不懂装懂	（1）质问； （2）问他有没有其他想法
4	第四个漏掉的 20%（别人听懂的 40%，别人行动的 20%）	（1）没有办法； （2）缺少监督	（1）变更工作分工； （2）加强监督

思考与练习

1. 与别人建立良好的人际关系就是学会讨好别人吗？
2. 网络时代的人际沟通与传统的人际沟通有什么不同？
3. 请你进行 3 分钟自我介绍，突出自己的个性特征和优点，给听者留下深刻印象。

第二节　人际沟通的技能与策略

情境模拟

有甲、乙两个猎人，有一天他们都打了两只野兔回家。

甲的妻子看见甲后冷冷地说："就打到两只吗？"甲听了心里埋怨道：你以为很容易打到吗？第二天甲照常去打猎，但这次他故意两手空空回家，让妻子觉得打猎是很不容易的事。

而乙的情形正好相反，乙的妻子看见乙带回两只兔子，惊讶地说："哇,你竟然打了两只？"乙听了心中大喜，扬扬自得地说："两只算什么！"第二天，乙也照常去打猎，这次乙带回了四只兔子。

这个故事给了我们哪些启示？

基础知识

尽管在人际沟通中会遇到各种各样的障碍，但只要人们树立正确的沟通理念，采用科学的沟通技巧和沟通策略，就能克服沟通中的障碍，实现有效沟通。

一、有效沟通

很多人以为相互交谈，你说给我听，我也说给你听，便是沟通。其实这未必是沟通。沟通并不仅仅是说给人听，因为你说给别人听，别人不一定听得进去。首先，说给别人听，别人未必肯听；其次，你说得正确，别人不一定很了解；最后，就算真的了解，也不能保证按你的预期采取相应的行动，也就是不一定能达成协议。

沟通没有对与错，只有"有效果"与"没有效果"之分。自己说得多"对"都没有意义，对方正确理解你传递的信息、感情等并作出预期的反馈才是目的。自己说什么不重要，对方听进什么才是最重要的。同样的话可以用不同的方式说出来，能使听者接受并照办，便是正确的方法和有效的沟通。

那么，如何实现有效沟通？

（一）把握原则

沟通具有社会性，与其他社会活动一样，都有着必须遵循的规则。只有沟通双方都承认并尊重这些规则时，沟通才能协调、顺利地进行。

1. 主动原则

主动是沟通的核心，主动沟通更容易建立良性关系。英国著名管理学大师约翰·阿代尔在《人际沟通》一书中说："沟通能建立关系。你和别人沟通得越多，你们之间就越有可能建立起良性关系，反之亦然。"主动沟通者和被动沟通者的沟通状况有明显差异。研究表明，主动沟通者更容易与别人建立并维持广泛的人际关系，更可能在人际交往中获得成功。

日本政府的主动沟通化解危机

有一年，日本东京突遭台风袭击。由于东京很少有台风，这次台风又来得极为突然，以致造成整个东京交通瘫痪，地铁、电车等交通工具都停止了运营。当时东京的地铁站滞留了两三万人，大家都很着急。没多久，就听到广播里说："各位乘客请注意，现在外面有暴风雨，交通完全中断。请各位不要着急，我们很快就会送来盒饭。"原来东京地铁站的工作人员向东京政府紧急呼救，最终从全市所有做盒饭的餐厅紧急调来两三万份盒饭。

对于台风的袭击，东京地铁站、东京市政府都是始料未及甚至有点措手不及，更不用说是乘客了。但即使是在这种突发事件之下，他们仍旧能够做到主动支援，积极地采取措施来应对，这种主动的精神是很可贵的。

2. 尊重原则

受尊重是人的高层次需要。俗话说："你敬我一尺，我敬你一丈。"你不尊重别人，别人也不会尊重你，结果彼此都不沟通、合作，达不到沟通目的。中国著名的文学、电影、戏剧作家夏衍先生可以说是尊重人的模范，他临终前感到十分难受，身边的秘书说："我去叫大夫。"正待秘书开门欲出时，夏衍艰难地说："不是叫，是请。"随后便昏迷过去，再也没有醒来。

陶行知的沟通艺术

著名教育家陶行知先生在担任一所小学的校长时，看到男生王友用泥块砸班上的同学，当即制止了他，并要他放学后到校长室去。放学后，王友已经等在校长室挨训了。陶行知先生却掏出了一块糖果递给他，并说："这是奖给你的，因为你按时来到这里，而我却迟到了。"王友惊异地接过糖果。随后陶行知又掏出一块糖果放到他手里："这块糖果也是奖给你的，因为当时我不让你砸人时，你立即就住手了，这说明你很尊重我。"王友更惊异了，眼睛睁得大大的。接着，陶行知又掏出第三块糖果塞到王友手里："我调查过了，你用泥块砸那些男生，是因为他们不守游戏规则，欺负女生。你砸他们，说明你很正直善良，有跟坏人作斗争的勇气！"王友感动极了，他流着泪后悔地说："陶……陶校长，你打我两下吧！我错了，我砸的不是坏人，而是自己的同学呀！"陶行知满意地笑了，说："你能正确认识自己的错误，我再奖给你一块糖果，可是我只有这一块糖果了，我的糖给完了，我看我们的谈话也该结束了吧！"

3. 理解原则

由于人们在社会上所处的地位各异，其人生经历、思想观念、性格爱好、心理需要、行为方式、利益关系各不相同，所以在沟通中对同一事物常会表现出不同的看法、情感和态度，尤其在涉及自身利益的问题上，更会反映出从特定地位和立场出发的价值观念与利益追求，因而必定会给沟通带来许多复杂的矛盾和冲突。如果双方缺乏必要的相互理解，各执一端，互不相让，不仅会导致沟通失败，还会影响双方的感情，一切合作与互助就无从谈起了。

按照社会心理学的原理，理解原则首先是指沟通者要善于进行心理换位，尝试站在对方的处境上设身处地考虑、体会对方的心理状态、需求与感受，以产生与对方趋向一致的共同语言。即使是最有效的发送者，传播最有效的信息内容，如果不考虑接收者的态度及条件，也有可能出现沟通失败。其次，要耐心、仔细地倾听对方的意见，准确领会对方的观点、依据、意图和要求，这既可以表现出对对方的尊重和重视，也可更加深入地理解对方。

司机妙语寻回丢失的钱包

这是发生在吉林市的真实故事。一辆公交车在行驶过程中，一名中年男子突然大叫："司机师傅，我的钱包丢了！"女司机王丽梅忙问他是什么时候丢的。中年男子说他是前一站上的车，刚刚发现口袋里的钱包不见了。他焦急地说这钱是给老人治病用的，老人病得很重，急等钱做手术。

丢钱的男子和一些乘客建议："从上一站到现在中途没有停车，显然小偷仍在车上，干脆把车直接开到公安局去。"王丽梅想了想，把车停在路边，并锁上了车门。她拿起扩音话筒对车内乘客说："乘客朋友们，谁家都有老人，谁挣钱也不容易，请捡到钱包的乘客换位想想，如果丢救命钱的是你，你此刻的心情会怎样？捡到钱包的乘客，我作为本车的司机发自内心地请你把钱包还给失主。"见车内安静下来，王丽梅接着说："请大家配合一下，我数一二三，大家闭上眼睛半分钟。捡到钱包的乘客不要把钱包扔在自己的脚下。"

半分钟后，大家睁开眼睛，奇迹出现了，钱包真的出现在车厢地板上。王丽梅激动地提议："乘客朋友，让我们为'捡钱包'乘客的'拾金不昧'，为失主丢失钱包的失而复得鼓掌！"顿时，车上响起了热烈的掌声。

4. 相容原则

在沟通中难免会发生分歧，引起争论，有时还牵涉一个人、团体或组织的利益。如果事无大小，动辄激昂动怒，以针尖对麦芒，双方心理距离会越拉越大，正常的沟通就会转化为失去理智的口角，这种后果显然与沟通的目的背道而驰。因此，沟通过程中彼此心胸开阔、宽宏大量，把原则性和灵活性结合起来至关重要。只要不是原则性的重大问题，应力求以谦恭容忍、豁达超然的大家风度来对待各项工作中的分歧、误会和矛盾，以谦辞敬语、诙谐幽默、委婉劝导等与人为善的方式，来缓解紧张气氛，消除隔阂，这会使沟通更加顺畅并赢得对方的配合与尊重。

让他三尺又何妨

清朝宰相张英的邻居建房，因宅基地和张家发生争执。张家人飞书京城，希望相爷打个招呼"摆平"邻家。张英看完家书后淡淡一笑，在家书上回复："千里家书只为墙，让他三尺又何妨；万里长城今犹在，不见当年秦始皇。"家人看到后甚感羞愧，便按相爷之意退让三尺宅基地，邻家见相爷家人如此豁达谦让，深受感动，也让了三尺，遂成六尺巷。这条巷子现存于安徽省桐城市内，成为中华民族谦虚礼让传统美德的见证。

（二）克服障碍

所谓沟通障碍，是指信息在传递和交换过程中，由于信息意图受到干扰或误解，而导致沟通失真的现象。在人们沟通信息的过程中，常常会受到各种因素的影响和干扰，使沟通受到阻碍。

1. 影响有效沟通的因素

1）个人因素

个人因素主要包括两大类：一类是有选择地接收；另一类是沟通技巧的差异。所谓有选择地接收，是指人们拒绝或片面接收与他们的期望不相一致的信息。研究表明，人们往往愿意听到或看到他们感情上有所准备的东西，或他们想听或看到的东西，甚至只愿意接收中听的，拒绝不中听的信息。除了人们的接受能力有所差异外，许多人运用沟通的技巧也很不相同。有的人擅长口头沟通，有的擅长文字描述，所有这些问题都妨碍有效沟通。

2）人际因素

人际因素主要包括沟通双方的相互信任、信息来源的可靠程度和发送者与接收者之间的相似程度。信息传递不是单方面的，而是双方面的事情，因此沟通双方的诚意和相互信任至关重要。相互间的猜疑会增加抵触情绪，减少坦率交谈的机会，也就不可能进行有效的沟通。

3）结构因素

结构因素主要包括地位差别、信息传递链、团体规模和空间约束四个方面。

研究表明，地位是沟通中的一个重要障碍。地位的高低对沟通的方向和频率有很大的影响。地位悬殊较大，信息趋向于从地位高的地方流向地位低的地方。

一般来说，信息通过的等级越多，他到达目的地的时间越长，信息失真率则越大。这种信息连续地从一个等级到另一个等级时所发生的变化，称为信息传递链现象。一项研究表明，企业董事会的决定通过五个等级后，信息损失平均达80%。其中，副总裁这一级的保真率为63%，部门主管为56%，工厂经理为40%，第一线工人为30%，职工为20%。

当工作团体规模较大时，人与人之间的沟通也相应变得较为困难。

企业中的工作常常要求工人只能在某一特定的地点进行操作。这种空间约束的影响往往在工人单独在某位置工作或在数个机器之间往返运动时尤为突出，空间约束不仅不利于工人之间的交往，而且也限制了他们的沟通。

2. 消除沟通障碍的方法

沟通的障碍是由多种因素造成的，沟通不畅会对个人、组织造成严重的危害，因此要采取恰当的行为，消除有效沟通的障碍因素。

1）要明白沟通的重要性

在管理工作中，管理人员十分重视计划、组织、领导和控制，对沟通常有疏忽，认为信息的上传下达有组织系统就可以了，对非正式沟通中的"小道消息"常常采取压制的态度。上述种种现象都表明沟通没有得到应有的重视，重新确立沟通的地位是刻不容缓的事情。

2）缩短信息传递的途径

信息失真的一个重要原因是传递环节过多，因此缩短传递途径，拓展沟通渠道，可以保证信息传递的及时性和完整性。这需要对组织结构进行调整，减少组织机构的重叠，减少中间管理层次，使组织向扁平化发展。在利用正式沟通渠道的同时，开辟高层管理者甚至基层管理者乃至一般员工的非正式沟通渠道，从而提高沟通效率。

3）选择适当的沟通方式，养成良好的沟通习惯

不同的沟通方式，传递信息的效果也不同。应根据沟通内容和沟通双方的特点，选择适合的沟通方式。书面沟通适合于组织中重要决定的公布、规章制度的颁行、决策命令的传达。当面对组织变革，员工表现出焦虑和抵触情绪，或者表现对员工的关怀和坦诚时，面对面的沟通可以最大限度地传递信息。

三、提升人际沟通能力的技巧

（一）有效沟通的三个要点

只有洞察人性，才能做到有效沟通。人，都希望得到关心和重视；人，都希望被别人肯定；人，都希望得到别人的赞美。所以我们要做好沟通，最主要的还是要洞察人性，遵守以下三个要点：

1. 要让对方听得进去

我们要考虑：时机合适吗？场所合适吗？气氛合适吗？比如，在企业中，如果老总正在和客户谈话，你跑进去大声说："老总，不好了，我们三台机器停了两台。"你想老总会怎么样？

2. 要让对方乐意去听

怎样说对方才喜欢听？如何使对方情绪放松？哪些部分对方比较容易接受？我们应该把对方容易接受的先说。如果先说不容易接受的，那么后面容易接受的也不好接受了，因为已经拒绝你，再拒绝你一次也无妨。

3. 要让对方听得合理

我们要先说对对方有利的，再指出彼此互惠的，最后提出一些要求。这一点是重中之重。人人都对自己有利的方面感兴趣，所以先说对对方有利的，最后提出一些要求，对方才愿意答应。

（二）沟通技巧

1. 要有同理心

沟通的首要技巧在于是否拥有同理心，即学会从对方的角度考虑问题，这不仅包括理解对方的处境、思维水平、知识素养，同时包括维护对方的自尊，加强对方的自信，请对方说出自己的真实感受。

所以，在做任何事情之前我们都要仔细考虑。试着先将自己的想法放下来，真正设身处地站到对方的立场，仔细地为别人想一想。你将会发现，许多事情的沟通，竟会变得出乎想象的容易。

当然，还要特别克服彼此间的不协调，因为人是有差异的，这些差异在交流中会形成障碍。认识障碍会帮助我们克服它。我们也可以通过询问、变化信息，调整我们的语言和音量来获得理解。很多时候都要站在对方的角度上来考虑问题，而不仅仅是从自己的角度出发。因为沟通是两个人的事情，这就要求你要照顾对方的情况。同样，在布置任务、汇报工作时

更应该考虑接收方的情况,多站在对方的角度考虑问题。

2. 用心倾听

倾听就是接收口头及非语言信息,确定其含义并对此作出反应的过程。在人际交往过程中,倾听是沟通的基础,是一种美德,是一种尊重,是一种与人为善、心平气和、谦虚谨慎的姿态。多听、多做、少说是一个人成熟的表现。苏格拉底曾经说过:"自然赋予人类一张嘴,两只耳朵,也就是要我们多听少说。"

1) 倾听的作用

(1) 获取信息。当你与别人交流时,你所说的都是你已经知道的,而当你倾听时,你是在学习别人已经知道的。在信息时代,每个人都是"信息源",每个人的知识结果都是不同的。一个善于倾听的人,总是能从别人的谈话中获得新鲜的知识,了解新的信息,接受新的见解。交谈中有很多有价值的信息,有时只是说话者一时的灵感,对听者却是一种启发。

(2) 建立信任。心理研究表明,人们喜欢善听者甚于善说者。实际上,人们往往对自己的事更感兴趣,对自己的问题更关注,更喜欢表现自我。如果你愿意给他们一个机会,让他们尽情地说出自己想说的话,且认真倾听,他们会感到自己被重视、被欣赏,觉得你很尊重他,值得信赖。许多人不能给人留下良好的印象,不是因为他们表达得不够,而是由于他们或者急于表达自己的见解,谈话时滔滔不绝,不管别人愿不愿意听;或者在别人讲话的时候,东张西望、心不在焉,这样的人是不受欢迎的。

(3) 了解他人。很少有人会把自己的内心世界完全暴露给别人,但也没有人能够不让自己的愿望和心理活动从言谈举止中流露出来。因此,了解他人的最好方式,除了观察,就是用心倾听。比如,有的人在谈话中总爱说:"你懂不懂?你明白吗?"这样的人大多自以为是,好为人师。有的人却总是担心别人误解自己,或是急于博取别人的信任,往往会说:"说真的,事情确实如此,我说的都是实话,一点儿都不骗你。"有的人爱说:"这是我听别人说的,可别到处乱讲。"这是怕担责任,处事圆滑,凡事总是给自己留有余地的表现。由此可见,一个人的个性特征往往会从其言谈举止的细微处表露出来,用心倾听有利于了解一个人的特点,从而让沟通变得容易。

2) 倾听的技巧

(1) 要集中精神地听。注意听别人讲话是对别人的尊重。所以,与人面对面沟通时尽量不要打手机,不要听电话,不要看公文或电视。否则,讲话的人会认为你心不在焉,很不礼貌,或者误会你对他的话题不感兴趣,他就不愿意继续交谈了。听人讲话要注视对方,微微含笑,但也不要死盯着对方,一动不动。此外,要感受性地听,不要评判性地听。对方所说的话可能有不妥之处,也有可能表现出不适当的态度,作为听者应当是感受性地倾听,不要当场批评别人。

(2) 不轻易打断对方。人们在倾听的时候,最容易犯的错误是打断别人的讲话,发表自己的意见。这样做不仅不礼貌,让对方觉得不受尊重,而且也不能完全理解对方的意思。所以,听者在表达自己的观点之前,应让讲话者先把话说完,并确认自己已明白对方表达的真实意思。即使你已经感到不耐烦,也不要急于插话、打断或否定对方的话,应等对方告一段落时,再不失时机地表明自己的看法或说明不得不结束谈话的原因。

(3) 适时插话以调动对方情绪。不轻易打断对方并不意味着只听不说,一言不发。理想的沟通方式是边听边交流,以认真聆听为主、以适时插话为辅。插话的频率要适度,内容要有所选择。插话的内容大致有这样几个方面：一是对对方所说的话表示认可和赞赏，如"对""有道理""我也这么认为"。二是对自己没听清楚的话进行询问，如"你刚才说什么呀""你的意思是不是……""刚才这话我没听清，你是不是再重复一遍"。三是帮忙续接，有时候对方说着说着，突然语言卡壳或一下子找不到合适的词了，你可以帮他接下话尾。四是启发引导，如"后来怎么样""能举个例子吗""这有什么依据吗"等。

（4）用体态语言进行反馈。倾听是借助得体的体态语，主动而及时地做出反应，表达对说话人的肯定和欣赏，这对说话人是极大的鼓舞。如果你对他的话表示欣赏和赞同，可以不时地点头微笑，或者跷起拇指。一旦对方话语中有新颖独到的观点和生动的材料，你不妨紧紧注视他，不断地点头赞赏，对方发现你在热情注视，会更加乐意与你交谈，就会努力地把自己最好的想法说出来与你分享。如果你想让对方继续讲下去，进行更深入的交谈。可以把椅子移近些，缩短空间距离或将身体前倾，也可以给他倒杯茶，鼓励他继续讲。当然，运用这些体态语，一定要得体，不要夸张，否则会给人以矫揉造作的感觉。

（5）注意非语言暗示。倾听不是简单机械地接受，而是一个仔细观察和认真思考的过程。要注意说话人的非语言信息，如面部表情、眼神、手势、语调以及与你保持的距离等。这些非语言信息，构筑成信息传递的一个重要组成部分。尽管体态是可以控制的，但体态上的控制和掩饰一般难以做到天衣无缝、轻松自如，总会通过某些细微之处表露内心的隐秘。所以要以视助听，领悟话语的深意。

（6）倾听弦外之音。俗话说："锣鼓听声，说话听音。"人与人之间的对话，经常表面说的是一套，心里想的又是一套。在倾听对方的谈话时，要充分调动身体的各个部分进行全身心的倾听，以捕捉除了语言信息之外的其他各方面有用的信息。如果听到的语言信息和感受到的非语言信息相背离，那就说明语言传达的并非说话者的真实本意，而是出于更周密的考虑而采取的暂时、表面的权宜之计。当发现语言信息与非语言信息不一致时，就要充分搜集所有的非语言信息，然后综合这些信息来准确判断对方的真正意图与感受。另外，要结合特定背景。语言具有很大的模糊性，要弄清一句话的确切含义，必须结合语言使用的特定背景，了解其意图和具体内容。

3. 控制情绪

情绪对沟通的影响至关重要，人的情绪状态会左右接收和传送信息的方式，还直接影响到信息的接收和理解的方式。例如，如果你觉得情绪激动或紧张，沟通就有可能受阻，因为本应理智的思想可能被这些情绪所蒙蔽，可能以一种比预期更加肯定或否定的状态接收信息。

如果对与你进行沟通的人抱有强烈的反感，你对信息的解释很有可能受你的看法的影响。同样，你所沟通的任何内容也有可能受别人对待你的态度的影响。

如果对某事特别感兴趣，更有可能选取与自己心仪的事物有直接关系的信息，而且会忽视或根本不去注意其他事情。

因此，沟通前要调整好自己的情绪，不要让个人的喜怒哀乐影响沟通的过程，避免造成"冲动的惩罚"。

1）辨别自己和他人的情绪

沟通中的情绪管理可分成两方面：一方面是如何来处理别人对自己的情绪；另一方面是如何来管理自己的情绪，应该怎样跟自己相处。

管理情绪要先学会辨别自己和他人的各种情绪。对情绪丰富的人而言，除了六种基本的情绪（开心、伤心、恐怖、愤怒、惊奇、厌恶）之外，他们还能够表现出多种复杂的情绪。如果你无法认识或体会到某种情绪，就无法获得有关导致这些情绪的特定事件、情形或人的重要信息。此外，你会不认同或刻意回避那些会引起你内心不适的他人情绪。

课堂练习　　　　　　　　　　**自我情绪认知测试**

　　我最容易接受自己和他人的哪种情绪？
　　我何时有过有关自己移情或缺少移情的反馈？
　　我的何种需求正在得到满足或遭受挫折？这些需求与我的情绪变化有何种关系？
　　我是否具有某种习惯性的情绪强度？
　　我是否总是突然"打开"或"关闭"情绪？
　　我要花多长时间才能发现自己正处于某种特定的情绪状态？
　　其他人是不是有时对我的情绪表达感到意外？
　　我最近一次难以放弃一种情绪状态是在什么时候？发生了什么？牵涉到哪些人？
　　我什么时候实现了从一种情绪状态向另一种情绪状态的转变？发生了什么？

　　2）学会控制自己的情绪
　　避免情绪影响沟通，要以平等的心态来沟通，必须避免过于表现自我。自我优越感在沟通的时候会流露出炫耀的语气，给其他沟通者带来不快，并可能因此让其他沟通者从情绪上严重抵触。自己心态放平了，有利于避免对方的抵触情绪，会使沟通更有效。
　　学会控制情绪，还要注意平时的训练，做到以下五点：
　　（1）学会放松。当你感到过分紧张、烦恼、恐惧时，可采取深呼吸的方法放松自己，即深深地吸气，慢慢地呼气，使自己的身心放松。也可以采用自我暗示的方法，如反复默念"我现在放松了，我的全身处于自然的轻松状态"，还可以用回忆过去成功的体验来鼓励自己。
　　（2）学会转移。当火气上涌时，有意识地转移话题或做其他的事情来分散注意力，使情绪得到缓解，如打球、散步、听流行音乐等。
　　（3）学会宣泄。遇到不愉快的事情及委屈，不要埋在心里，要向知心朋友或亲人诉说出来或大哭一场。这种发泄可以释放内心郁积的不良情绪，有益于保持身心健康，但发泄的对象、地点、场合和方法要适当，避免伤害别人。
　　（4）学会安慰。当一个人追求某项目标而达不到时，为了减少内心的失望，可以找一个理由来安慰自己，就如狐狸吃不到葡萄说葡萄酸一样。这不是自欺欺人，偶尔作为缓解情绪的方法，是很有好处的。
　　（5）学会幽默。幽默是一种特殊的情绪表现，也是人们适应环境的工具。具有幽默感，可使人们对生活保持积极乐观的态度。许多看似烦恼的事务，用幽默的方法对付，往往可以使人们不愉快的情绪荡然无存。

课堂练习　　　　　　　　　　**自我情绪控制测试**

　　你通常如何调节和控制情绪？这些方法好不好？
　　你能做到在逆境中也能保持谈笑自如吗？
　　情绪和理智对你来讲，哪一个对你的影响更多？

当你将自己的情绪带到工作中的时候会得到什么样的结果？

请你设计一个沉着冷静地控制自己情绪的自我，并用详细的语言描述出来。

倘若你有烦闷的情绪，请先自查一下原因，并写在纸上，一条一条地写清楚为的是哪些事？然后尽力去改变它。做做看，并将之和之后的感受相对比，看看有什么不同。

4. 客观表达

1）谨慎地表达你的信息，用事实、中性及非判断性的词汇

有效的表达形式是"我"式陈述句。包括你的行为、你的反应、你希望的结果。

2）客观描述

如果你做事总是拖拉懒散，对方就根本没有必要听你说完。如果换成一句客观陈述的话，对方的感觉就不一样了。对方也很难反驳，我们还可以进一步陈述其影响与后果。

3）说出你希望的结果

比如，你想让别人帮你擦地。如果你说"我要你给我擦地"，同样的意思换句话说"如果有人帮我擦地，我会很高兴"，那感觉就完全不一样了。所以说，如果直接要求别人做某件事，通常会遭到拒绝。但如果你清楚地说出你希望的结果，对方就会知道怎么做，还会乐意去做。

4）巧妙使用反问表达和反向思考

也就是看你是使用 $A+B=1$，还是使用 $A=1-B$ 的问题。比如，管理者这样问下属："这项工作还没有做完吗？"下属肯定会说："没有，还差一点。"这可不是管理者想要的结果。但若换成反向表达或反向思考的提问方式，说："这项工作全做完了吗？"这样感觉就不大一样了。

5）将"但是"换成"也"

避免使用"但是""不过"，要做一个弹性沟通者。我们通常在说了"我明白你的意思"之类的话后，很容易会再加上"但是"或"不过"这样的字眼。如果使用这些字眼，你给对方的印象，就是你认为他的观点在你的字眼中是"错的"或者不关注他所说的问题。

比如，如果你说："你说得很有道理，但是……"这句话的意思是指说话者说得没道理。如果把"但是"换成"也"，则变成"你说得很有道理，我这里也有一个很好的主意，不妨我们再讨论讨论？"这样表达的效果就会不一样。

其实，这样说会有三层意思：

（1）表明你能站在对方的立场上看问题。

（2）表明你正在建立一个合作的架构，你是为了想做成这件事而提这个意见，而不是为了反驳他。

（3）最重要的是为自己的想法另开一条不会遭到抗拒的途径。

所以说，在沟通中如果我们说"但是"，就意味着否定别人的说话内容，给别人一个耳光的感觉，这样我们还能做好沟通吗？

6）反馈要具体

如果张伟的领导说："张伟，你可真懒，你这是什么工作态度呀？"这样说，张伟会摸不着头脑，心里还会犯嘀咕："我又犯什么错误了？"但如果换句话说："张伟，最近三天，你连续迟到三次，能解释一下原因吗？"这样你要表达的意思就具体清楚了，张伟就明白是讲迟到的事。

7）反馈要着眼于积极的方面

这里也有两句话，可以做个比较。"小王，你在上次会议上的发言效果不好。这次发言之前你能否能先给我讲一遍？""小王，你能否把准备好的发言先给我讲一遍，这样可以帮助你熟悉一下内容，使你在现场能更加自信。"是不是第二句的表达会更好些？所以，反馈一定要着眼于积极的一面。

8）复述引导词语

复述引导，就是将复述和附加问题这两种手段结合起来使用，就可以将谈话内容引导到你想要获得更多信息的某个具体方面。

例如，某领导对手下的一名部门主管说："看来你相信 M 部门几个月前曾犯了一些重大的错误，对此我感到遗憾！我想那一定使你的管理工作变得更加困难，那你又是如何保持你们部门的业绩的呢？"

在这里，领导复述了 M 部门的问题，然后又将话题转回来问自己想了解的问题。

为什么要复述呢？

可以这么说，你非常有必要提一下你想了解的问题的背景，这样你先声明了错误不是他造成的，避免他有不舒服的情绪，同时，他也有义务将自己下一步工作如何开展表述给你听。

5. 了解情况使用开放式的问题，促成则使用封闭式的问题

如果你提出的是一个封闭式的问题，那你只能得到较少的信息。人们通常回答"是"或"不是"。封闭式的问题对于寻求事实、避免有人提出一些啰唆问题是有帮助的，而对于了解事情的全貌是不利的。所以，我们要避免用一些无用问题、多重问题、引导性问题、封闭式问题、居高临下的问题。而搜集正确信息最好用开放式的问题、探索式的问题、中立性的问题。

下面，我们来做一个比较。如表 7-2 所示。

表 7-2 封闭式的问题与开放式的问题的比较

封闭式的问题	接收方回答	开放式的问题	接收方回答
你喜欢你的工作吗？	喜欢	你喜欢你的工作的哪些方面？	挑战性……
会议结束了吗？	结束了	会议是如何结束的？	在……总结后结束
今天中午吃肯德基好吗？	好	今天中午想吃什么？	苹果、梨……

看了这个比较，我们就知道以后要多用开放式的问题提问题。开放式的问题可以帮助你获得一些无偏见的需求，帮助你更透彻地了解对方的感觉、动机和顾虑，对方由此会让你接近他们的内心世界，使你有机会沟通成功。

而对于主管来说，有时候却需要使用封闭式的问题，特别是给下属布置任务。在这个时候，如果你用开放式的问题，那可就麻烦了。所以请记住，了解情况使用开放式的问题，促成则使用封闭式的问题。

6. 真诚赞美

1）赞美是沟通的开始

人性的弱点是喜欢批评人，却不喜欢被批评；喜欢被人赞美，却不喜欢赞美人。因此，拉开了人与人之间的距离。但如果把我们亲切的眼神带给对方，冷漠就会因此而消失。赞美使人愿意沟通。沟通是双方的互动，如果一方面不愿沟通，那么，沟通必然失败。假设你要与一位女士沟通，首先赞美她的衣服漂亮，她一定会高兴，会乐意与你沟通。反之，当你批评她的衣着时，她一定懒得理你。所以，赞美往往使人愿意与你沟通。如在工作中，当你肯定同事的优点时，同事会很乐意帮你，会把他的经验告诉你，这就是赞美的作用，它让对方愿意与你沟通。

2）赞美的技巧

虽然，赞美有利于沟通，但是，赞美却需要技巧、需要真情投入。适当的赞美建立在细致的观察与鉴赏之上的。

（1）赞美出于真诚。不真诚的赞美，给人一种虚情假意的感觉，或者会被认为怀有某种不良目的，被赞美者不但不感谢，反而会讨厌；言过其实的赞美，不能实事求是，会使受赞美者感到窘迫，也会降低赞美者的威信；虚情假意的奉承对人对己都有害而无利。

（2）赞美要不失时机。对朋友、同事身上的优点，你要尽可能地随时随地去发现。如果你真心诚意，就要抓住时机，积极反馈。他的一个表情、一个动作、所说的一句话、所做的一件事，你都要看在眼里、记在心里。赞美的时机多种多样，当时、事后、大庭广众之下、两人独处之时都可进行，但一般以当时赞美、当众赞美为好。

（3）力争是第一次发现。你所发现的对方的特色、潜能、优势最好是别人还没发现，甚至是他自己也没有发现的内容。你的赞扬会令他恍然大悟，瞬间增强自信，从而对你产生好感。

（4）与对方的内心好恶相吻合。他自己认为是缺点，内心极为厌恶，但却被你夸奖，这会令他无法接受。如你赞美某个朋友像某个电影明星，而他恰好讨厌这个明星的相貌或性格，那你的赞美就适得其反。

（5）寻找对方最希望被赞美的内容。各人有各人的长处，人们固然盼望得到别人公正的评价，但是那些他本人还没有自信的方面，尤其不喜欢受到人家的恭维。例如，女孩子都喜欢听到别人夸赞她们美丽，但对于具有倾国倾城姿色的女孩就要避免再去赞扬了，而应称赞她的智力。如果她的智力又恰好不如别人，那么你的赞美一定会使她雀跃无比。

（6）间接恭维。引用他人的评价，对某个朋友、同事过去的事迹，也就是既成的事实，加以赞美，被称为"间接恭维"。这证明你对他的成就声誉有所了解，对方欣然接受你的亲切、热情。

（7）背后赞美。在背后赞扬人，是一种至高的技巧，因为人与人之间难得的就是背后能说好话，而不是坏话。如果朋友知道你在别人非议他时挺身而出、主持公道，一定会非常感激你。

（8）引其向善的赞美。赞美与谄媚、奉承、拍马屁的区别就在于"引其向善"。你希望对方拥有哪些优点、巩固哪些优点，你就要发现这些特点，并及时予以鼓励，对方的自尊心受到激励后，会朝着你赞许的方向努力。

（9）含蓄性的赞美。过于直接、过于暴露的赞美时常会令对方感到过分和肉麻，抽象含蓄的赞辞却可使人迷醉。词语本身含有多方面的意思，可做多种解释，对方会不自觉地往好的方面去想。譬如你赞扬她，"你的眼睛好漂亮"，如果对方真的如此，她只会认为是理所当然的，但如果并非如此，这便成了一种讽刺。所以，倒不如说"你很有气质"，能产生更好的效果。

（10）直观性的赞美。初次相识时，可较多地使用这种方法。从对方的饰物入手，对其衣着、装饰等具体事物予以发现并适度赞扬。这会让对方感到轻松、自然，从而使气氛活跃起来。

7. 借助肢体语言

人们在沟通时通常会借助一些肢体语言来辅助沟通。那肢体语言又能产生什么效果呢？

1965 年，美国心理学家佐治·米拉经过研究后发现，沟通的效果来自文字的只有 7%，来自声调的有 38%，而来自身体语言的有 55%。也就是说，人们吸取信息的来源，说话者的谈话内容占 7%，声音的语调、速度、分贝占 38%，身体的动作表达占 35%。最典型的例子就是卓别林的喜剧，大家看了就开始止不住地笑，这就是肢体语言的效果。

1）注意与人接触的距离

（1）亲近的朋友和家人可以保持 45 cm 的距离；

（2）朋友和亲近的同事可以保持 45~80 cm 的距离；

（3）同事与熟人应保持 60~120 cm 的距离；

（4）陌生人取决于友好程度，大约要保持 150 cm 的距离。

2）要注意眼睛

眼睛是心灵深处的透视镜，我们一起来看看下面的这几个"视线"：

（1）商谈视线，直视对方的额心和双眼之间一块正三角形区域，会产生一种严肃的气氛。

（2）社会视线，注视对方双眼和嘴巴之间形成的倒三角形区域，便会产生社会气氛。

（3）亲密视线，就是超过双眼往下经过下巴到对方身体其他部位。近距离，在双眼和胸部之间形成三角形，远距离时，则在双眼和下腹部之间。

（4）斜视加微笑表示兴趣，若斜视加下垂的嘴角则表示故意。

（5）闭眼令人恼怒。

（6）微笑表示友善礼貌，皱眉表示怀疑和不满意。

所以，在沟通过程中，请保持适当的目光接触。

3）脸部是视觉的重心

脸部是视觉的重心，它在沟通的肢体语言中，占了举足轻重的地位，是最容易表达也是最快引发回应的部分。脸上的表情包括口形、嘴巴的律动。嘴角的上下、眼睛的转动、眼神的正邪、正眼或斜眼看人、眉毛的角度、眉毛的扬抑等都可以综合反映出一个人的情绪，例如，悲伤、快乐、愤怒、仇视、怀疑等。

4）身体方向

身体方向是心语的传送管道。个人躯干或双脚面对的方向，表示内心向往的去处。判断一组对话属于开放式、还是封闭式的方法很简单。通常开放式是两个人身体形成 90 度，欢迎第三者加入。而封闭式的身体角度为 0，并表示亲密或对抗。

5）手势

手是人类的第二张脸。手势在我们沟通中是很容易被忽视的，有时还认为手势无关紧要，特别是喜欢用手指指着别人说话，其实是很不礼貌的。

（1）掌心向上，表示顺从或请求。

（2）掌心向下，表示权威或优势。

（3）手掌收缩伸出食指，表示威吓。

（4）举手用力向下，表示有攻击、恐吓的意味。

（5）高举单手或竖起手指，示意你想说话或在会议中发表见解。

（6）用食指按着嘴巴，示意"肃静，不要吵了。"
（7）手指着手表或壁钟，示意停止工作或时间到了。
（8）把手做成杯状放在耳后，手掌微向前，示意"请大声一点，我听不清楚"。
6）其他肢体语言
在沟通中每个人还有一些不自觉的身体语言，常在沟通过程中展现出来。
（1）感兴趣或兴奋时，瞳孔会放大。
（2）与某人说话时越来越投入，深度感兴趣时，身体慢慢向前倾。
（3）紧张的时候，耸起肩膀、握紧双手、脸部肌肉收缩。
（4）犹豫不决时，摸着鼻子。
（5）对事情不很肯定时半遮着嘴巴。
（6）不耐烦、没耐心时，左顾右盼，玩弄手上的笔。
（7）没兴趣时，全身松靠在椅背上，或交叉双腿，摇晃放在上面的腿。

案例链接

知识拓展

能力训练

1. 沟通测试——你善于与人沟通吗

（1）跟别人谈话，会试着从对方的角度来看问题。
（2）如果错了，不会害怕承认错误。
（3）让别人理解的最好方法，是把想法和感受明确地告诉对方。
（4）如果觉得自己伤害了别人，会马上道歉。
（5）乐于接受批评。
（6）对别人正在讲的话题，通常会表示出感兴趣。
（7）刚开学时，能很快喊出同宿舍同学的名字。
（8）时不时会跟老师聊聊天。
（9）善于从别人的话里听出弦外之音。
（10）别人开自己的玩笑可以接受，但不主动拿别人开玩笑。

（11）做事有原则，但遇到特殊情况，也有灵活性。
（12）讲话简明扼要，不啰唆。
（13）懂得如何说"不"，而不让对方难堪。
（14）脸上常挂着微笑。
（15）懂得如何适度地赞美别人而又没有拍马屁的嫌疑。
（16）很少抱怨，也从不在公开场合与人发生争执。
（17）跟陌生人接触，善于发现彼此之间的共同点。
（18）不会表现得比朋友更精明，但也不会让人觉得我愚蠢。
（19）总是勇于表达自己的想法。
（20）注重细节，经常通过观察细节得出与众不同的结论。

思考与讨论
（1）分析个人的人际沟通能力。
（2）回答"是"不到8个：不及格。恐怕需要好好补一下有关沟通的常识。
（3）回答"是"超过10个：虽然了解沟通之道，但实践起来显然还不够完美，要加把劲儿。

2. 撕纸游戏
活动目标：
（1）让学生理解沟通障碍产生的原因。
（2）培养学生有效沟通的能力。
活动内容与要求：
（1）给每位学生一张A4纸；
（2）老师发出指令：大家闭上眼睛，全过程不需要问问题，把纸对折，再对折，把右上角撕下来，转180°，把左上角也撕下来，睁开眼睛，把纸打开；
（3）老师和同学会发现不同答案；
（4）分组讨论，要求学生表述造成沟通障碍的原因，并提出有效沟通的方法。

第三节　职场沟通策略

情境模拟

　　林琳进公司不久，总经理的秘书就出国了，由于她谦虚、勤奋和聪明，总经理秘书这个空缺就被她填补了。随着地位的变化，她开始有些飘飘然了，不久，同事们能从她说话的语气中感受到她那种无形的优越感。
　　这天，市场部张经理打电话找总经理，林琳回答："总经理出去了，等他回来我马上与你联络。"林琳的回答让张经理感觉怪怪的，心里很不舒服。没过几天，总经理就提醒林琳要摆正自己的位置，为人要低调一些。
　　显然，张经理在总经理那里说了对林琳不满的话。张经理为何对林琳的应答感觉怪怪的呢？因为林琳的答语给张经理一种感觉：总经理似乎只属于她一个人，我张经理只是一个外人。
　　林琳应该怎么答复张经理？

基础知识

松下电器的创始人松下幸之助有句名言:"企业管理,过去是沟通,现在是沟通,未来还是沟通。"职场人士每天至少有 1/3 的时间是在职场中度过的,能否从工作中获得满足与快乐,能否爱岗敬业并最终成就一番事业,领导、同事和下属均发挥着很重要的作用,因此,在职场中,如何与领导、同事及下属进行交往和沟通,是职场人士必须积极面对的一个问题。讲究职场沟通艺术,不仅可以使职场人际关系更加和谐融洽,大大提高工作效率,还可以减少矛盾与冲突,营造健康优良的工作环境。

一、与上级沟通的技巧

上下级之间的良好沟通,无论对个人还是对组织,都具有非常重要的意义。对于下级来说,通过与上级的良好沟通,既能全面、准确地了解相关信息,进而提高工作效能,又可以向领导及时表达自己的思想、观念,有利于自己职场上的迅速发展。另外,在与上级沟通时,一定要注意选择合适的沟通渠道,确保沟通质量。

(一)坦诚相待,主动沟通

初入职场,最为重要的就是要与人坦诚相待,给人留下坦诚的印象。在与上级沟通时,工作中的事情不要力图保密或隐瞒,要以开放而坦率的态度与之交流,这样才能赢得上级的依赖。与上级沟通,主动的态度十分重要。工作不久,阅历较浅的下属,工作热情高,富有开创性,对工作任务能够提出一些设想和建议。但他们往往慑于周围人际环境的压力,不能主动与上级进行及时沟通,从而丧失展示才华、取得成功的机会。

在实际工作中,任何人都难免会犯错误,但有的下属一旦在工作中出现纰漏或错误,就会感到内疚、自卑,后悔不已。犯错误后,不敢主动与上级沟通、交流,而是唯恐领导责备自己,害怕见到领导。事实上,犯错误本身并不要紧,重要的是要尽早与上级沟通,以期得到他们的批评、指正和帮助,同时取得谅解。消极回避,不仅不能取得上级的谅解,反而有可能让他们产生误解。

坦诚沟通,弥补失误

2004 年的潍坊国际风筝会期间,具体负责外事接待工作的干事小王,因为一时疏忽,把几个外国友人的国籍、名字给弄混了,这让前来会见的市长大人很是难堪。正待准备提拔的小王当然能意识到错误的严重性,如果处理不好,不但不能得到提拔,恐怕连现在的这个职位也难保。好在小王研究过领导心理学,于是他借着午餐前与市长、外宾接近的机会,主动向他们检讨了自己的错误。外宾为小王的坦诚态度所打动,在市长面前连连称赞小王诚恳而且友好;市长也为小王能够在外宾面前及时承认错误、挽回面子感到高兴,并对小王留下了深刻的印象。两个月后,小王不但没有被降职,反而经市长直接点名,调到市长办公室担任了科长。

(二)了解内心,适度恭维

下属只有了解上级的心理,才能开展有效沟通。领导作为社会生活中的个体,他有他的性格、爱好,也有他的作风和习惯。作为下属,要善于找出领导的优点和长处,并在适当的时候给予诚实而真挚的赞美。

赞 美 适 度

曾国藩是清朝末期著名的智者和儒将。有一天，曾国藩与幕僚们谈论天下英雄豪杰，他说："彭玉麟与李鸿章均为大才之人，我曾某人有所不及，虽然我可以夸奖自己，但我生平不喜欢这一套。"一位幕僚逢迎说："你们三位各有特长。彭公威猛，人不敢欺；李公精敏，人不能欺。"说到这里，说不下去了，因为不知道如何来赞美他的顶头上司。但曾国藩并不放过他，继续追问："我如何？"大家都找不到恰当的词语来赞美曾国藩，只好哑言无语。此幕僚微微停顿后说："曾师仁德，人不忍欺。"曾国藩十分得意，心中暗想：此人大才，不可埋没。不久，曾国藩升任两江总督，提拔那位机敏的年轻下属担任了盐运使这个要职。

（三）心怀仰慕，把握尺度

只有对上级怀有仰慕的心情，才能实现有效沟通。与领导交谈时，要有一个积极乐观的心态，保持充沛的精力，要把握尺度，不能无原则地扯关系、拉近乎。对上级交办的事情，要慎重，看问题要有自己的立场和观点，不能一味地附和。对于领导者个人的事情，作为下属不要妄加评论。对领导提出的问题发表评论时，应当很好地掌握分寸。

（四）注意场合，选择时机

领导的心情如何，在很大程度上影响到与之沟通的效果。当领导的工作比较顺利、心情比较轻松的时候，如某些方面取得成功、节日前夕、生日等时候，心情会比较好，这是与他们进行沟通的好时机。领导心情不好，或者处于苦恼时，最好不要与之沟通。

（五）尊重权威，委婉交谈

领导的权威不容挑战。不论领导是否值得敬佩，下属都必须尊重他。"态度决定一切，忠诚高于一切。"这是绝大多数领导所信奉的，因此，与上级沟通时，要采取委婉的语气，切不可意气用事，更不能放任自己的情绪。总之，下属与上级沟通，要讲究方法、运用技巧。

二、与同事沟通的技巧

同事之间既是合作者又是潜在的竞争者，这是一种非常微妙的人际关系，因此，职场人士在与同事相处时，一定要特别注意沟通艺术。

在与同事沟通时，通常要注意以下几个方面的要求。

（一）主动交流沟通

人际关系要顺畅，注重彼此的交流是前提。因此，在紧张的工作之余，主动找同事谈谈心、聊聊天或请教一些问题是非常必要的。在主动沟通中应注意把握以下四点：

（1）要选择合适的时间、地点、场合，选用易引起对方感兴趣的话题；

（2）要保持诚恳、谦虚的态度；

（3）要随时体察对方的心理变化，因势利导，随机应变；

（4）注意语言艺术。

（二）懂得相互欣赏

职场人士都有得到赞许的欲望，都希望自己的职业和工作受到别人的重视，得到他人较高的评价。因此，在职场人际交往过程中，要善于发现同事的优点、长处及其在工作中取得的成绩和进步，并加以及时的肯定和赞美。一句由衷的赞美，既可以表达对同事的尊重，又会赢得对方的好感，进而融洽彼此之间的关系。

（三）保持适当距离

同事之间保持适当距离，对人、处事才可能客观、公正。"过密则狎，过疏则间"。每个人都有自己的私人空间，搞好职场人际关系并不等于无话不谈、亲密无私。所以，当自己的个人生活出现危机时，不要在办公室随意倾诉；同时，要尊重同事的权利和隐私，不打探同事的秘密，不私自翻阅同事的文件、信件，不查看对方的计算机；对同事不过多地品头论足。

（四）重视团队合作

随着社会分工的越来越细，现代企业越来越强调员工之间的沟通协调。作为团队中的一员，无论自己处于什么职位，在保持自己个性特点的同时，一定要很好地融入集体。在工作中，员工之间要同心协力、相互支持；需要大家协同完成的，要事先进行充分的沟通，配合中要守时、守信、守约；自己分内的事要认真完成，出现问题或差错要主动承担责任，不拖延，不推诿；确需他人协助完成的，要使用请求的态度和商量的口气，不能颐指气使、居高临下。

（五）善待分歧和矛盾

同事之间经常会不可避免地出现分歧和矛盾，在发生矛盾和分歧时，职场人士一定要学会用适当的交流方式去化解。通常的做法如下：

1. 不要激化矛盾

对于那些原则性并不是很强的问题，不必非要和同事分个胜负。

2. 学会换位思考

与同事发生矛盾时，要学会站在他人的角度想问题，同时，多从自身找原因，主动忍让。

3. 主动打破全局

如果与同事之间已经产生矛盾，自己又确实不对，这时就要放下面子，学会道歉，以诚待人，以诚感人。

三、与下属沟通的技巧

随着人们文化水平的不断提高，管理的过程中，上下级之间能否实现有效的沟通，往往决定着管理的效率，进而决定着组织能否获得大的发展。因此，领导者必须时刻了解下属的观点、态度和价值观念，积极帮助他们通过创造性的工作实现其价值。实现这一目标的根本途径就是有效沟通。上级在与下属沟通时，可灵活综合使用下列技巧。

（一）积极授权，传达信任

授权指上级将职权或职责授给某位下属负担，它是一门管理的艺术，充分合理的授权不仅能使领导者们不必亲力亲为，把更多的时间和精力投入组织机构的大政决策上，更重要的是还能够充分传达对下属的信任。它对下属的激励作用是任何其他管理行为所难以企及的。

可以说，由授权所传达出的信任为上级与下属沟通打下了坚实的情感基础。

（二）拉近距离，平等交流

下属对上级，往往存在各种各样的心态：试探、戒备、恐惧、对立、轻视、佩服、无所谓等。作为领导者，要充分了解下属的心理和他们所关心的焦点问题，适时地与之进行有效沟通。交流伊始，要重视开场白的作用，可以从日常生活话题开始，拉几句家常，开一些善意的小玩笑。这样，既可以清除对方的疑虑，又能接近双方心理上的距离。在此基础上再引入正题，就很容易达到沟通的目标了。上级在围绕相关问题阐述自己观点时，语气要平和，语调要自然，态度要和蔼，晓之以理，动之以情，多采用商量的口吻。

艾森豪威尔是第二次世界大战时的盟军统帅。有一次，他看见一个士兵从早到晚一直挖壕沟，就走过去跟他说："大兵，现在日子过得还好吧？"士兵一看是将军，敬了个礼后说："这哪是人过的日子哦！我在这边没日没夜地挖。"艾森豪威尔说："我想也是，你上来，我们走一走。"艾森豪威尔就带他在那个营区里面绕了一圈，告诉他当一个将军的痛苦和肩膀上挂了几颗星以后，还被参谋长骂的那种难受，打仗前一天晚上睡不着觉的那种压力，以及对未来前途的那种迷惘。

最后艾森豪威尔对士兵说："我们两个一样，不要看你在坑里面，我在帐篷里面，其实谁的痛苦大还不知道呢，也许你还没死的时候，我就活活地被压力给压死了。"这样绕了一圈以后，又绕到那个坑的附近的时候，那个士兵说："将军，我看我还是挖我的壕沟吧！"

（三）提高频率，缩短时间

上级与下属的沟通是开展日常管理活动的一种重要方式，因此，作为领导者，不要寄希望于一次沟通解决所有问题。要随时随地尽可能多地与下属进行交流，只有这样，才能使上下级关系日趋顺畅。但这并不是要求领导者没话找话，而是要把沟通在管理当中的作用日常化。要带着明确的目的交流，一旦目标实现，就策略撤退，果断结束谈话，不拖泥带水，更不要海阔天空地扯一些与工作无关的话。也就是说，领导者与下属的沟通要经常化，一次交流的时间不要太长，频繁地、短时间地与下属沟通，下属容易感受到领导者的亲近，更明确地体会到上级对他的注意、关心。

（四）因人而异，不做比较

由于个性性格、知识水平和人生经验的差异，不同的人开展工作的能力和方式也会有很大的差别，这就要求上级在与下属沟通时要根据不同对象采取不同的方式。要避免拿一个人的短处与他人的长处进行比较，也不能将一个人做错的事同别人做对的事相比。

四、如何与客户沟通

（一）留下良好的第一印象

1. 仪容整洁

保持整洁的仪容是对客户的尊重，也会让客户对你产生好感。与客户见面，穿着打扮一定要得体大方，男性一般以西装为主，女性则以职业套装为主。身上的配饰不要过于华丽，也不要过于寒酸。一位著名的企业家对职员与客户见面时的着装提出了以下9条建议。

（1）业务员应当穿西装或者其他庄重的服装。

（2）业务员的衣着式样和颜色要大方稳重。
（3）不要佩戴一些代表个人身份或宗教信仰的东西。
（4）不要戴太阳镜或变色镜。
（5）不要佩戴过多的饰品。
（6）可以佩戴代表公司的标志性物品。
（7）带上一个精致的笔记本、一支比较高级的圆珠笔或钢笔。
（8）不要脱去上装，以免削弱你的权威或尊严。
（9）见客户时，忌食辛辣及气味不好的食物。女性可以喷洒一点淡雅的香水。

2. 言谈得体

（1）进门之前，先按门铃或轻轻敲门，得到允许后才能进屋。
（2）看见客户时，点头微笑，谈话过程中始终保持微笑。
（3）客户未坐定之前，自己不要先坐。
（4）客户起身离席时，要同时起身致意。
（5）与客户初次见面时，应先向对方表示打扰的歉意，告辞时，感谢对方的交谈和指点。
（6）不与客户发生争执，要让客户感觉到自己是对的。
（7）不主动贬低同行人员、公司或产品。
（8）保持良好的卫生习惯，举止文雅。

（二）讲究沟通的策略

1. 从感情入手

人是感性的，有时候人的感情能主宰一个人的行为。在说服客户的时候，我们可以从感情方面入手，进行感情的交流，营造平和、温暖、热情、诚恳的氛围。

2. 寻找沟通点

实际上，无论是在心理、感情上，还是在理性上，我们都可以找到与客户的共鸣之处。这就是双方最好的沟通点。比如共同的爱好、兴趣、性格、情感、理想、行业、工作等，甚至是孩子的教育方式。当双方认识到彼此之间的沟通点时，就会情不自禁地拉近与对方的心理距离。

3. 步步推进

在与客户沟通时，可以采取美国门罗教授的激发动机引诱法。
（1）引起客户的注意；
（2）明确客户需要什么，把客户引导到他自己的问题上；
（3）告诉客户怎么解决，拿出具体的解决办法；
（4）指出两种前途，即预测两种不同的结果；
（5）说明应采取的行动。

在步步引诱的过程中，要一直站在客户的立场上看问题，从对方的利益出发，这样才能快速达到沟通的目的。

4. 一定不争辩

人们总是喜欢与和自己看法一致的人打交道。所以，与客户沟通时，如果谈到看法不一致的问题，或者面对客户的抱怨、发怒，无论客户有无道理，你都不要与客户争辩，甚至当客户明显犯错时,你也不要直接指出,只要微笑并适当做出反馈就可以了。

5. 赠送小礼物

拜访客户时,可以赠送一些小礼物,如某地的特产、精致的糕点、台历、茶杯、笔记本、签字笔等。与客户见面时,碰到客户的家人尤其是孩子时,花费不多但投其所好的小礼物会发挥更大的作用。

案例链接

知识拓展

思考与练习

1. 因为你的工作的失误而给公司带来巨大损失时,你该怎样与领导沟通而不至于失去领导对你的信任?

2. 在一次旅游过程中,一位阔商请几位男女宾客共进晚餐。服务员端鱼翅羹上桌,每人一份。阔商吃了一口,大为不满:"我吃过上百次鱼翅了,你们的鱼翅做得不好,僵硬、不爽。去问问你们厨师,是怎么做的?"

服务员二话没说,答应去问,出去后悄悄告知餐厅经理。餐厅经理走了过来,笑容可掬,故意放大音量说:"老板真不愧是吃鱼翅的行家。今天的鱼翅在泡法和火候上确实稍欠一点点时间,这点小差别您一口就尝出来了,不愧为美食行家。"

餐厅经理招手把服务员叫了过来,让她站到阔商边上,又接着说:"鱼翅不满意,老板,您看,是换,还是取消?取消的话,损失当然由我们承担,您不用支付分文。"

"算了,算了。这次就算了,以后要注意质量。你们蒙混别人可以,骗我是骗不过去的。"阔商还要借机炫耀一下。

"老板,感谢您的宽宏大量,我看就打八折吧。为了保证质量,我叫厨师也出来向您道歉,并扣他当月奖金。"这时阔商又开始显示他的大度和阔气了。

阔商说:"难道我就要省这20%的钱吗?老实告诉你,再多10倍的钱我也不在乎!厨师一个月赚不了多少钱,不能因为这区区小事扣他的工资嘛!"

游客用餐完毕后,服务员迅速送上账单,阔商点清钱,爽快地买单离去。餐厅经理站在门口,递上名片,恭请游客下次光临。

假如你是一位导游员,请根据以上信息,讨论旅游服务中与游客沟通的方式和技巧有哪些?

《人际沟通与礼仪》
第四章 "成就沟通的素养"

《蔡康永的说话之道》
(40篇全文阅读)

第八单元

解决问题素养

知识目标

1. 掌握认识问题的含义。
2. 掌握认识问题的方法。
3. 了解认识自我的意义。
4. 掌握分析问题的方法。
5. 了解分析问题的步骤。
6. 掌握解决问题的条件。

能力目标

1. 初步具备深刻认识问题的意识。
2. 学会运用认识问题的方法。
3. 明确自己缺失哪些认识问题素养。
4. 学会科学地分析问题。
5. 学会正确地分析自我。
6. 明确自身的优缺点。
7. 提升解决问题的能力。

第一节 认识问题

情境模拟

小丽家庭生活比较困难,看到别人穿好衣服,心里很着急,家里又没有钱买,于是小丽产生一个念头,到市场上的服装摊点去偷。穿上偷来的衣服,对别人说是自己结交了一个有钱的朋友送给她的,后来在一次偷窃中被人发现,送到公安机关,受法律制裁。

小丽的问题出在哪里?从该案例中你能吸取哪些教训?

分析：我们应该认识到人与人都是不同的，每一个人都有自己的优势和不足，很多时候，一个人在某些方面与别人相比具有优势，但在其他方面却不如别人，这是很正常的。

如果我们能用正常的心态同别人去比较，会使自己不断地进步和提高；如果用不正常的心态去同别人比较，就会使自己走向邪路。

提示：如果你活着是为了取悦于他人，为了获得他人对你的积极评价，甚至为了名誉而不择手段，那么虚荣就在害你了。

（资料来源：百度网）

基础知识

人要成长、工作要改善，都必须有问题意识，要善于发现问题，坚持问题导向。善于发现问题是认识问题的先导，而全面客观地认识问题又是分析解决问题的前提条件。

世界上使社会变得伟大的人，正是那些有勇气在生活中尝试和解决人生新问题的人！

——泰戈尔

创造始于问题，有了问题才会思考，有了思考，才有解决问题的方法，才有找到独立思路的可能。

——陶行知

伟大的人是绝不会滥用他们的优点的，他们看出他们超过别人的地方，并且意识到这一点，然而绝不会因此就不谦虚。他们的过人之处越多，他们越认识到他们的不足。

——卢梭

我们生活在现实世界当中，每天都会面对很多问题，怎样认识问题，直接影响我们的决策与行动。

一、认识问题的内涵

（一）认识的内涵

认识是主体在主观意识的支配下，主动收集客体知识的行为，是认识意识的表现形式。主体是行为的主导者和实行者，是有生命的物体。人作为生物主体，具有行为的主观需要和行为的能力，行为是认识主体的日常生活方式。

1. 人是认识的主体

认识分为认识主体与客体。人是具有知、情、意的高级动物，是认识的主体。人在个体主观意识的指挥下，有目的、有计划、有方法地去认识客观事物，经过一系列的思维加工，不仅能认识事物的表面现象，而且运用抽象逻辑思维能深入事物的内部，揭示事物的本质规律，找到事物发展变化的根本原因。认识客体包括客观世界中的一切事物，也包括认识主体自身。

认识主体。人的主观意识指挥着认识行为的发生、发展和结束，认识行为是认识意识的具体实践与落实。认识的过程是将认识发生以前制定的认识蓝图从主观变为现实的过程。人借助于自身的感觉器官去感知主体接收到的客体，如温度、湿度等，感觉器官将接收到的客体信息通过中枢神经系统传递给人的大脑，大脑将信息经过处理之后，形成人对客体的主观认识并调动身体的相应部位作出反应。

2. 认识主体的主观意识指挥着认识的发展变化

随着时间的推移和认识活动的不断发展，当认识主体意识到阶段性的认识目标已经实现之后，就会发出进入下一个认识阶段的命令，使认识活动不断向前推进。当认识主体意识到从这一阶段的认识任务中已经获得了新的经验，就会发出调整认识行为的指令，使认识行为更加合理化并更有效率性，同时主体的认识水平也获得了提升。

3. 认识主体的主观意识指挥着认识行为的结束

伴随着主体认识的不断深入和认识预期目标的全部实现，人的大脑思维组织通过对外在感性材料的分析加工处理，运用抽象逻辑思维，产生对相关事物的正确认识之后，便会向认识主体发出停止认识行为的命令。于是，有目的、有计划、有方法的认识行为便结束了。例如，一个人学会了26个英文字母之后，就不会再继续学习了，这项学习任务就结束了，这是在他的大脑思维组织指导之下的行为。

4. 认识同思维和实践是既有联系又有区别的具体行为

思维、认识和实践在认识主体的整个心理活动过程中是交替进行的，实践是认识的来源，是认识产生的条件。思维是认识主体对认识客体的加工过程，是实践变成认识的中介和桥梁。实践是在认识指导下进行的，没有认识指导的实践是盲目的、无意义的。

知识的产生往往是在实践、认识、再实践、再认识的过程中产生的，思维在这一过程中发挥了非常重要的作用，如果缺失了思维这一中间环节，实践与认识将无法连接起来，对客观事物本质规律的认识便不会产生。人如果在面对外界客观事物时采取冷漠、无视的态度，对事物不进行任何思考，那么将不会产生新的认识，获取新的知识。

（二）认识的特点

1. 认识具有反复性

从认识的主体来看，人作为认识的主体，在认识客观事物的过程中总会受到自身主观条件的制约。从认识的客体来看，客观事物是不断发展变化着的，其本质的暴露和展现也有一个过程。这就决定了人们对一个事物的正确认识往往要经过从实践到认识、再从认识到实践的多次反复才能完成。

2. 认识具有无限性

认识的对象是不断变化着的物质世界，世界上的一切事物都是处在无限的变化之中，一成不变的事物是不存在的，每天这个世界上都有旧的事物灭亡、新的事物产生。因此，人类的认识将永远处于无限的发展过程中、对客观世界的无限探索中、对真理的无限追求过程中。

3. 认识具有前进性和曲折性

对事物的认识既要受到外在客观条件的制约，又要受到认识主体内在主观条件的限制。客观世界是不断发展变化的，人的主观认识世界受到认识主体自身知识、经验、生活环境等的影响，不可避免地也具有局限性，决定了对事物的认识过程往往并不是一帆风顺的，这期间会经历许多曲折、反复甚至是停滞不前或陷入认识误区，所以对事物的认识过程具有曲折性。同时，世界上的一切事物都是处在持续的发展变化之中的，不存在一成不变的事物，所以事物的发展是波浪式的前进和螺旋式上升的过程。

（三）问题的内涵

问题是指要求认识主体回答或解释的题目，包括需要研究讨论并加以解决的矛盾、疑难，事物的关键和重要之点，日常生活中的事故或意外，造成差距的因素。例如，某个成年人在工作时注意力很难集中，这就是一个他迫切需要解决的问题，不然会影响工作的效率。

（四）认识问题的内涵

认识问题是指认识主体要对需要回答或解释的题目，包括需要研究讨论并加以解决的矛盾、疑难，事物的关键和重要之点，日常生活中的事故或意外，造成差距的因素等问题产生的原因、背景因素、问题性质、影响等进行全面深入的分析，为问题的最终解决奠定良好的基础。例如，一个人哭了，当你看到这种状况的时候，首先想到的就是他为什么哭，然后根据哭的原因想办法进行劝解，让这个人停止哭泣。

二、认识问题的方法

（一）矛盾分析法

矛盾分析法是马克思主义方法论之一，包括一分为二地看问题、普遍性与特殊性相结合、具体问题具体分析、坚持两点论和重点论的统一。矛盾分析法是唯物辩证法的根本方法，对人们正确地认识问题具有重要的指导意义。

（二）理论联系实际法

理论联系实际，就是运用马克思主义的立场、观点和方法，同中国历史和现实的实际情况相结合，让理论更好地为实践服务。理论联系实际的原则，体现了认识与实践相统一的原则，就是要将学习到的知识与具体实际情况相结合，而不是在遇到问题时不考虑实际情况将知识生搬硬套。

三、正确认识自我

对所有问题的认识当中，最重要的是对自我的认识，俗话说："人贵有自知之明。"同时对自我的认识也是最难的。在希腊神庙的柱子上刻着非常著名的一句话"认识你自己"。老子曾经说过："知人者智，自知者明。胜人者有力，自胜者强。"人的一生中如果能够充分地认识自己，那将是一件十分不易和了不起的事，所以认识自己是每个人一生当中都无法回避的课题，认识自我包括认识自己的长处和短处。

（一）明确自身优势

1. 我与生俱来的优点

全面分析自身的优势，发现自己擅长的事物，如家庭条件方面的优势、性格方面的优势、智力方面的优势、父母教育方式方面的优势、天赋方面的优势等，认识到自身的优势之后，要善于运用自身的优势弥补自身的弱势，并进一步优化自身的优势，为将来的职业发展奠定好基础。

2. 我后天学会了什么

明确自己经过后天的系统学习掌握了哪些知识与技能；参加过哪些社会实践活动，在实践活动中哪些技能获得了提升；是否担任过班级干部，积累了哪些宝贵的经验；去过哪些地方，增长了哪些方面的阅历等，所有这些对自我素质的提升有哪些帮助，对今后的职业发展有哪些帮助。

（二）发现自身不足

1. 与生俱来的性格方面的弱点

"金无足赤，人无完人。"每个人来到这个世界上都不是完美的，都有着这样或那样的缺点,性格的某一方面都会存在缺陷。例如,有的人天生就是一个急性子,做事总是很急躁;有的人天生就是慢性子,遇事总是不紧不慢;有的人天生性格就比较内向,不善于言辞;有的人天生性格就比较外向,活泼好动。这些性格弱点是人无法避免的,这个世界本来就是多元的,我们必须正视性格弱点,尽量减少它们对我们日常生活的不利影响。

2. 后天经历中所欠缺的方面

每个人的生长环境和成长经历是不同的,有些人生长环境相对优越,有些人生长环境相对较差;有些人成长体验丰富,阅历较广,有些人成长体验贫乏,阅历较窄;有些人成长中没经历过风浪,有些人成长中经历过很多挫折。有些是家庭环境决定的,正如一个人没办法选择出身,但可以选择自己的人生道路,所以先天环境的不足是可以通过后天的努力去改变的。有些是成长经历中所欠缺的,这些也可以通过以后的不断努力去加以弥补。

四、认识自我的意义

(一)激发自身的潜在能量

人有部分能量是不容易被自己觉察到的,需要在全面地认识、分析自我之后才能被感知到,不去全面客观地认识自己,充分发挥个人的主观能动性,就不会知道自己到底能成长到什么程度,这部分潜在的力量一旦被激发出来,将有益于自我的成长与发展。

(二)明确人生的努力方向

人只有全面地认识自我之后,发现自身的长处和兴趣爱好,将自身的优势和兴趣、社会需要相结合,才能明确自身的努力方向,给自己进行正确定位,做适合自己的事情,发挥自身的最大潜能,更快更好地成长起来。

案例链接

知识拓展

关于人的认识问题[①]

毛泽东(1964年8月24日)

曾经我阅读过一篇坂田的文章[②]。坂田说基本粒子不是不可分的,电子是可分的。他这样说是站在辩证唯物主义立场上的。

---

① 这是毛泽东同北京大学副校长周培源,中共中央宣传部科学处处长、国家科委副主任于光远的谈话。
② 指《自然辩证法研究通讯》,1964年第3期刊载的日本物理学家坂田昌一的文章《关于量子力学理论的解释问题》。

世界是无限的。世界在时间上、在空间上都是无穷无尽的。在太阳系外有无数个恒星,太阳系和这些恒星组成银河系。银河系外又有无数个"银河系"。宇宙从大的方面看来是无限的。宇宙从小的方面看来也是无限的。不但原子可分,原子核也可分,电子也可以分,而且可以无限地分割下去。庄子讲:"一尺之捶,日取其半,万世不竭。"①这是对的。因此,我们对世界的认识也是无穷无尽的。要不然物理学这门科学就不再会发展了。如果我们的认识是有穷尽的,我们已经把一切都认识到了,还要我们这些人干什么?

人对事物的认识,总要经过多少次反复,要有一个积累的过程。要积累大量的感性材料,才会引起感性认识到理性认识的飞跃。关于从实践到感性认识,再从感性认识到理性认识的飞跃的道理,马克思和恩格斯都没有讲清楚,列宁也没有讲清楚。列宁写的《唯物主义和经验批判主义》,只讲清楚了唯物论,没有完全讲清楚认识论。最近艾思奇②在高级党校讲话说到这一点,这是对的。这个道理中国的古人也没有讲清楚。老子、庄子③没有讲清楚,墨子④讲了认识论方面的问题,但也没有讲清楚。张载、李卓吾、王船山、谭嗣同⑤都没有讲清楚。什么叫哲学?哲学就是认识论。"双十条"的第一个十条前面那一段话⑥是我写的。我讲了物质变精神、精神变物质。我还说让哲学从哲学家的课堂上和书本里解放出来⑦。

现在,我们对许多事物都还认识不清楚。认识总是在发展。有了大望远镜,我们看到的星星就更多了。说到太阳和地球的形成,一直到现在还没有人能够推翻康德的星云假说⑧。如果说对太阳我们搞不十分清楚,那么对太阳与地球之间这一大块地方也还搞不清楚。现在有了人造卫星,对这方面的认识就渐渐多起来了。我们对地球上气候的变化,也不清楚,这也要研究。关于冰川时期问题,科学家们还在争论。

(于光远:方才主席谈到望远镜,使我想起一个问题:我们能不能把望远镜、人造卫星等等概括成"认识工具"这个概念?)

你说的这个"认识工具"的概念有点道理。"认识工具"当中要包括镢头、机器等等。人的认识来源于实践。我们用镢头、机器等等改造世界,我们的认识就深入了。工具是人的器官的延长,如镢头是手臂的延长,望远镜是眼睛的延长,身体五官都可以延长。

富兰克林⑨说人是制造工具的动物。中国人说人为万物之灵。动物中有灵长类,猴子就是

---

① 见《庄子·天下》。

② 艾思奇(1910—1966),云南腾冲人,哲学家。当时任中共中央高级党校副校长。

③ 老子,相传即老聃,姓李名耳,苦县(今河南鹿邑东)人,春秋时期思想家,道家创始人。庄子(约前369—前286),名周,蒙(今河南商丘东北)人,战国时期哲学家。

④ 墨子(约前468—前376),名翟,春秋末期思想家、政治家,墨家创始人。

⑤ 张载(1020—1077),字子厚,原籍大梁(今河南开封),生于长安(今陕西西安),北宋哲学家。李卓吾,名贽(1527—1602),泉州晋江(今属福建)人,明代思想家、文学家。王船山,即王夫之(1619—1692),字而农,湖南衡阳人,明末清初哲学家。谭嗣同(1865—1898),字复生,号壮飞,湖南浏阳人,近代维新派政治家、思想家。

⑥ "双十条",指《中共中央关于目前农村工作中若干问题的决定(草案)》(即前十条)和《中共中央关于农村社会主义教育运动中一些具体政策的规定(草案)》(即后十条)。本篇中所说的那一段话,指毛泽东1963年5月审阅前十条稿时在十个问题前面加写的文字的主要部分。1964年编入《毛泽东著作选读(乙种本)》,题为《人的正确思想是从哪里来的?》。见原书第320~321页。

⑦ 这句话在毛泽东审阅《中共中央关于目前农村工作中若干问题的决定(草案)》稿时在第十个问题中加写的一段文字里。

⑧ 星云假说,是德国哲学家康德1755年提出的关于太阳系起源的一种学说。这一学说把太阳系的形成看成是物质按客观规律运动发展的过程。

⑨ 富兰克林(1706—1790),美国资产阶级革命时期的民主主义者、科学家。

灵长类动物，但也不知道制造棍子打果子。在动物的头脑里，没有概念。

（于光远：哲学书里通常只以个人作为认识的主体，但在实际生活中认识的主体不只是一个一个的人，而且常常是一个集体，如我们党就是一个认识的主体。这样的看法行不行？）

阶级就是一个认识的主体。最初工人阶级是一个自在的阶级，那时它对资本主义没有认识。以后就从自在阶级发展到自为阶级，这时它对资本主义就有了认识。这就是以阶级为主体的认识的发展。

地球上的水，也不是一开始就有的。最早的时候，地球上温度那么高，水是不能存在的。《光明日报》上前两天有一篇文章①，讲氢、氧化合成水要经过几百万年。北京大学傅鹰教授说要几千万年，不知道《光明日报》那篇文章的作者同傅鹰讨论过没有？有了水，生物才能生长出来。人就是从鱼进化来的，人的胚胎有一个发育阶段就像鱼。

一切个别的、特殊的东西都有它的发生、发展与灭亡。每一个人都要死，因为他是发生出来的。人类是发生出来的，因此人类也会灭亡。地球是发生出来的，地球也会灭亡。不过，我们说的人类灭亡、地球灭亡，同基督教讲的世界末日不一样。我们说人类灭亡、地球灭亡，是说有比人类更进步的东西来代替人类，是事物发展到更高阶段。我说马克思主义也有它的发生、发展与灭亡。这好像是怪话。但既然马克思主义说一切发生的东西都有它的灭亡，难道这话对马克思主义本身就不灵吗？说它不会灭亡是形而上学。当然马克思主义的灭亡是有比马克思主义更高的东西来代替它。

事物在运动中。地球绕太阳转，自转成日，公转成年。哥白尼②的时代，在欧洲只有几个人相信哥白尼的学说，例如伽利略、开普勒③，在中国一个人也没有。不过宋朝辛弃疾写的一首词里说，当月亮从我们这里落下去的时候，它照亮着别的地方④。晋朝的张华在他的一首诗里也写到"太仪斡运，天回地游"⑤。

什么东西都是既守恒又不守恒。本来说宇宙守恒，后来在美国的华裔科学家李政道和杨振宁发现，至少在基本粒子弱相互作用的领域内，宇宙并不守恒。质量守恒，能量守恒，是不是也这样？世界上没有绝对不变的东西。变，不变，又变，又不变，这就是宇宙的发展。既守恒又不守恒，这就是既平衡又不平衡，也还有平衡完全破裂的情形。

发电机是一个说明运动转化的很好的例子。煤炭燃烧的化学运动放出来的热，转化为使水蒸气体积膨胀的运动，然后又使发电机的转子旋转，这是机械运动，最后发出电来。

世界上一切都在发展变化，物理学也在发展变化，牛顿力学也在发展变化。世界上从原来没有牛顿力学到有牛顿力学，以后又从牛顿力学到相对论，这本身就是辩证法。

事情往往出在冷门。孙中山是学医的，后来搞政治。郭沫若⑥最初也是学医的，后来成为历史学家。鲁迅⑦也是学医的，后来成为大文学家。我搞政治也是一步一步来的。我读了六年

---

① 指《光明日报》1964年8月21日发表的郁之的文章《氢和氧化合成水是"合二而一"吗？》。
② 哥白尼，见原书第313页注[23]。
③ 伽利略，见原书第313页注[23]。开普勒（1571—1630），德国天文学家。著有《哥白尼天文学概要》。
④ 见辛弃疾《木兰花慢·可怜今夕月》。原词为："可怜今夕月，向何处，去悠悠？是别有人间，那边才见，光影东头？是天外，空汗漫，但长风浩浩送中秋？"
⑤ 见张华《励志诗》。
⑥ 郭沫若（1892—1978），四川乐山人。历史学家、文学家和革命活动家。早年曾在日本学医。
⑦ 鲁迅，原名周树人（1881—1936），浙江绍兴人。伟大的文学家、思想家和革命家。早年曾在日本学医。

孔夫子的书，上了七年学堂，以后当小学教员，又当了中学教员。当时我根本不知道什么是马克思主义。马克思、恩格斯的名字就没有听说过，只知道拿破仑、华盛顿。我搞军事更是这样。我搞过国民革命军政治部的宣传工作，在农民运动讲习所也讲过打仗的重要，可就是从来没有想到自己去搞军事，要去打仗。后来自己带人打起仗来，上了井冈山。在井冈山先打了个小胜仗，接着又打了两个大败仗。于是总结经验，总结了十六个字的打游击的经验："敌进我退，敌驻我扰，敌疲我打，敌退我追。"谢谢蒋委员长给我们上课，也要谢谢党内的一些人，他们说我一点马克思主义都没有，而他们是百分之百的布尔什维克。可是这些百分之百的布尔什维克却使白区损失百分之百，苏区损失百分之九十。

我们这些人不生产粮食，也不生产机器，生产的是路线和政策。路线和政策不是凭空产生出来的，比方说，"四清""五反"①就不是我们发明的，而是老百姓告诉我们的。科学家要同群众密切联系，要同青年工人、老工人密切联系。

我们的脑子是个加工厂。工厂设备要更新，我们的脑子也要更新。我们身体的各种细胞都不断地在更新，现在我们皮肤上的细胞就不是我们生下来时皮肤上的细胞了，中间不知换了多少次。

曹雪芹②在《红楼梦》里还是想补天，想补封建制度的天，但是《红楼梦》里写的却是封建家族的衰落，可以说是曹雪芹的世界观和他的创作发生矛盾。曹雪芹的家是在雍正③手里衰落的。康熙④有许多儿子，其中一个是雍正，雍正搞特务机关压迫他的对手，把康熙的另外两个儿子，第八个和第九个儿子，一个改名为狗，一个改名为猪。

"分"很重要，庖丁解牛。恩格斯在说到医学的时候，也非常重视解剖学。医学是建筑在解剖学基础上的。

细胞起源问题要研究一下，细胞有细胞核、细胞质和细胞膜。细胞是有结构的。在细胞以前一定有非细胞。细胞之前究竟是什么？究竟怎样从非细胞变成细胞？苏联有个女科学家⑤研究这个问题，但还没有结果。

（根据中央档案馆保存的谈话记录稿刊印。）

（资料来源：百度网）

能力训练

1. 练习认识问题的能力。
2. 练习用马克思主义的方法论认识问题。
3. 查找自己的优缺点，掌握全面认识自我的方法，比如：用笔在纸上写下自己的优缺点，分析自己的长处与短处。

---

① "四清"，即社会主义教育运动，是1963年至1966年5月先后在部分农村和少数城市工矿企业和学校等单位开展的一次清政治、清经济、清组织、清思想的运动。"五反"，指1963年3月以后在全国范围内开展的反对贪污盗窃、反对投机倒把、反对铺张浪费、反对分散主义、反对官僚主义的运动。
② 曹雪芹（1715—1763），名霑，字梦阮，满正白旗人，清代小说家。
③ 雍正，即清世宗爱新觉罗·胤禛（1678—1735），1722年至1735年在位，年号雍正。
④ 康熙，即清圣祖爱新觉罗·玄烨（1654—1722），1661年至1722年在位，年号康熙。
⑤ 指勒柏辛斯卡娅（1871—1963），苏联科学院院士、细胞学家。

第二节 分析问题

情境模拟

W公司是一家民营企业。该公司的张总经理是W公司的创始人,他今年已经60岁了。平常使张总经理最感骄傲的就是W公司内部有如大家庭一样的团队精神,而且他也一向在公司中以"家长"的身份自居,经常表示公司有照顾员工如子弟的义务。除非员工犯了不可原谅的错误(如偷盗),W公司几乎不会解雇任何员工。公司各级主管的离职率也很低。大部分管理人员都视W公司为终身服务的事业。他们之中有不少人是当年随张总经理"打天下"的老员工,其中有些人虽然岁数大、能力有限,但仍在公司中担任很重要的经营职位。

1997年1月10日,W公司召开了一年一度的经营会议。通常,经营会议的主要活动是颁奖和会后的盛大聚餐。今年与以往略有不同。在颁奖完毕后,张总经理起立向大家着重地宣布了两件事:第一,国内某大公司最近和W公司建立了密切合作关系,将共同携手创造美好的未来;第二,出现在张总经理座位旁的一位生面孔——范先生将要担任W公司的常务副总经理,负责公司的全盘经营责任。张总经理接着强调了范先生的高学历背景以及过去在企业界担任"专业管理人士"的丰富经验。张总经理号召大家在今后的工作中全力支持范副总经理。几天以后,在一个非正式的场合里,范副总经理和几位部门经理广泛地交流了意见。他首先表示他对W公司过去成就的敬意,但他强调指出,"贯彻能力主义,排除万难,追求胜利"是他的一贯作风,过去他在其他企业的成就就是凭借这种精神干出来的。过了一年,范副总经理虽然在W公司的经营业绩不错,但却不得不主动辞职。

问题:试分析范副总经理辞职的原因。

分析:范副总经理的作风与这家民营企业的文化格格不入,说明他上任之前没有全面地分析这家民营企业的特点,所以得不到企业员工的支持。

提示:做事之前应该先做到对这件事情进行全面而深入的分析,分析问题的特点,做到有的放矢,如果不了解实际情况直接采取措施,往往将事倍功半甚至是失败。

(资料来源:百度网)

基础知识

世间万物都是因果关系的结合,没有无因的果,任何事情的发生都是有原因的,所以,我们在面对问题、矛盾的时候,一定要深入分析事情背后的原因,不能被事物的表面现象所迷惑,这样才能对症下药,真正解决问题。

不知言,无以知人。——孔子《论语·尧曰》

物有本末,事有终始。——戴圣《礼记·大学》

以目而视,得形之粗者也;以智而视,得形之微者也。——刘禹锡《天论中》

察消长之往来,辨利害于疑似。——苏轼《谢宣谕札子》

光有奋斗精神是不够的,还需要脚踏实地一步一步地去做。要先分析自己的现状,分析自己现在处于什么位置,到底具备什么样的能力,这也是一种科学精神。——俞敏洪现代社会中，问题无时无处不在，每个问题都有着自己的始末，因而要注意追根溯源，深入分析问题，弄清事情的来龙去脉，以便找到正确解决问题的钥匙，开启解决问题之门。

一、分析问题的内涵

（一）分析的内涵

分析就是将特定认识对象分为各个部分、方面和层次，并对各个因素分别进行细致深入解析的思维认知活动。分析问题产生的深层次原因，找到解决问题的正确方法。分析是一种科学的思维活动，要在掌握大量经验材料的基础上，从表面现象入手进行深度分析，经过"去粗取精、去伪存真、由此及彼、由表及里"，从对事物的感性认识上升为理性认识，揭示事物的本质规律。

1. 人是分析的主体

分析包括分析主体与客体。人是具有知、情、意的高级动物，是分析的主体。人在自身主观意识的指导下，按照既定的认识目标和方案，主动地去分析客观事物，运用一系列的分析方法，把事物按照一定的标准分解为各个因素来看，经过理性思维加工，深入事物的内部，揭示事物的本质规律，解析出事物发展变化的根本原因，找到解决问题的正确方法。分析客体包括客观世界中的一切事物，也包括分析主体自身。

人作为分析的主体，自身的主观意识指挥着分析行为的发生、发展和结束，分析行为是认识目标实现的途径，分析的过程是对分析行为之前选择的分析方法的具体运用与实践检验，是问题顺利解决的必经环节。离开了主体的人，分析活动就会失去思维载体，分析活动将无法正常进行。

2. 分析主体的主观意识指挥着分析的发展变化

伴随着实践的发展和分析活动的不断深入，当分析主体感知到阶段性的分析成果时，在充实自身分析经验的同时，还会发出调整分析行为的指令，使分析行为更加理性并更具效率性，主体的分析能力将获得一定的提升。当分析主体意识到按照认识计划，阶段性的分析目标已经实现之后，就会发出进入更深层次分析的指令，使分析活动不断向前发展。

3. 分析主体的主观意识指挥着分析行为的结束

随着主体分析的不断深入和分析预期目标的全部实现，大脑思维组织通过对感知组织获得的全部知识的分析处理，发现已经找到了问题产生的根本原因，揭示出了事物的本质，分析主体主观上就会发出停止分析行为的意向和命令。这样，在分析主体主观意识指挥下的分析行为就结束了。例如，一个人通过全面深入的分析，知道自己考试失败的原因了，这项分析任务就结束了，这是在他的主观意识指导之下的行为。

4. 分析是主体揭示客体本质规律的思维活动

主体在分析客体的过程中，会收集、整理客体的相关资料，了解客体的各个方面，尽可能地全面掌握客体的相关情况，经过分析主体的思维加工，从感性认识上升为理性认识，这时分析客体对象的本质规律便被揭示出来了。分析主体通过对客体的分析和处理，会发现问题产生的根本原因，并寻求解决问题的方式、方法，这也是揭示客体本质规律的过程。

规律的发现是分析主体主动行为的结果，同时客体对分析主体的刺激只有在主体对客体感兴趣的情况下才能发挥作用，再经过一系列的思维加工过程，才能揭示事物发展的本质规律。例如，一个小孩对学习奥数一点兴趣都没有，甚至一听奥数两个字就反感，这时家长再怎么逼迫孩子学奥数都没有意义，因为外在的刺激只有在分析主体对它关注、有兴趣的条件下才能发挥作用。

（二）分析能力

分析能力是指将问题整体分解为各个部分，并对问题的各个部分和不同的特征进行深入细致的分析与比较，对问题的各个部分进行选择性的取舍，通过理性思维对问题的前因后果进行分析的能力等。分析能力受到遗传因素的影响，但后天的思维训练对分析能力的强弱也有很大的影响。面对同一个难题，分析能力较强的人往往能轻而易举地解决，而分析能力较差的人一般经过反复思索也不得其解，不知如何应对。

（三）分析问题的条件

1. 拥有分析问题的意向

在社会生活过程中，人们都会遇到一些问题，这些问题既有自然科学方面的，也有社会实践和心理方面的，如果我们想有效地解决这些问题，我们首先要拥有分析问题的意向，即对发生的问题进行科学的理论分析，做出正确合理的决策，采取有效的措施。拥有分析问题的意向和决策，我们才不会毫无章法地分析问题，我们才能对问题有更好、更有效的分析。

2. 拥有足够的、能反映问题全貌的真实信息

在我们分析问题时，一方面，一定要掌握关于问题的丰富信息、了解问题的基本情况，这样才能进一步解决所发生的问题；另一方面，掌握的信息内容一定要真实、准确，由于我们获取的信息渠道各有不同，一定要对接收的信息进行核查、验证，以保证信息的可靠性、可利用性，以至于对发生的问题更好地剖析。

3. 拥有扎实的基本理论知识

在分析问题时，必须拥有扎实的基本理论，因为只有具备了这个条件，我们才有能力对问题进行全面、深入的分析，掌握基本理论在我们分析问题时拥有决定性作用。但是，随着社会的进步、科学技术的发展，我们面对的问题也是多种多样、复杂多变的，所以需要我们掌握多方面的理论知识，把我们自身拥有的理论知识进行整理、融合，才会更好地分析发生的问题。

4. 拥有一定的实践经验

在分析问题时，具有一定的实践经验是必不可少的条件之一，在社会实践中我们可以见识许多，学到许多。事态是瞬息万变的，我们不应只识记基本理论，实践经验也是不可或缺的。书本上的知识和理论，是对前人知识的总结和升华，放在当前可能会有局限性，而实践经验是从书本上无法学到的。基本理论是我们分析问题的基础，拥有的实践经验是我们分析问题的辅助基础，两者相辅相成，才能全面、高效地把问题分析好。

（四）分析问题的步骤

1. 发现问题

善于发现问题，就要仔细观察身边发生的各种现象，因为现象是发现问题的先导。要做一个热爱生活、勤于观察、乐于观察的人，仔细留意发生在身边的各种现象，从现象入手发现问题。

2. 收集发生问题的相关信息

要想正确地分析问题,就要尽可能收集和该问题相关的资料,全面了解问题的背景及来龙去脉。在收集的大量感性资料的基础上进行理性思维加工,去伪存真,还原事物的本来面目。

3. 分析问题发生的过程

问题的发生是有着一定过程的,过程中的每一个环节对问题都有着这样或那样的影响,对问题变化的每一个环节进行逐一分解、深入剖析,这将有利于问题的顺利解决。

4. 估计判断问题发生的原因

掌握了问题发生的相关资料,了解了问题产生的过程,知道了问题产生的来龙去脉,结合自身的知识储备和以往的实践经验,经过理性思维,判断问题产生的真正原因。

5. 确定采取解决问题的措施

一把钥匙开一把锁,每个问题都有一个对应的最适合有效的解决方法,要在多个方法当中选择最优的方式,即根据问题产生的本质原因确定解决该问题的具体方法。

6. 验证问题分析的结果

实践是检验真理的唯一标准,问题分析完之后,要通过实践对问题分析和正确与否、是否采用了最有效的问题分析方法进行检验,对问题分析的结果进行验证。

(五)分析问题的方法

1. 因素分析法

一个问题的产生往往是由多种内外因素引起的,此时就应该从引起问题的内因和外因两个方面来分析问题,内因包括个体的主观努力程度、方式方法、知识和实践经验等,外因包括家庭因素、社会因素、教育因素、自然因素,分析找出能引发该问题的真正因素。

2. 过程分析法

问题的出现有着它的产生和发展的过程,过程分析法就是对问题产生的整个过程进行梳理,对问题变化的每一个阶段进行逐一分析,分析问题产生的质变环节。

3. 原理分析法

某些现象的发生是有着一定的原理在背后的,例如,苹果从树上掉落会朝着地面的方向,而不会飞向天空,原因是因为地球是有引力的,也就是牛顿发现的万有引力定律,所以事情发生之后要学会分析它产生的真正原理是什么。

4. 对比分析法

对比分析法也叫比较分析法,是通过将实际发生的事情与理想条件下事情的状态进行对比,来揭示实际情况与理想情况之间的差异,借以了解事情结果和存在问题的一种分析方法。

5. 综合分析法

综合分析法是指根据事情发生的具体情况综合运用以上两种或两种以上的分析方法。

(六)分析问题的注意事项

1. 只停留在表面现象,不做深入分析

某个问题出现时,如果仅从问题的表面来看,没有深入地了解,就作出判断并妄下结论,采取措施,很快就会发现问题并不是让人看见的原因那么简单,从问题的表面现象出发,问题不一定能被解决。因为能引发某种问题的因素往往有很多种，有些原因是显而易见的，通过简单观察就能做出判断，有些原因则需要运用多种分析方法将问题分解为多个方面进行系统分析，在理清每个要素之间的相互关系之前，不能轻易做出判断。

2. 只看局部，以偏概全

整体由部分组成，众多的部分构成整体，整体居于主导地位，统率着局部，整体和部分密不可分，为此我们要树立全局观念，立足全局。局部是全局的部分，不能代表整体，单一的局部分析，只见树木、不见森林是片面的，是以偏概全。对待问题我们应该全面调查，综合分析，最终得到一个严谨的结论。而看问题只从某个角度出发，没有全方位考虑问题就得出结论，这种对待问题的方式很难发现问题的本质，有时甚至得出和问题的本质相反的结果，结果缺少真实性、准确性以及说服力。同时，这种看问题的方式是完全不值得赞同的，会将我们的思维引向错误的方向，只有分析得全面，才能认识得深透。

3. 知识经验不足，思维僵化

在寻找问题的原因时，由于自身的学识与知识经验的不足，导致思维局限，对待问题，思维方式的不开放、不创新，思想僵化、呆板，将使人们对任务的完成度不高，绩效低。针对这一情况，我们在加强各类知识的学习和实践经验积累的同时，还要敢于突破思维定式，学会利用发散思维，综合运用多种分析方法对问题进行全方位、多角度的分析。

所掌握的知识经验越少，越容易形成僵化思维，看问题会有局限性，当听到对某事情的不同理解或认识的时候，就会用自己固有的思维角度去思考，只有通过不断的社会实践与知识学习，努力完善自身，才有可能克服这一问题。有时问题的答案并不唯一，想要得到更多更好的答案，就要对生活抱有热情，用一颗求知的心去看待问题，多联想、多思考，努力摆脱僵化思维，迸发出不一样的想法。

二、正确分析自我

（一）充分认识自我

人生是一个不断变化发展的过程，随着时间的流逝，我们的思想也在不断地改变，这就需要我们对自己进行不断的分析和审视，需要我们在生活中不断地探索和反思。应该充分地认识自我，分析自己的性格，了解自己的脾气秉性，掌握自己的情绪，分析自己的特长和缺点，并且准确评估自己的能力。通过分析自我，给自己一个明确的定位。

（二）明确自身的优缺点

要通过客观的分析，明确自己的优点和缺点，优点我们要继续保持，缺点我们要在实践中不断改正，并且要正视自身的不足，用全面发展的眼光看待自己。同时，我们也可通过他人对自己的描述来分析了解自己，对待他人的建议态度要诚恳，尊重他人对自己的评价，并将他人对自己的建议进行客观的分析，不能盲从，也不能忽视，要根据自己的生活阅历和理性的分析去辨别。

（三）确立积极的人生目标

要想树立正确的人生目标，首先要正确地认识分析自己，分析自己的兴趣爱好，根据自己的兴趣和能力设置不同阶段的人生目标，并且不断努力充实自己，在实现人生目标的实践中不断地认清自己、完善自己，以倒推的方式来确立每个阶段要完成的任务，最终实现人生总目标。

三、分析自我的意义

（一）提高自我觉察能力

分析自我是对自己进行深入、细致、理性的分析，可以使我们深化对自己的认识，提升自我觉察能力。通过分析自己的性格、气质、兴趣特点，准确评估自己的能力水平，提高自我认知能力。

（二）提升自我调节与控制能力

我们必须用发展的眼光看待自己，正确分析自我，及时发现自己的问题，并且通过自己的努力，弥补自身的不足，改正自己的缺点。通过学习充实完善自己，同时不断从社会实践中吸取经验，改善我们的人际交往、社会关系，获得更多的社会资源，从而提升自我的调节与控制能力。

（三）清晰定位人生方向

随着年龄的增长，丰富的实践经验会使我们不断更新、完善对自己的认识，人生目标也会越来越清晰。随着思想的进一步成熟，会更加理性地分析自己、理解自己，找准人生方向，并最大限度地开发和挖掘自己的潜力，做自己人生的主人。

案例链接

知识拓展

能力训练

1. 练习分析问题的能力。
2. 练习用科学的方法分析问题。
3. 掌握分析问题的注意事项，全面科学地分析自己。

第三节 解决问题

> **情境模拟**

6S是海尔本部实行多年的"日事日毕、日清日高"管理办法的主要内容。在海尔美国南卡工厂，6S班前会同样每天都必须召集一次。

2001年的圣诞夜，在一个美国人的欢庆聚会上，会场正中却悬挂着一面鲜艳的五星红旗。缝制这面红旗的是海尔南卡罗莱纳工厂的员工丹尼。他对采访的记者说："我们今天晚上的活动很特别。因为海尔是一个中国公司，我想找点有代表性的东西表达我的心情。所以就搬出大百科全书看中国国旗到底什么样。我找到一个我认识的女士，请她为我做了这面旗子。这面旗子太能代表中国啦。"

这个故事也太能代表海尔美国南卡工厂员工对中国、对海尔的认同了。海尔首席执行官张瑞敏开发海外市场的观念是：要让当地人接受你的产品，首先要让他们认同你的人和你的文化，让海尔文化本土化。

海尔在美国的工厂位于南卡罗莱纳州，占地600亩，是海尔目前最大的海外生产基地。这个工厂看起来完全是一个美国的企业。所有的员工除了总部派去的总经理和两名技术人员之外，都是美国人。工厂的管理虽然体现的是美国企业的风格，但也融入了一系列独特的海尔管理模式。

海尔集团在十几年快速发展中，铸造了独具特色的企业文化。作为企业的灵魂，生机勃勃、创新不止的海尔文化，成为海尔人创造奇迹的强大动力。到海外建厂，海尔人同样不会丢掉自己的灵魂。但文化背景不同，海尔文化移植到美国，移植到欧洲，会不会"水土不服"？

海尔美国南卡工厂总裁张金民介绍说，海尔文化在美国是行得通的，比如追求效率、效益和利益的管理核心是相同的。海尔文化的一个核心是以人为本，注重员工的个性化需求，从这个角度讲，管理美国人和管理中国人是相同的。但海尔文化也不能照搬照抄，也要根据不同的情况适当做一些措施上的变革。

海尔美国南卡工厂的员工喜欢一边听收音机、一边工作。于是，海尔管理人员遇到了如何用企业文化整合这支队伍的难题。

海尔集团有一种优胜劣汰的制度，每个月对员工都会有优劣的考评。最初海尔美洲事业部部长习云峰跟迈克讲这个问题的时候，迈克觉得这非常可笑，因为员工会觉得这是对他的一种侮辱。于是，他们变换一种做法，把评劣的那部分去掉，先从评最优开始。

这是海尔美国南卡工厂的6S班前会一个片段——

一管理人员说："按照6S的要求，我们每天要对现场进行清理。做得比较出色的，今天我们把她请出来，希望大家能够按照她的方式，严格处理自己的工作现场。"

一位女工走出队列，站到了两个大脚印上，说："今天站到这个地方，我非常激动。我注意保持安全、卫生、质量，在这方面我尽了最大的努力。对我的表扬是工厂对我的工作的认可。我非常高兴。在今后的日子里，我会继续努力，为海尔贡献我的力量。"

像这样的6S班前会在所有海尔海外工厂每天都必须召集一次，工作表现优异的员工要站在6S大脚印前面向同事们介绍经验。

6S 是整理、整顿、清扫、清洁、素养、安全 6 项工作的头一个字母。6S 是海尔本部实行多年的"日事日毕、日清日高"管理办法的主要内容。每天工作表现不佳的员工要站在 6S 大脚印上反省自己的不足，海尔称这种做法叫"负激励"。

这样一套在海尔本部行之有效的办法在美国却遇到了法律和文化上的困难，美国的员工根本不愿意站在什么大脚印上充当"反面教员"。6S 班前会这种富有特色的海尔管理方法在漂洋过海后开始了它的本土化过程。"负激励"变成了"正激励"，争强好胜的欧美员工，很乐意站在大脚印上介绍自己的工作经验。当站在大脚印上的演讲者越来越多后，车间里的烟卷和收音机也逐渐消失了踪影。

6S 班前会的欧美做法很快又传回了海尔本部。现在每天站在青岛 6S 脚印上的也是表现优异的员工。

海尔美国南卡工厂的总经理艾伦举了这样一个例子来说明如何解决类似 6S 的冲突："在海尔的企业管理中，中国的企业喜欢用哭脸和笑脸来代表工作表现，这在美国是不适宜的。于是我们在美国的工厂里发明了黑熊和粉猪，来代表不同的工作情况，很多美国工人都乐意接受这种方式。"

海尔文化的主要内容就这样经过了移植、改造、再移植、再改造的过程，在不同文化的熔炉中，其内涵得到了极大的丰富。在经历了一段时间的磨合之后，海尔文化得到了当地人的认可。海尔的海外员工现在都很乐意遵循海尔文化提供的行为准则。比如，员工创造了一种创新的工作方式，便以员工名字命名；车间里设有意见箱，员工可以把意见和建议随时写出来放进意见箱里去；甚至海尔本部员工用漫画、标语等表达意见的习惯，也得到了海尔海外员工的喜爱。走进南卡工厂宽敞明亮的车间，使人感受到的是浓郁的海尔文化氛围，海尔旗同星条旗庄重地并挂在车间上方，生动的海尔文化"EXCELLENT PEOPLE PRODUCE EXCELLENT PRODUCTS"（优秀的产品是优秀的人干的）、"CUSTOMER IS ALWAYS RIGHT"（用户永远是对的）等标语既醒目又激人奋进，而这些译文，恰恰是美国海尔员工对海尔文化理解后用自己的语言表达出来的。

海尔还力图将东方人特有的人情味和亲和力融入企业的管理中。如果员工过生日，管理人员就会送上鲜花和贺卡。员工因为表现突出而受到奖励，他们全家人的照片都会挂到车间的墙上。哪一位员工生病，管理人员都会带上礼物去医院探望。感恩节前，公司发给每个员工一只火鸡，这让员工非常感动。

海尔用东方人特有的人情味和亲和力，打破了不同民族和语言的障碍。海尔文化在最细微处得到了融合。张瑞敏在视察完美国南卡工厂离开时，南卡的美国员工在送给张瑞敏的贺卡上写着："中国海尔和美国海尔是一家人，我们共同关怀和照顾这个海尔大家庭。"

问题：海尔在美国设立分公司的管理制度开始时为什么得不到美国员工的认可？后来又为什么得到了认可？

分析：中国与美国存在着很大的文化差异，6S 大脚印在中国的实行方式在美国得不到美国员工的认可，于是海尔改变制度，6S 大脚印不再是一种对员工的"惩罚"制度，而变成了一种自省的方式，从而让美国员工听从安排，使制度得到了认可。

提示：从发现问题到解决问题，是一个发现错误的过程，也是一个自我提高的过程，海尔从解决问题中寻求提高，海尔这种对待问题的态度，奠定了海尔走出国门、走向世界的基础。

（资料来源：人民网）

基础知识

大千世界纷繁复杂，问题层出不穷，出现问题，我们就要想办法去解决，人类社会就是在解决问题的过程中得到不断的发展与进步的。

在今天和明天之间，有一段很长的时间；趁你还有精神的时候，学习迅速办事。

——歌德

苦难对于人生是一块垫脚石……对于能干的人是一笔财富，对于弱者是个万丈深渊。自满、自高自大和轻信，是人生的三大暗礁。

——巴尔扎克

不解决桥和船的问题，过河就是一句空话。——毛泽东

世界上使社会变得伟大的人，正是那些有勇气在生活中尝试和解决人生新问题的人！

——泰戈尔

人类面临三大问题，顺序错不得。先要解决人和物之间的问题，接下来要解决人和人之间的问题，最后一定要解决人和自己内心之间的问题。——梁漱溟

从某个角度讲，思维的价值，主要体现在解决问题上。一个人是否能够成功，体现在是否能面对和解决问题上。无论你是大学生，还是职场中人士，解决问题的能力都是你必须拥有的基本能力。在不断地解决问题中，人的能力得到不断的发展，人类社会取得不断的进步。

一、解决问题的内涵及特点

（一）解决问题的内涵

解决问题是由一定的情境引发的，是指在个体主观意识的指导下，按照一定的既定目标，综合分析相关背景资料，运用各种解决问题的方法，经过一系列的思维操作，使问题得以解决的过程。例如，爱迪生发明灯泡的故事，故事中关于灯泡的相关已知条件和最终想要达到的结果构成了解决问题的情境，而要达到最终的结果，必须应用已知的条件进行一系列的认知操作，操作成功，问题便得到解决。爱迪生在实验室里面不断地进行各种材料的试验，经过了很多次的失败，最终发现钨丝是做灯泡的绝佳材料，发出的光线十分明亮，又不易烧断，适合长期使用。

（二）解决问题的特点

1. 问题情境性

我们生活中经常会出现问题情境，这种问题情境让我们感到困惑又不能用经验直接解决。问题总是由相应的情境引起的，这种外在的情境性会引发我们对问题进行思索的兴趣，同时运用各种思维策略，采取各种措施去脱离这种情境。解决问题的过程就是问题情境消失的过程。当一个问题解决之后，再遇到同类情境时，我们就不会再感到困惑。

2. 目标指引性

问题的解决是在一定的目标的指引下进行的，通过问题的解决达到相应的目标。简单的问题有时通过直觉与猜测即可解决，复杂的问题则需经过深入细致的分析与推理，还可以通过联想与想象等思维过程加以解决，但所有问题的解决都是在一定目标的指引下进行的。

3. 操作顺序性

解决问题是由一系列心理操作相互配合完成的，这种操作是有顺序系统性的操作。顺序

一旦出现错误，问题就无法顺利解决。当然，采用不同的方法和途径解决同一问题时会呈现出不同的顺序。

4. 认知参与性

解决问题的过程中离不开认知活动的参与。解决问题是人的知、情、意一同参与的过程。其中认知成分在问题的解决中占有非常重要的位置，可以说是解决问题的前提条件，离开正确认知的参与，问题将无法解决。

二、解决问题的条件及步骤

（一）解决问题的条件

1. 主观解决问题的意向

在日常生活中，我们会遇到许多问题，在问题出现时我们要有主观上希望解决问题的意向，有积极的心态，带着足够的热情去解决。同时我们也要有努力钻研的精神，查阅关于问题的相关资料，收集相关素材，把收集到的信息进行整理加工，并进行认真严谨的分析，找到解决问题的突破点，这样我们才能更顺利地把问题解决好。

2. 质量兼具并能反映问题全貌的信息

在我们解决问题时，我们会收集到关于问题的一些信息，这些信息既要有质也要有量。质是对于获取的信息要保证其真实性、可靠性，量是要收集到关于问题的大量信息，通过信息的资源整合，能更全面、更直接地反映问题的本质，这样我们才能更好地解决问题。

3. 扎实的基本理论知识

问题的顺利解决，拥有扎实的基本理论知识是必不可少的条件之一。因为在解决问题的过程中需要相关的知识来帮助我们进行问题的分析，需要一些科学有效的方法来帮助我们进行问题的解决。自身拥有的理论知识越丰富，对问题的分析就会越透彻，而正确地分析问题又是顺利地解决问题的前提，所以问题就越容易解决。但是，随着社会发展的越发多元化，科学技术发展水平的不断提高，新问题、复杂问题的层出不穷，如果一味地不假思考地用我们以往的理论知识去解决问题，难免会犯教条主义的错误，这就需要我们不断地与时俱进，掌握多方面的理论知识来应对，这样我们才能把问题解决好。

4. 一定的实践经验

在解决问题时，一定的实践经验是帮助我们解决问题不可或缺的重要因素，因为理论知识更多的是帮助我们有效地分析问题，但解决问题是一个实际操作的过程，离不开实践经验的指导。在社会实践中能开阔我们的眼界，增加解决问题的思路。世界上的事物是处在不断的发展变化之中的，如果我们总是用以往的经验来生搬硬套，将会犯经验主义错误，不利于问题的顺利解决。所以，我们要多参加社会实践，增强实践能力，在遇到问题时要能更灵活地应对，做到具体问题具体分析，也能让我们更好、更高效地解决问题。

（二）解决问题的步骤

1. 发现问题

为了善于发现问题，我们就要仔细观察身边发生的各种现象，因为现象是发现问题的先导。要做一个热爱生活、乐于观察、勤于思考的人，仔细留意发生在我们身边的各种现象，从现象入手去发现问题。

2. 分析问题

要想正确地解决问题，就要综合运用各种分析方法将问题分解为各个部分，全面分析问题的来龙去脉，明确问题的主要矛盾。在收集的大量感性资料的基础上进行理性思维加工，去伪存真，还原事物的本来面目。

3. 提出假设

在全面分析该问题的基础上，提出解决该问题的假设，即可采用的解决方案。一个问题的解决方式有时并不是单一的，而是有多种方法，这时我们可以通过比较的方式选出最佳的解决方案。

4. 检验假设

实践是检验真理的唯一标准，假设只是对问题提出一种可能的解决方案，问题最终是否能被解决，还得放在实践中去接受检验。通过实践的检验，如果获得了预期的效果，可以继续进行；如果未获得预期结果，则还需再提出假设并进行检验，直至达到预期效果，解决问题的任务才算完成。

三、解决问题中的注意事项

（一）一切从实际出发，理论联系实际

解决问题要从客观实际出发，考虑问题、办事情要尊重物质运动的客观规律，以事实为出发点，这就要求我们在解决问题的过程中，做到主观符合客观，要根据客观事实来决定我们的行动，并在实践中将我们的理论知识与客观实际相结合，不断分析问题、解决问题。同时，在解决问题之前还要开展全面深入的调查研究，具体问题具体分析，全面认识客观实际，并且把握事情发展的方向及变动，从而掌握实时的真实情况。然后，根据客观存在的真相去思考解决办法，充分发挥我们的主观能动性，提出我们的意见，坚持以联系的、全面的、发展的观点看问题，最终将问题顺利解决。

（二）立足整体，认真分析

整体在事物中居于主导地位，统率着部分，具有部分不具备的功能，我们在看问题时要树立全局观念，立足整体，统筹全局。分析问题的方法多种多样，我们要立足整体加以分析，站在全局的高度分析问题的不同空间分布，了解它的各个组成部分，并且认真分析问题发展的各个阶段，把复杂的问题简单化，变整体为部分，化难为易，实现整体的最优目标。

（三）端正态度，平和心态

人生的道路曲折漫长，我们会遇到许许多多的困难，无论怎样，我们都要相信前途是光明的。树立正确的挫折观，不断学习充实自己，直视人生中的各种挑战。世间的一切都是相对，顺境与逆境会随着自身的选择而不断改变。对待逆境，我们要端正态度，积极面对，寻求正确的解决方法，不断地挑战自我、战胜自我。挫折既是一种不良的境遇，也是一股能激发人潜力的力量，它可以增强人的斗志，催人进取，激发创造力，磨炼人的性格和意志。挫折也会在一定程度上催人冷静，让人进行反思。面对困难，良好的心理品质也必不可少。良好的心理品质会使人在面对挫折时迸发出不一样的力量，也会增强人们对挫折的耐受性，让人们冷静面对，理性思考，善于化压力为动力，保持积极、乐观的生活态度。我们要能容忍挫折，学会自我宽慰，心怀坦荡、情绪乐观、发奋图强、满怀信心去争取成功。

四、提高解决问题能力的途径

（一）充实自身的知识储备

解决问题能力的形成离不开后天的学习，强大的办事能力离不开日积月累的知识沉淀。日常生活中，我们要加强对各种理论知识的学习，树立终身学习的目标，根据自己的目标和兴趣，学习自己想学也需要学习的内容，扩充自己的知识量，完善自己的知识结构，提升自己解决问题的能力。

（二）积极参与社会实践锻炼

知识来源于实践，实践出真知，解决问题能力的形成也离不开后天的实践锻炼。青年大学生是社会实践的中坚力量，通过参加社会实践活动，体验社会、了解社会、了解国情，可以丰富在校大学生的社会阅历，更好地把自身所学的理论知识和社会实践相结合，提高知识的实际运用能力。同时，通过实践经历，大学生可以开阔视野、增长见识、积累经验，从而在实践中锻炼自己，不断完善自己，调整自己的处事方法，树立正确的问题观，增强解决问题的能力，正确进行自我定位和合理的职业生涯规划。

五、解决问题能力对于人生发展的意义

（一）实现自我价值

实现自我价值是每一个人的人生追求，要实现自我价值，就必须学会面对各种问题、解决各种问题，融入社会。在实践中遇到形形色色的问题，利用我们的聪明才智去解决它，从而实现自己的价值。同时，我们要树立正确的人生价值观，保持健康向上的精神状态和奋斗精神，把握方向，积极创新，坚持不懈地在奋斗过程中实现人生的价值。

（二）为社会贡献力量

衡量人生社会价值的标准是个体对他人和社会所作的贡献，而个人在实现社会价值的过程中并不是一路坦途的，会遇到很多问题，这就需要我们不断提高解决问题的能力。面对困难我们要有坚定的信念和意志，碰到挫折时我们要调整好心态，面对困难不退缩，以坚韧不拔的毅力，不断超越自我，奉献自我，把问题解决好，为社会的发展贡献一分力量。

案例链接

知识拓展

能力训练

1. 练习解决问题的能力。
2. 练习用马克思主义的实践论解决问题。
3. 学会解决问题的方法，掌握全面认识自我的方法，比如，用笔在纸上写下自己的优缺点，分析自己的长处与短处。

解决问题的8种职业能力　　如何解决问题——发现和分析问题的七个步骤

第九单元

实践执行素养

知识目标

1. 理解实践执行素养的深刻内涵。
2. 掌握实践执行素养的主要内容。
3. 认识增强实践执行能力的重要意义。
4. 掌握提高实践执行素养的途径和方法。

能力目标

1. 树立提升实践执行素养的科学意识。
2. 改善思维模式，在实践中不断培养实践执行素养。
3. 增强实践执行能力，提高工作效率。

第一节 信守承诺

情景模拟

"新年不欠旧年薪，今生不欠来生债。"这是孙东林、孙水林兄弟共同的做事准则。20余年来，两兄弟从不拖欠农民工工资。

2010年2月10日，在北京当包工头的哥哥孙水林为赶在年前把工钱发到农民工手上，不顾风雪，提前返乡，途中遭遇车祸，一家五口身亡，在天津的弟弟孙东林为了完成哥哥的遗愿，他来不及处理哥哥的身后事，连续驱车15个小时返乡代兄为农民工发放工资。钱不够，他从自己的账户上取了6.6万元，仍然不够时，孙东林70多岁的母亲甚至把自己的1万多元养老钱拿了出来，终于赶在年前将33.6万元工钱一分不少地送到60余位农民工的手里。

有了这样的举动以后，两兄弟的工友这样说："信义哥哥走了，明年，我们还要跟着信义弟弟一起干！"2011年两兄弟当选为2012年度感动中国人物，被人们亲切地称为"信义兄弟"。

信义兄弟做出了什么承诺？为实现承诺，信义兄弟付出了什么？信义兄弟为什么要这么做？

基础知识

什么是承诺？承诺首先是一种诚信、一种品德。做人之根本在于诚信，做事之根本在于承诺，承诺就是一份担当，是一份责任。敢于承诺的人是一个勇敢的人，履行承诺的人是一个负责你的人，有承诺并践行承诺的人是一个令人尊敬的人。承诺精神体现在工作和生活中的任何方面。员工要对老板有承诺，并坚守承诺；企业要对客户有承诺，并坚守承诺……在人际关系中，有承诺的人往往朋友比较多；在企业中，有承诺的人往往升职比较快；在商业关系中，有承诺的人往往业绩比较好。有承诺的人或许付出的比较多，但是他收获的也会比较多。

一、信守承诺是做人的根本

坚守承诺是做人的根本，是成为卓越员工的关键，如果一个人不能坚守承诺，一切都等于零。任何承诺都是严肃的，它不仅是一种对对方的约定，也是人格的标签。有承诺必兑现的人必定有优秀的品质、伟大的人格，当然，这样的人也就会具有领导力和影响力，因而也能成就一番伟大的事业。

百事可乐的总裁卡尔·威勒欧普到科罗拉多大学演讲的时候，有一个名叫杰夫的商人通过演讲会的主办者约卡尔见面谈一谈。卡尔答应了，但只能在演讲完后，而且只有15分钟的时间。

卡尔答应了，于是，杰夫就在大学礼堂的外面坐等。

卡尔兴致勃勃地开始为大学生们演讲，讲他的创业史，讲商业成功必须遵循的原则，不知不觉中时间已超过了与杰夫约定的见面时间，他已忘记了与杰夫的约定。

正当卡尔兴致很高地演讲时，他发现一个人从礼堂外推门，径直朝讲台上走来。那人一直走到他的面前，一言不发，放下一张名片后转身离去。卡尔拿起名片一看，背面写着："您与杰夫·荷伊在下午两点半有约在先。"

卡尔猛然省悟。一边是需要他说服并且灌输百事可乐思想的大学生们，他们是他企业发展的目标甚至是动力；而另一边只是一个名不见经传、向他请教的商人。卡尔没有犹豫，他对大学生们说："谢谢大家来听我的讲演，本来我还想和大家继续探讨一些问题的，但我有一个约会，而且现在已经迟到了。迟到已经是对别人的不礼貌，我不能再失约，所以请大家原谅，并祝大家好运。"

在雷鸣般的掌声中，卡尔快步走出礼堂，他在外面找到了正在等他的杰夫，向他致歉后，便又滔滔不绝地告诉了杰夫想要知道的一切。结果，他们一直交谈了30分钟，大大超出原来定好的15分钟。

后来，杰夫成了一名成功的商人，他把这一段经历告诉了他的朋友。他的朋友们都对百事可乐产生了信任，并决定经销和宣传百事可乐。

卡尔的百事可乐之所以成功，就在于他对每一件小事都特别认真，尤其是对自己的诺言。从他对待一个微不足道的商人的态度，就可看到他的不同寻常的伟大之处，这也是他成功的秘诀之一。

一个人许下诺言容易，它往往不用费力气，但要履行自己的诺言，却要比许诺时难上一千倍，只有那些遵守诺言的人，才会受到人们的尊重。

俗话说：一诺千金，而对博白县旧门村村民李异宏来说，他的承诺价值 28 757 元，再加上一家人 20 余年的汗水、泪水和生命光阴。

1989 年，因做芒编生意失手，李异宏欠下 400 余名远近村民的加工费，无力偿还。当时，在村里小有威信的他，已经做了 9 年的芒编收购人，具体工作就是从老板手里领取材料发给村民编织工艺品，再收集成品交回。老板给的加工费为每件 5 角钱，他可从中得到 3 分钱。可没想到，他去找老板结算手工费时，却被对方以出售芒编亏本为由赶了出来。

空手而归的李异宏还来不及擦干眼泪，便被蜂拥而来索要加工费的村民围住了。村民的加工费总计 28 757 元。

他挨家挨户地拍胸脯保证："你放心，只要我还有一口气，这钱我一定还。"为了信守这一承诺，他选择了最为艰苦的砍柴还债之路。李异宏与妻子白天砍柴打草，晚上做木工、扎扫把。很多人觉得李异宏完全不应该选择砍柴还债，他完全可以外出打工赚钱，打工赚钱的速度应该远比砍柴赚钱的速度快。"我也曾想过要外出打工来还债，可我一走，债主就会担心，以为我躲债去了，为了让他们放心，最后我还是打消了这个念头。"李异宏说。

毕竟都是乡里乡亲的，大家都有感于李异宏的真诚和诚信，当时便有人表示"算了"，也有人表示只要整数不收零头，可是李异宏坚决不让，一定要将一分一角钱还得清清楚楚，他说，这样才安心。于是，李异宏就走向了 20 年的砍柴还钱之路。

当李异宏将最后一笔款 800 元钱交到妹妹李惠娟手中的那一刻，他突然感到一阵从未有过的轻松，还完这笔债，他就基本没有压力了。人们再谈起他时，无不竖起大拇指，夸他是条汉子，重情义守信诺。

二、在承诺面前没有任何借口

在美国西点军校，有一个广为传诵的悠久传统，学员遇到军官问话时，只能有四种回答："报告长官，是。""报告长官，不是。""报告长官，不知道。""报告长官，没有任何借口。"除此之外，不能多说一个字。"没有任何借口"是美国西点军校两百年来奉行的最重要的行为准则，它强化的是每一位学员想尽办法去完成任何一项任务，而不是为没有完成任务寻找借口，哪怕是看似合理的借口。秉承这一理念，无数西点毕业生在人生的各个领域取得了非凡成就。

对于就职于同一公司的员工来说，为什么做着同样的工作，有的人扶摇直上，有的人却每况愈下、生活越发窘迫呢？其实，任何一件事情的发生都有其原因和结果，得到升迁的员工，一定做了与别人不一样的事情。优秀的员工永远是找方法，只有普通的员工才找借口。

美国巴顿将军说："要想打胜仗，我必须挑选不找任何借口去完成任务的人。"同样，要想成就一番事业，我们必须挑选不找任何借口去完成任务的人。作为职场中人，要想在职场中实现自己的梦想，我们必须成为一个不找任何借口的人。

工作中常常可以看到这样一种情形：有的人并不是全身心地投入工作中，一旦工作任务不能按时完成，就精心编造一些似是而非的理由，寻找种种借口应付上司。有时候，那些既符合情理又符合逻辑的理由的确也能得到上司的谅解，可是工作毕竟没有完成啊！

员工有三种：一种是只完成岗位职责范围内的工作的人；一种是没有完成职责范围内的工作的人；一种是超额完成职责范围内的工作的人。显然，这三种员工中最后一种员工最受老板青睐，职场结果也最好。

老板真正需要的是那种能准确掌握自己的指令，并且主动发挥自身的智慧和才干，把工作做得比预期还要好的人。不停地问一些愚蠢的问题，不断找出各种各样的借口来推脱，敷衍了事、马马虎虎、讲价钱、讲条件、拖拉、抱怨、漫不经心、投机取巧……这些现象暴露了一小部分人内心世界中阴暗和不健康的一面，说穿了，所有的借口及托词都是幌子，这些人根本就没打算把事情做好。

优秀的员工在任何时候都不需要强制或命令，不需要监督和提醒。无论老板在与不在，他们都能勤奋努力地工作，自觉履行职责；接到任务时，他们从来不找借口，只是说"好，我马上去做"或"放心，我一定尽全力去做"；在工作过程中遇到困难时，他们绝不灰心丧气、半途而废，而是坚持把事情做完做好；他们主动做事，自觉思考，并常常延伸工作的性质，有所发现和创新——这就是自动自发。

对于爱找借口的人来说，完不成工作任务的原因通常是：

（1）客观条件有限，通过想办法创造条件是可能完成任务的，但他没有去创造条件，因此没有完成任务；

（2）他实际上没有到岗到位，因此没有完成任务；

（3）他虽然到岗到位了，但是懒懒散散，身在曹营心在汉，因而工作效率低下，导致没有完成任务。

不论是哪一种情形，归根结底就是没有完成工作任务，向上司交不了差，因此只有找借口来应付上司。他们以为有了借口，就可以得到上司的原谅，自己就可以心安理得了。其实，不管找到的借口多么冠冕堂皇，工作任务没有完成，总不是一件令人愉快的事，借口永远是借口，再美丽的借口也还是借口。

一次两次找借口，上司和同事可能还会相信，但是如果每次都找借口，那就是自毁前程。你的上司和同事总有一天会发现真相，这样，你就会失去上司和同事对你的信任，而一个不能获得上司和同事信任的人，是很难有所发展的。

与找借口相比，更重要的是找到解决问题的办法。习惯于找方法的人，只看重结果，从不畏惧困难，最后总能得到超乎想象的回报。

实践证明，找办法的人比找借口的人聪明，虽然找办法的人比找借口的人辛苦，但由于找办法的人总能出色地把问题解决，总能出色地完成上司交给他的工作任务，久而久之，他给上司和同事留下的印象就是："这个人靠得住！"一个领导和同事都认为靠得住的人，他的前程自然光辉灿烂。

三、敢于承担是承诺的开始

在遇到困难的时候，一个主动承担责任的员工会让同事万分感激，也让老板钦佩不已。换句话表述，就是一个人承担的责任有多大，他的价值就有多大。

在企业里，只有勇于承担责任的员工才会得到老板的信任和重用。勇于承担责任是证明自己最好的方式，它不仅向社会证明了自己存在的价值，还向老板和同事证明了自己很出色。

西点军校冷静、具有非凡的勇气的代表麦克阿瑟将军，即便在面临敌人的炮火时也毫不退缩，完美地体现了"假如你选择了军队，就不要害怕牺牲；假如你选择了天空，就不要渴望风和日丽"的西点精神。

虽然麦克阿瑟的司令部设在隧道里，他却把家安在地面上，经常冒着遭空袭的危险。每次空袭警报一响，妻子便带着小麦克阿瑟奔向一英里远的隧道。而麦克阿瑟要么稳坐家中，要么跑到外面去看个究竟。有一次，他正在家中办公，日军飞机来空袭，子弹穿过窗户打在麦克阿瑟身旁的墙壁上。他的副官惊慌地冲了进来，发现他仍镇定自若地在工作，好像什么事也没发生一般。麦克阿瑟看到副官进来，就从办公桌上抬起头来问："什么事？"副官惊魂未定地说："谢天谢地，将军，我以为你已被打死了。"

麦克阿瑟回答说："还没有，谢谢你进来。"

在另外一次空袭中，麦克阿瑟从隧道里跑出来，毫不畏惧地站在露天地上，观察日军飞机的空中编队，数着飞机的数量。麦克阿瑟的值班中士摘下头上的铜盔给他戴上，这时一块弹片正好打到这位中士拿着钢盔的手。当时的菲律宾总统奎松得知此事后，立即给麦克阿瑟写了封信，提醒他要对两国政府、人民及军队负责，不要冒不必要的危险，以免遭到不测。

但是，麦克阿瑟把这种举动看作是自己的职责，认为在这样的时刻，士兵们看到将军同他们在一起，一定会很高兴。

四、承诺了就要立即行动

有位哲人说："不要做思想的巨人，行动的矮子！""要少说话多做事。"要做说话的矮子，行动的巨人。古今中外，空谈误国误事的例子举不胜举，可见行动无论对于哪一个人来说都是非常重要的。

拿破仑也曾说："先投入战斗，然后再见分晓。"两军对峙，分不出胜负，也解决不了问题，更无法让战争平息，只有投入战斗，在战场上拼杀，才能分出胜负，然后成者王，败者寇。

此时此刻，如果你有什么想法需要变成现实，请立即行动！如果你觉得自己有很多地方需要改变，请立即改变！要相信自己有能力把自己的梦想变成现实，相信自己有能力变得更优秀，相信自己是最棒的！

有一天，电话的发明人贝尔突然想到一个问题：人与人之间见面时可以用声音交流，假如两人离得很远，可不可以彼此说话、彼此沟通呢？于是他苦思冥想，终于想到了电话这样一个模糊概念。但他没有学过无线电，也没有学过通信知识，不知道能不能干成。于是他就向亨利先生求教，亨利先生说了两个字："干吧！"他回去之后就开始着手研究、试验。这毕竟是一件从来没有人做过的事，没有人想过的发明，加之他是一个外行，外行做内行事，困难可想而知。工作中他遇到了困难，所以他又向亨利先生求教，亨利先生说："学吧！"于是他又回去重头来过，经过成千上万次的试验，他终于成功了。

在成功表彰大会上，有人问他成功的秘诀是什么，他说他要感谢亨利先生，亨利先生的四个字"干吧！""学吧！"是他成功的秘诀。

自强不息的人处境会越来越好，自愿放弃的人处境会越来越差。自信心强的人，做什么事情都敢于往前冲；自信心弱的人则正好相反。自信心强的人不断获得新的成功，自信心差的人则经常失败。

行动促使潜能的发展，行动越多，潜能就发挥得越多，当你不断地行动时，蕴藏在你内心深处的潜能就会像石油一样汩汩而出。潜能的发挥锻炼了你的能力，增强了你的自信，因此必然又带来更大的行动。这就是行动中的"马太效应"。

拿破仑·希尔认为，每一个行动前面都有另一个行动，这是亘古不变的自然原理。如果你每天都想着做什么，而不付诸实际行动，那只能是空想，永远也不会成功。可见，光说光想不行动，是永远达不到目的的。

所以，我们在工作中一定要说到做到，如果你想完成一项计划时，就要立即行动起来。现在做，马上就做，是一切成功人士必备的品格。

五、企业要积极倡导承诺文化

对于企业来讲，积极倡导承诺文化至关重要。承诺是杜绝借口的最重要的武器，打造承诺文化对企业至关重要。一个企业拥有承诺文化，每个人说到做到，每个人都言行一致，这个企业才能真正拿到结果。如果这个企业没有承诺文化，每个人言行不一致，每个人不为自己的行为负责，这个企业是没有执行力的，也就不会有好的结果，企业所有伟大的梦想都等于零。

2005年某天，广州市市政府部门的收发室里出现了一封来自50多年前为建造广州珠海桥提供钢材的英国企业的信，信中写道："修建珠海桥的钢材已逾百年，接近使用寿命。根据测试结果，需要进行加固。"

原来珠海桥是广州市在1950年着手重建的，而这些重建钢材正是从当时英国的旧桥上拆卸下来的，如果把钢材之前的使用年限算上，应该快有100年了。这两份从远方寄来的信，昭示着沉甸甸的责任。事情已经过去了几十年，当年的设计者和材料供应商可能都已经不在岗位上了，这两家企业本来可以找很多借口不来管这些事，但是他们并没有这样做，并没有把责任抛弃，而是坚守着自己的承诺，将事情负责到底。

企业如何打造承诺文化？要打造一个良好的承诺文化，有三个关键的方面：

（一）凡事都要做书面或公众的承诺

承诺必须考虑到两个方面：做到了有什么好处？做不到有什么坏处？好处就是奖励，坏处就是惩罚。奖励一定是下属想要的，否则就没有动力。惩罚一定是他所害怕的，这样他才能往好的方面努力，以便摆脱不良后果。只有这样奖罚清楚，才可以使员工工作得更好。每个人都是趋利避害的，如果能想办法让员工和企业达成共识，把公司业绩目标转成他个人目标的时候，他才有更大的动力工作。

（二）只要承诺，就一定要兑现

要想打造执行文化，首先要说到做到，这也是必须考虑到两个方面：奖励要在第一时间兑现，惩罚在预期中兑现。如果你没有兑现自己的承诺，你的员工就会受到伤害。在一切企业里，员工经常完不成任务，但他们每天都很努力，也很用心，企业管理者觉得那么辛苦，就不忍心批评或处罚他们。假如你的员工很努力、很用心，但是没有得到结果，如果你原谅他的话，就没有人会为结果负责任。所以，当下属工作不够好的时候，一定要记住，该处罚的时候一定要处罚，处罚不是为你自己，而是为他自己着想，对他的未来是非常有帮助的。当你为员工着想的时候，你即使处罚他，他也是开心的。

（三）承诺从领导做起，要用生命捍卫承诺

什么是领导呢？领导就是以身作则，领导就是身先士卒。要在一个企业里建立承诺文化，领导人是第一个要坚守承诺的人。一个企业家如果想拿到结果，首先要自己敢于承诺，打造承诺型文化。假如管理者不兑现承诺，也别奢望你的团队能够做到有效的承诺。无数的例子证明，拥有承诺意识和守信的价值观，是一个企业走向成功的基点。

案例1

校长路克与承诺

美国犹他州土尔市出现了一个奇怪的现象，一位小学校长——42岁的路克，在雪地里爬着去上班，爬完1.6公里，历时3小时，这是为什么呢？

原来，这学期初，为激励全校师生的读书热情，路克曾公开打赌：如果你们在11月9日前读书15万页，我在9日那天爬行上班。

全校师生都参加了这一场赌局，大家果然加紧读书，终于在11月9日前读完了15万页书。有学生打电话给校长："你爬不爬？说话算不算数？"也有人劝他："你已经达到激励学生读书的目的，不要爬了。"可路克坚定地说："一诺千金，我一定要爬着上班。"9日那天，路克早早离开家门，他没有驾车，而是四肢着地，爬行上班。为了安全和不影响交通，他不在公路上爬，而是在路边的草地上爬。过往汽车向他鸣笛致敬，有的学生索性跟校长一起爬。

经过3小时的爬行，路克磨破了5副手套，护膝也磨破了，他终于到了学校，全校师生夹道欢迎自己心爱的校长。当路克从地上站起来时，孩子们蜂拥而上，抱他、吻他……

【案例简析】

校长路克用自身的行动证明了什么叫"一诺千金"。他用行动履行了自己的诺言，更用信守承诺的精神感动了全校师生，得到了师生们的尊敬和爱戴。

案例2

从1886年可口可乐成立至今，可口可乐经历了无数次的市场洗礼与变化，在这一百多年的漫长历程中，有多少企业声名鹊起，又瞬间轰然倒塌，而可口可乐却依然屹立一方。什么是它不变的动力？那就是可口可乐理念：老朋友无时无处不在你身边。可口可乐的品质在全球都是一样的。美国总统喝的可口可乐与普通百姓喝的可口可乐，其品质和口感完全一样，不会因为他是总统，喝的可口可乐就好一些，也不会因为你是平民百姓，喝的可口可乐便差一些。

【案例解析】

可口可乐是品牌的巨人，虽经历多年风雨而青春不老。正在于它用最好的质量保证和最好的服务，使消费者也像对待老朋友一样，这么多年，对可口可乐不离不弃。这是厂家对消费者的一种承诺。正是这一个长期的承诺，最终赢得了消费者的信任和钟爱。

知识拓展

思考与练习

1. 为了逃避责任，你是否总是会找一大堆借口？
2. 在没有人监督的情况下，你会草率行事吗？
3. 你是否认为一件事情只有把它彻底做完才算了事？
4. 你有定期检查手头各项事务是否完成的习惯吗？

第二节 永不言败

情景模拟

道斯·洛厄尔是著名的毕马威公司加州分公司的一名"超级员工"，之所以有这么一个称号，是因为他在自己的工作岗位上创造了无与伦比的工作辉煌：他连续5年工作无丝毫误差，获得过超过500位客户的极力称赞，并在公司中获得了同事与主管的一致认同。

在洛厄尔刚加入毕马威时，他对公司的情况认识得还不够到位。而且刚开始他对工作想得也很简单，认为不过就是算算账而已，然而接下来的一系列失败让他认识到自己的工作绝不是想象中的那么简单。在他开始上班的第一个月，他交给部门经理的一张报表就出现了一个相当大的失误：原来在一项金融计算中，他错用了一个计算公式，而让他的计算结果出现了很大误差。部门经理让他重新做那张报表。洛厄尔对这张报表中出现的失误非常重视，他认识到自己在专业知识上还有很多的欠缺。于是，他从这个计算公式入手全面系统地重新学习了相关知识，并成为这方面知识的专家。但是并不是说从这以后他就再没有遇到过失败，恰恰相反，他仍然遇到过各种各样的失败。但是，他已经养成了从失败中学习的习惯：与客户面谈失败之后，他从中学习经验教训，最后成为一个与客户交流的高手；第一次开发新的客户，对方并不接受，总结这样的失败教训，他最后一个人开发了分公司10%左右的新客户……

洛厄尔所取得的成就来自哪里？

基础知识

人非圣贤，任何一个人在工作中犯下错误、出现一时的失败都是正常的，也是可以理解的。但是面对自己失败的不同态度，却成为区分优秀员工与平庸员工的一个衡量标准。那些平庸者，对于自己的错误置若罔闻，甚至还会一而再，再而三地犯同样的错误，出现同样的失败。而那些优秀的员工，则善于从失败中去学习，去总结经验教训，绝不再犯同样的错误，不再让同样的失败上演。

比尔·盖茨给过职业人这样的忠告："如果你一事无成，这不是你父母亲的过错，不要将你应当承担的责任转嫁到别人的头上，而要学会从失败中学习并吸取教训。"

一、在失败中抱怨，等于放弃成功

人在一生中，随时都会遇到困难和险境，如果我们仅仅盯着这些困难，看到的只会是绝望。在人生路途上，谁都会遭遇逆境，逆境是生活的一部分。逆境充满荆棘，却也蕴藏着成功的机遇。只要勇敢面对，就一定能从布满荆棘的路途中走出一条阳光大道。正如培根所说："奇迹多是在厄运中出现的。"其实，我们不应该在失败中抱怨，因为抱怨失败无疑是在放弃成功。想成为一名生活中的强者，就要勇敢地向失败宣战，像一名真正的水手那样投入生命的浪潮。

道本连自己的名字都不会写，却在大阪的一所中学当了几十年的校工。尽管工资不多，但他很满足生活为他所安排的一切。就在他快要退休时，新上任的校长说他"连字都不认识，却在校园工作，太不可思议了"，将他辞退了。

道本恋恋不舍地离开了校园。像往常一样，他去为自己的晚餐买半磅香肠，但快到食品店门前时，他想起食品店已经关门多日了。而不巧的是，附近街区竟然没有第二家卖香肠的。忽然，一个念头在他脑海里闪过——为什么我不开一家专卖香肠的小店呢？他很快拿出自己仅有的一点积蓄开了一家食品店，专门卖香肠。

因为道本灵活多变的经营，十年后，他成了一家熟食加工公司的总裁。他的香肠连锁店遍及大阪的大街小巷，并且是产、供、销"一条龙"服务，颇有名气的道本香肠制作技术学校也应运而生。

一天，当年辞退他的校长得知这位著名的董事长识字不多时，便十分敬佩地称赞他："道本先生，您没有受过正规的学校教育，却拥有如此成功的事业，实在是太不可思议了。"

道本诚恳地回答："真感谢您当初辞退了我，让我摔了跟头，从那之后我才认识到自己还能干更多的事情。否则，我现在肯定还是一位靠一点退休金过日子的校工。"

正如道本一样，成功者首先是从失败中崛起的。失败可以锻炼一个人的品格，也可以激发一个人向上发展的勇气和潜力。在失败中，当被逼得无路可走时，人们往往在最后的时刻想出办法来自救，无形之中反而促成了人生的辉煌。所以，我们应该感谢失败，感谢其中所孕育的成功机会。

任何人都会或多或少遇到坎坷颠簸，这是正常的，无须悲伤，无须抱怨，更无须绝望。世上没有绝望的处境，只有对处境绝望的人。只要勇敢面对，世界上没有过不去的坎。

在我们陷入逆境时，一味地埋怨是无济于事的，那只会让我们变得更加沮丧而觉得无望。与其苦苦等待，不如点燃自己手中仅有的"火种"和希望，战胜黑暗，摆脱困境，为自己创造一个光明的前程。在灰色的逆境中，不要让冷酷的命运窃喜，我们应该处之泰然。命运从来不相信抱怨，只相信抗争命运的人。强者的生活就是面对和克服那些像潮流一样涌来的逆境，他们不会放过"往上爬"的机会。

美国科学家弗罗斯特教授花了25年时间，用数学方法推算出太空星群以及银河系的活动变化规律。令人难以相信的是，他是个盲人，一点也看不见他终生热爱着的天空。

英国诗人弥尔顿最完美的杰作诞生于他双目失明之后。

达尔文被病魔缠身40年,可是他从未间断过对于进化论的研究。

爱默生一生多病,但是他留下了美国文学史上一流的诗文集。

查理斯·狄更斯,他的一生都在与病魔作斗争,但他在小说中创作了许多健康的人物……逆境是人生中一所最好的学校。每一次失败、每一次挫折,都孕育着成功的机会。逆境往往是通向真理的重要路径,它教会你在下一次的表现中更为出色。在每一次的痛苦过去之后,想方设法将失败变成好事,人生的机遇就在这一刻闪现,这苦涩的根脉必将迎来满园的花绿桃红。

傅雷说:"不经劫难磨炼的超脱是轻佻的。"树木受过伤的部位,往往会变得更坚硬。在工作中的成长也是如此,经历过逆境的人,才能磨砺出优秀的品质,成为一名优秀的员工。

面对失败,怨天尤人只是徒增烦恼,只有自强不息,才能最终实现自己的梦想。"自知者明,自强者胜。"其实,要想在失败中获得生机,首先要有一种积极的心态,不要畏惧磨难,要学会将逆境和磨难视为人生的财富。处在逆境中不要害怕,调整心态,勇于迎接挑战,运用智慧积极地解决问题,将失败轮化为成功的一个机遇。

二、在失败中为自己鼓掌

在人生的旅途上,狂风暴雨难以避免,但绝不应成为我们退缩的理由。人生没有什么不可能,只要我们与希望同行,只要我们有坚定的信念并愿意为之不懈地努力追求。在逆境中需要我们为自己多多鼓掌,多一点自我激励,就一定能实现自己的梦想。

日本有句格言:"如果给猪戴高帽,猪也会爬树。"这句话听起来似乎不雅,但说明了这样一个道理:当一个人的才能得到他人的认可、赞扬和鼓励的时候,他就会产生一种发挥更大才能的欲望和力量。

其实,只靠别人的赞扬和激励还不够——因为生活中不光有赞扬,你碰到更多的可能是责难、讥讽、嘲笑。在这个时候,你一定要学会从自我激励中激发信心,学会自己给自己鼓掌。

美国一位心理学家说过:"不会赞美自己的成功,人就激发不起向上的愿望。"别小看这种"自我赞美",它往往能给你带来欢乐和信心,信心增强了,又会鼓励你获得更大的成功。一个成功人士说:"别在乎别人对你的评价,我从不害怕自己得不到别人的喝彩,因为我会记得随时为自己鼓掌。"

给自己鼓掌,赞美自己的一次次微小的成功,不断增强信心,从而获得成功。如果说为他人喝彩是一种鼓励、一次奖赏的话,那么为自己喝彩则是一种自信、一次运筹。

能为自己喝彩的人,敢于接受任何挑战,自强不息,正是这种喝彩给他们带来源源不断的动力,无悔地追求自己的理想,最终实现自己的目标。"天生我材必有用,千金散尽还复来。"坚信自己的价值,学会为自己喝彩,会拥有一个精彩的有意义的人生。

通用公司董事长罗杰·史密斯在进入通用之前,只是一个名不见经传的财务人员。

罗杰初次去通用公司应聘时,只有一个职位空缺,而招聘人员告诉他,工作很艰苦,对于一个新人来说会相当困难。他信心十足地对面试官说:"工作再棘手我也能胜任,不信我干给你们看……"

在进入通用工作的第一个月后,罗杰就告诉他的同事:"我想我将成为通用公司的董事长。"当时他的上司对这句话不以为然,甚至嘲笑他不自量力,逢人便说:"我的一个下属对我说他将成为通用公司的董事长。"令这位上司没想到的是,罗杰·史密斯后来真的成了通用公司的董事长。

不断地告诉自己,我可以做得更好,我可以让这份工作更具意义,自我激励是你成功的强大助推器。

每当困难来临时,给自己打气,用信念滋养勇气;当失败来临时,给自己鼓劲,总结经验,寻找新的挑战;当机会来临时,为自己壮胆,用知识和智慧创造出好业绩。

美国联合保险公司有一位名叫艾伦的推销员,他很想当公司的明星推销员。因此,他不断从励志书籍和杂志中培养自我激励的心态。有一次,他陷入了困境,这是对他平时进行积极心态训练的一次考验。

那是一个寒冷的冬天,艾伦在威斯康星州某市的一个街区推销保险单,却没有一次成功。他想起过去读过一些保持自我激励的法则。第二天,他在出发之前对同事讲述了自己昨天的失败,并且对他们说:"你们等着瞧吧,今天我会再次拜访那些顾客,我会售出比你们售出总和还多的保险单。"基于这种心态,艾伦回到那个街区,又访问了前一天同他谈过话的每个人,结果售出了66张新的事故保险单。这确实是了不起的成绩,而这个成绩是他不断鼓励自我的结果。

在工作和生活中,谁都会遇到艰难坎坷、曲折磨难、痛苦彷徨、失意迷茫,甚至于失败。但这些都不可怕,可怕的是自己否定自己,自己打倒自己,自己摧毁自己。

必须坚信,命运的钥匙永远掌握在自己手中,而如何灵活地使用这把钥匙开启那扇成功的大门呢?除了执着的追求,信念至关重要。当我们摔了跟头时,应该立即爬起来,掸掸身上的尘土,为自己鼓劲,为自己喊一声:"加油!"当我们获得一次微小的成功之后,对自己说:"我真棒!"

人生之路不可能一帆风顺,总会有困难、有挫折、有烦恼、有痛苦,这些都是客观存在的,想躲也躲不过去,你叹息、焦急也好,忧虑、恐惧也好,都无助于问题的解决。在这种情况下,与其在那里唉声叹气、惶惶不安,不如为自己多多鼓掌,激励自己开辟美好的未来。

三、善于在失败中学习

我们常讲"失败是成功之母",其实,教训也可以说是经验之"母"。成功固有经验可以总结,失败也有教训可以吸取,可以学习。一个真正善于学习的员工,不仅仅懂得从正面的成功事例中学习,而且更懂得从失败中学习。如果能从失败中吸取教训,就能转败为胜,由失败走向成功。

有位船长有着一流的驾船技术,他曾经驾着一艘简陋的帆船在台风肆虐的大海中航行了半个月,最终却安然无恙。后来,他有了一艘机动轮船,他又多次驾驶着它深入大洋深部。周围的渔民们都称他为"船王"。

船王有个儿子,是唯一的继承人。船王对儿子的期望很高,希望儿子能够掌握驾船技术,将自己的事业继承下去。船王的儿子对驾驶技术学得也很用心,到了成年以后,他驾驶机动船的知识已十分丰富。有一次,船王放心地让儿子一个人出海。可是,他的儿子却再也没有回来,还有他的船。

他的儿子死于一次台风,一次对于渔民来说微不足道的台风。

船王十分伤心:我真不明白,我的驾船技术这么好,我的儿子怎么这么差劲?我从他懂事起就教他驾船，从最基本的教起，告诉他如何应对海中的暗流，如何识别台风前兆，又如何采取应急措施。凡是我多年积累下来的经验，我都毫不保留地传授给他了。可是，他却在一个很浅的海域内丧了生。

渔民们纷纷安慰他。可是，有位老人却问："你一直手把手地教他吗？""是的。为了让他掌握技术，我教得很仔细。""他一直跟着你吗？"老人又问。"是的，我儿子从来都没有离开过我。"老人说："这样说来，你也有过错啊。"船王不解，老人说："你的过错已经很明显了。你只会传授给他成功的经验与技术，却不能传授给他失败的教训，进而让他从失败中去学习、去总结。"

现实中，有不少员工只喜欢谈成功经验，而不乐意从失败中学习，去吸取教训，那么最终他们也可能会像船王的儿子一样折戟职场。

从失败中学习，你才能更有针对性地去改进自己的缺点与不足，才能更快地进步，才能在今后的工作中成功避开那些曾经让你栽跟头的"暗礁"，进而让你的职业生涯进行得更顺畅。

世界上没有人终生一帆风顺，任何一个人都会遇到失败。得不到信任、无端遭受打击和排斥、经济拮据、事业不畅等种种的困难和不如意，使许多人心存抱怨。其实这些人忽视了一条真理：失败是磨炼人的最高学府，纵观古今，失败几乎是所有伟人成功的基石。

"梅花香自苦寒来，宝剑锋从磨砺出。"任何一种本领的获得都要经由艰苦的磨炼。平静、安逸、舒适的生活，往往使人安于现状，耽于享受；而挫折和磨难，能使人受到磨炼和考验，变得坚强起来。

"自古雄才多磨难，从来纨绔少伟男。"痛苦和磨难，不仅会把我们磨炼得更坚强，而且能扩大我们对生活的认识范围和认识的深度，使我们更成熟。法国文学家巴尔扎克也说："世界上的事情永远不是绝对的，结果完全因人而异。苦难对于天才是一块垫脚石……对于能干的人是一笔财富，对弱者是一个万丈深渊。"

孟子云："天将降大任于斯人也，必先苦其心志，劳其筋骨，饿其体肤，空乏其身，行拂乱其所为，所以动心忍性，增益其所不能。"我们要勇于面对工作和生活中的挫折，不怕失败，在磨难中永不屈服。

蜚声世界的美国人沃尔特·迪斯尼，年轻的时候是一位画家，贫困潦倒，无人赏识。几经求职，他终于找到了一份工作，替教堂作画。

当时，他借用了一间废弃的车库作为临时办公室，可事情并没有如他期望的那样，命运没有出现一丝转机。微薄的报酬入不敷出，他的生活一如既往地窘迫。有一段时间，他陷入了空虚与无望的黑暗中。他夜夜失眠，手中的画笔也断然搁下了，没了灵感，没了生机。

更令他心烦的是，每次熄灯后，一只老鼠就吱吱地叫个不停。他想打开灯赶走那只讨厌的家伙，但疲倦的身心让他干什么都没劲，所以他只好听之任之了。反正是失眠，他就听老鼠的叫声，他甚至能听到它在自己床边的跳跃声。他习惯了在这个无人知道的午夜有一只老鼠与自己相伴。

后来不止在夜里，白天小老鼠偶尔也会大摇大摆地从他的脚下走过，得意忘形地在不远处做着各种动作，表演着精彩的杂技。小老鼠使他的工作室有了生机。它成了他的朋友，他则成了它的观众，彼此相依为命。

不久，年轻的画家离开了堪萨斯城，被介绍到好莱坞去制作一部以动物为主的卡通片。这是他好不容易才得到的机遇，虽然前途是光明的，道路却是坎坷的，他的作品被一一否决，他再度陷入了举步维艰的地步。

那是一个与平常一样漫漫的长夜，他突然听到"吱吱"的叫声，那是老鼠的叫声。这一刻，灵光一现，他拉开灯，支起画架，画出了一只老鼠的轮廓。美国最著名的动物卡通形象之一——米老鼠就这样诞生了。

迪斯尼经历了许多挫折之后，终于在不屈不挠的坚持下获得了成功。

遇到困难不退缩、勇往直前的人才能成功。在不屈的人面前，挫折会化为一种人格上的成熟与伟岸，一种意志上的顽强和坚忍，一种对人生和生活的深刻认识。

奥斯特洛夫斯基说："人的生命似洪水在奔腾，不遇到岛屿和暗礁，难以激起美丽的浪花。"对于真正坚强的人来说，任何困难和逆境都会让他们充满前进的力量。只有经历了风雨的彩虹才会放出美丽的光彩，只有从困境中走出的人才是真正的强者。对我们在工作中遇到的种种挫折和问题，既不能回避，也不要沮丧，而是多想办法，迎难而上，这样才能使自己与智慧结下缘分，让挫折铸就你的辉煌人生。

弱者在磨难面前只看到困难和威胁，只看到所遭受的损失，只会后悔自己的行为或怨天尤人，因而整天处于焦虑不安、悲观失望、精神沮丧等情绪之中；而强者却能战胜挫折，在失败中汲取营养。

四、感恩失败，做一个永不言败的人

在职场中打拼，难免会遭受挫折与不幸，甚至失败。例如，你的想法得不到上司的肯定，公司里其他人阻挠你的工作，当你主动提出建议时总是遭到白眼等。即使这样，也不要忘记感恩。

在挫折和失败面前，我们必须有一种永不言败的心态。我们要感激失败的考验，从失败中走出一条新路，这样才有希望摘取成功的桂冠。

一家大公司要招聘10名职员，经过严格的面试、笔试，公司从300多名应聘者中选出了10名佼佼者。

发榜这天，一个青年见榜上没有自己的名字，悲恸欲绝，回到家中便要悬梁自尽，幸好亲人及时发现，他才没有死成。

正当青年悲伤之时，从公司传来好消息：他的成绩本是名列前茅，只是由于计算机的错误，才导致落选。

正当青年一家大喜过望之时，又从公司传来消息：他被公司除名了。原因很简单，公司的老板认为："如此小的挫折都经受不了，这样的人肯定在公司里干不成什么大事。"

检验一个人，最好是在他失败的时候，看失败能否唤起他更多的勇气；看失败能否使他更加努力；看失败能否使他发现新力量，挖掘潜力；看他失败了以后是更加坚强，还是就此心灰意冷。

感谢失败，每一次失败，都是一次超越的机会，逃离失败、躲避失败，就会把一个人的活力与成长潜力剥夺殆尽。所以，失败是超越自我的重要推动力。每一次失败，都能磨炼你的技巧，增强你的勇气，考验你的耐心，培养你的能力。

英国人索冉指出："失败不该成为颓丧、失志的原因，应该成为新鲜的刺激。"失败并不可怕，关键是要有从跌倒的地方站起来的勇气和心态。

人生的成功秘诀之一在于如何面对失败。有些人将失败看成打击，他的前一次失败就种

下了下一次失败的种子，那是真正的失败者。另一些人将失败作为一种收获，每一次的失败就增加了下一次成功的机遇。屡败屡战，斗志便一次比一次强，愈战愈勇，最终胜利也就自然来临。

帕里斯烧制的彩陶被法国人视作最珍贵的陶器。他用了整整16年的时间、经历了无数次常人难以想象的失败和磨难，才获得了成功。

1510年，帕里斯出生在法国南部，他一直从事玻璃制造业，直到有一天他看到一只精美绝伦的意大利彩陶茶杯。这只茶杯改变了他一生的命运。他建起烤炉，买来陶罐，打成碎片，开始摸索着进行烧制。几年下来，碎陶片堆得像小山一样，可他心目中的彩陶仍不见踪影。他的生活日渐窘迫，他只得回去重操旧业，挣钱生活。

他赚了一笔钱后，又烧了三年，碎陶片在砖炉旁堆积成山，仍然没有结果。以后连续几年，他挣钱买燃料和其他材料，不断地试验，都没有成功。

长期的失败使他成为人们眼中的另类。人们都说他愚蠢，是个大傻瓜，连家里人也开始埋怨他。他只是默默地承受。

试验又开始了，他十多天都没有脱衣服，日夜守在炉旁。燃料不够了，他拆了院子里的木栅栏。又不够了，他搬出了家具，劈开，扔进炉子里。还是不够，他又开始拆屋子里的木板。

马上就可以出炉了，多年的心血就要有回报了，可就在这时，只听炉内"嘭"的一声，不知是什么爆裂了。所有的产品都沾染上了黑点，全成了次品。他又失败了！

经过16年的艰辛历程，他终于成功了。他的作品成了稀世珍宝，价值连城，艺术家们争相收藏。他烧制的彩陶瓦，至今仍在法国的卢浮宫上闪耀着光芒。帕里斯的成功之路是艰辛而漫长的。他的成功来得何等不易。在一次又一次的失败中一次又一次地重新站起来，这正是帕里斯成功的关键所在。

在人生的旅途上，我们必须以乐观的态度去面对失败，因为一帆风顺者少，曲折坎坷者多，成功是由无数次失败构成的。日本企业家松下幸之助对他的员工说："成功是一位贫乏的教师，它能教给你的东西很少；我们在失败的时候，学到的东西最多。""跌倒了就要站起来，而且更要往前走。跌倒了站起来只是半个人，站起来后再往前走才是完整的人。"

在工作中，我们难免出现一些差错，难免遭遇失败。这时，我们要立即从跌倒的地方站起来，战胜失败。如果不敢面对失败，在心理上产生畏缩情绪，就会给同事或者上司传达一种懦弱、无能的感觉，这样，领导也不会将重担交给你。一个不能担当重任、害怕失败的人，怎么能在职场上取得成功呢？面对工作中的困难和挫败，只有始终保持昂扬的斗志，屡败屡战的人才能笑到最后，赢得机遇之神的垂青。

案例链接

能力训练

"挫折与成长"——抗压抗挫折能力训练

（一）活动目的

（1）让成员意识到人生难免有挫折，能正确、客观、辩证地看待、认识挫折。

（2）成员间相互分享资源，并学会采用积极的方式方法应对挫折。

（二）活动过程

1. 抗压天使

体验面临压力时用积极的理念与消极的想法对抗。

三人一组，大家轮流扮演天使、凡人与恶魔。

担任凡人者说出那个自己觉得有压力的事件，恶魔的目的是让凡人压力更大，说出使人压力更大的话，天使则必须帮助凡人解除压力。

每次由天使先说 30 秒，再换恶魔说 30 秒，每个人皆轮过三个角色为止。每个人轮流在组内说出刚刚扮演不同角色的感受。邀请愿意主动发表的同学分享。

结论：消除压力的方法有很多，有一种方法就是多听听天使说话，让恶魔闭嘴。多想想一些乐观、理性的、积极的想法。

2. 解开千千结

（1）让每组队员站成一个面向圆心的圆圈。

（2）教师说：请记住你左面的人是谁？右面的人是谁？

（3）松开双手，任意走动，当老师说停时，在原地仍与你原来相邻的人牵好手。即你的左边和右边的人必须同刚才一样。

（4）在不松手的情况下，想办法把这张乱网解开，最后形成大家开始时手拉手围成的一个大圆圈。

（5）注意事项：不能抓自己身边队员的手，自己的两只手不能同时抓住另外一个人的两只手，在任何情况下，队员的手都不能松开。

3. 热身活动：松鼠与大树

（1）三个人一组，两个人扮演大树，围成圈，一人扮演松鼠站在圈中。

（2）组织者喊"大树跑"，大树就要立即解散，重新和其他大树组成圈，并把松鼠围在圈中，之前助手加入游戏中，多出来的没组成圈的大树要出来；同样，喊"松鼠跑"，松鼠要逃跑，到别的大树身边；喊"地震了"，全都要解散。

（3）每次助手都要加入，最后几轮下来会出来几个没抢到位置的人，可以让他们谈感受，也可以从中引出压力的存在。

4. 结束

发放彩色纸，请成员写下一句激励的语言，鼓励彼此勇敢面对挫折，做挫折中的英雄。

第三节 高 效 执 行

情景模拟

文远是一个公司的普通职员,他有一个非常独特的习惯,就是每天提前一刻钟上班,推后一刻钟下班。自从参加工作以来,他一直保持着这个习惯。

他说:"这样将会为有效利用时间做很好的规划。如果你每天都提前一刻钟到达,可以对一天的工作提前做个规划,当别人还在考虑当天该做什么时,你已经走在别人前面了。而推后一刻钟下班,对今天的事情做个系统的总结,把明天的事情预先做个准备,如此一来,工作条理就会更加清晰。"

文远正是利用这经常被别人忽视的"两个一刻钟"为自己赢得了机会。他刚到公司时,职位很普通,但现在已经成为分公司的总经理了。

请问文远能够如此快速升迁的秘诀是什么?

基础知识

一个优秀员工之所以优秀,就是因为他能有效利用每一分钟,珍惜每一分钟,使每一分钟都具有价值。这样的员工是高效率的员工,也是当今公司所器重的员工,他们会成为最有执行力的员工。

什么是执行?执行就是有效地利用资源,保质保量达成目标的过程。"执行"对应的英文是"Execute",其意义主要有两种:其一是:"to do something that has been carefully planned (using knowledge as distinguished from merely possessing it)";其二是:"to complete a difficult action or movement especially one requiring skills"。前者指的是对规划的实施,后者指的是运用一定的技能完成某种困难的行动。

什么是执行力?执行力就是把目标转变为结果的能力。可以理解为贯彻战略意图,完成预定目标的操作能力。执行力是把企业战略、规划转化成为效益、成果的关键。它包含完成任务的意愿、完成任务的能力。

一、高效执行需要"结果导向"

在工作和生活中,我们每个人都渴望获得成功,但是成功的人士毕竟是少数,那些没有成功的人士中也不乏工作非常卖力的,但是为什么许多人最终没有成功呢?

一项活动要有成效,就一定要朝向一个明确的目标和结果,换句话说,成功的尺度不是做了多少工作,而是做出多少结果。

建立以结果为导向的工作方法,就会促使我们在工作过程中更加关注我们从事的工作是否会达到我们的工作目标,或者对于达成工作目标有什么益处,这样我们在工作过程中就不会迷失方向,我们就会明白哪些是要努力去做的,哪些是不用去做的。只有这样,我们的工作才会更加有效,我们才更有可能成功。

如何以结果为导向作为标尺来开展工作呢?

(一)建立清晰的工作目标

根据自己的工作内容,首先确立一个年度、季度或者月份的工作目标。有了明确清晰的目标,就有了前进的方向,就不会在工作中迷失方向。在目标的设定过程中应该符合 SMART(目标管理)原则。有了目标之后,就要根据目标制订自己的计划,就是说应该怎样做才能达到自己制定的目标。制订的计划应该是详尽且清晰的,并且要符合实际情况,在实际操作过程中能够达到,还要根据重要性列出优先的顺序,应该还要有计划的执行日期和衡量计划是否达成的标准。

(二)制订详细的工作计划

制订了一个详尽、明确、符合 5W3H 的计划,工作就成功了一半。接下来就是最重要的一步——执行。一个目标制订得很好,计划再详尽,如果不能在实际中去执行,那都是没有用的,做的是无用功,执行力就是竞争力,执行力就是战斗力。只有在工作中努力提高自己的执行力,积极主动地寻找各种方法和途径去完成自己的工作目标,达到预期的工作结果,才能体验到工作带来的快乐,并且与组织分享属于自己的成功。

(三)加强对工作过程的核查

最重要的一点就是对工作进程不断地进行核查,这是 PDCA 循环(见后文知识拓展)的要求,如果工作中缺乏核查,有时候就很难判断自己的工作开展得是否有效,是否按照计划来执行;或者是否达到了预期的目标。通过自己或外部定期的核查,就能及时发现我们在工作中方向的偏离、存在的问题和不足。只有发现了问题,才有可能随时根据现实的情况来调整计划,也才有可能更完满地完成我们的工作,达到既定的工作目标和工作价值。

总之,以结果为导向的管理模式,是一种有效的管理方式。恰当地运用它来指导自己的工作,会给个人和企业带来具体的、可衡量的、现实的利益。

二、高效执行需要行动

(一)工作重在落实

很多"有理想有抱负"的员工,他们渴望获得成功,但是最终因为没有付诸行动,只让自己的追求停留在理想的层面,最后的结果是,理想成了幻想。所以,想干事,还要能干事,敢干事,这样才能最终干成事。

一天,一位大学生向校长提出了几个改进大学管理弊端的建议。但是最终,年轻人的意见没有被校长接受。于是,年轻人做了一个"疯狂"的决定——自己办一所大学,他要自己来当校长,以消除这些弊端。

在当时,办学校至少需要 100 万美元。这可是一笔不小的数目,上哪儿弄这么多的钱呢?等到毕业以后再挣?那太遥远了。年轻人每天都待在寝室里苦思冥想能赚 100 万美元的各种方法。

终于有一天,年轻人意识到,这样下去是永远也不会有答案的,他决定马上付诸行动。

他想到了一个计划,决定给报社打电话,说他准备举行一个演讲会,题目是《如果我有 100 万美元》。他给无数家报社打了电话,阐明他的想法,但都被无情地拒绝了。

最后,终于有一个报社的社长被他的精神所感动,告诉他有一个慈善晚会,在晚会上,允许他发言，但只有5分钟。

那是场盛大的慈善晚会，吸引了许多商界人士。面对台下诸多成功人士，他鼓足勇气，走上讲台。

等他演讲完毕，一个叫菲利普·亚默的商人站了起来："小伙子，你讲得非常好。我决定投资100万美元，就照你说的办。"

就这样，年轻人用这笔钱办了一所自己理想中的大学，取名为亚默理工学院——也就是现在著名的伊利诺理工学院的前身，他实现了自己的梦想。这个青年，就是后来备受人们爱戴的哲学家、教育家——冈索勒斯。

什么才是正确的执行心态？冈索勒斯给出了最好的答案：有一个想法，就要立即付诸行动。否则，梦想就只是脑袋中的东西。行动，并且只有行动，才能让你梦想成真。

执行在本质上讲其实很简单，行动了就能得到想要的结果。

科学家们曾经做过一个实验。在只打开窗户的半封闭的房间里，将6只蜜蜂和同样数目的苍蝇装进一个玻璃瓶中，把瓶子平放在桌上，瓶底朝着窗户。然后，观察蜜蜂和苍蝇有什么样的举动。

科学家们发现，蜜蜂们会不紧不慢地在瓶底徘徊，总也找不到出口，直到它们力竭倒毙或饿死；而苍蝇们会不停地在瓶中"横冲直撞"，在瓶中的飞行速度明显高于蜜蜂，不到两分钟，它们穿过另一端的瓶颈逃逸一空。

蜜蜂们以为，瓶子的出口必然在最明亮的地方，它们不紧不慢地行动着，等待它们的结果是死亡。而苍蝇们却成功地逃离了，这并不在于它们有什么特长，也不在于它们的智商水平，关键在于它们懂得快速行动、求得生存。

首先要有行动，然后才会有结果。执行要想取得结果，就要付出行动，而且要在最短的时间内付诸行动。

（二）第一时间去执行

不拖延，第一时间去执行。拖延是把本来应该现在完成的任务，推到以后，把本来应该今天做的事情推到明天，在推来推去的过程中，执行就打了折扣，甚至没有了结果。

我们可能遇到过这样的场景：

周一早会上，老总把新的工作方案公布下来，交代秘书整理好会议记录，第二天交给他。秘书想："明天交给老总就行，来得及。"于是把这件事一直拖到下班。

晚上回到家后，看到搞笑的电视剧，她又对自己说："一会儿再工作吧，先放松一下！"看完电视已经深夜了，秘书已经没有心情和精力去完成任务了。

第二天早上，她两手空空地站在上司面前。

老总让小张在下午五点前把策划案做出来，小张一看表还有好几个小时呢，就先忙别的去了，没把策划案放在心上。

眼看时间快到了，小张手忙脚乱，草草制作了一个策划案交给领导。领导看完，沉着脸说："你用心做了吗？拿回去重新写！"

事情不到最后一刻决不动手去做，结果可想而知。

要想执行到位，就不能允许"拖延"的念头出现，只要想到了，就立即去做，别给自己找任何借口。

每个人都会有惰性，但是一味放任自己，逃避工作，最终会造成工作的拖延。惰性是可怕的精神腐蚀剂，它会让人整天无精打采，对生活和工作都消极颓废。富兰克林曾经说过："懒惰就像生锈一样，能腐蚀我们的身体。"萧伯纳也说过："懒惰就像一把锁，锁住了知识的仓库，使你的智力变得匮乏。"

思科公司的总裁约翰·钱伯斯先生说过："拖延时间往往是少数员工逃避现实、自欺欺人的表现。然而，无论我们是否拖延时间，我们的工作都必须由我们自己去完成。通过暂时逃避现实，从暂时的遗忘中获得片刻的轻松，这并不是解决问题的根本之道。要知道，因为拖延或者其他因素而导致工作业绩下滑的员工，就是公司裁员的首选对象。"

相反，只有那些能够克服惰性，拒绝拖延，第一时间去执行的员工才有可能获得提升。

对于工作任务的拖延，一方面，会影响整个团队的工作进度，影响整个团队的最终成绩；另一方面，因为我们每天都可能面临新的任务、新的问题、新的挑战。一项任务的拖延，势必会影响到其他工作的顺利开展，就好像滚雪球一样，拖欠的工作越堆积越多，越到后来越被动，越难完成，以至于最终一事无成。

懒惰和拖延是导致一个人步入平庸的根源。要想克服懒惰和拖延的坏习惯，唯一的方法就是当接到一项任务时，第一时间去执行，立马着手去做。

（三）执行三字诀：快、准、狠

执行的三字诀，即快、准、狠。

所谓快，是因为我们处在一个竞争激烈的社会，所以我们在执行的过程中，不能拖延，不能有完美主义倾向，执行需要快马加鞭；

所谓准，是说执行中要方向明确、目标具体、步调一致，做到既精（针对性强）又准（弹无虚发）的境界；

所谓狠，是强调执行中需要坚强的意志与拼劲，力量集中，成果第一，结果导向，不达目的不罢休。

中国乒乓球屹立世界几十年，始终处于世界领先水平，可以说与快、准、狠三大要素密切结合，而这与执行力的关键要素有着异曲同工之妙。

首先是快，也就是执行的速度。

在乒乓球竞技中，速度是至关重要的。如果你慢慢腾腾，即使你再准、再狠，对手只要能够及时站好位就能轻松化解；如果速度足够快，位置大致准确，那么对竞争对手来说，无疑是致命的。只要我们认准了一件事就应迅速行动，这样才有可能抓住稍纵即逝的机遇。

就像很多人打球慢慢腾腾一样，现实中，很多人在执行过程中也缺乏紧迫感，经常延误、拖沓，总是慢于进度和计划；即使最终完成了，但已经远远晚于预定时间了。而在很多情况下，推迟完成就是没有完成。比如两家公司争先发布新产品，谁先发布，谁就抢得了市场先机，就有可能一举赢得竞争优势；而另一家公司将失去一次重要机会，可能带来重要的损失乃至破产。商场如战场，商机稍纵即逝。执行力强的人，会将时间进度当作核心标杆来看待，因此经常会感到有压力，有紧张感，于是开始主动地加班加点，投入更多的时间和精力，总之，无论如何也要追赶进度，及时完成任务。相反，执行力弱的人，缺乏时间意识，执行前拖拖拉拉，执行中松松垮垮，执行后嘻嘻哈哈。

其次是准，也就是执行的尺度。

那些打乒乓球的高手通常都知道，一定要打在对手的空当处，打出"追身球"。同样，执行也需要密切贴合组织的战略目标、部门的重点方向、组织的流程制度等。与组织战略目标不相符的事没有必要去做，做了属于严重的浪费。因此，我们需要时时评估每个部门、每个员工的工作是否与组织战略目标相符。有调查表明，大部分的人只有8%左右的工作与组织战略目标密切相关。

最后是狠，也就是执行的力度。

打乒乓球一定要有力度，击球的瞬间要感受到撞击球台清脆、有力的声音，并迅速越过对手球拍的场景。执行也是一样，要追求卓越，追求更好，追求最好。执行力弱的人做一天和尚撞一天钟，许多工作做得虎头蛇尾，没有成效，缺乏后劲与持续力。

在工作中，只要我们真正地掌握了执行的快、准、狠，那么执行力的核心规律也就找到了。

三、做高效的执行者

（一）效率是执行的保证

假如给你一分钟，你能在一分钟内完成什么？很多人会说，一分钟根本什么都完不成，就算想清楚这个问题恐怕都不止一分钟。但是，生活中就存在靠短暂的一分钟的情况。作为一个执行者，应当学会有效地利用时间，在有限的时间内高效地完成工作。

有一个故事：甲、乙两人斗智，甲出了一个题目让乙完成。这个题目看起来是不可能完成的，即在一个同时只能烙两张饼的锅中，三分钟烙好三张饼，每张必须烙两面，每面烙一分钟。这样算下来，最少需要四分钟才能把三张饼烙完，可是甲只给了乙三分钟时间。乙想了想，突然想到了在三分钟内烙三张饼的方法，这是打破常规的烙饼方法。先烙两张饼，一分钟后，把一张翻烙，另一张取出，换第三张，又过一分钟，把烙好的一张取出，另一张翻烙，并把第一次取出的那张饼放回锅里翻烙，结果三分钟后三张饼全烙好了。

这样分配时间对于工作的成败起着决定性作用，巧妙地安排时间能够大大地提高自己的工作效率。

美国麻省理工学院对3 000名职业经理人做过调查研究，发现凡成绩优异的职业经理人都能够合理地利用时间，让时间发挥最大价值。

美国有个保险业务员自创了"一分钟守则"，他要求客户给自己一分钟的时间，用来介绍自己的服务项目，一分钟一到，他自动停止自己的话题，感谢对方给予一分钟的时间。他严格遵守自己的"一分钟守则"，并且充分珍惜这一分钟，努力在一分钟内让客户对他的业务产生兴趣。结果，他大获成功。

生活中有很多人像那位保险业务员一样有效地利用每一分钟，为自己赢得机会。

王楠是一家顾问公司的业务经理，一年要接上百个案子。她非常善于用空当时间，即使在等红绿灯或者塞车时，也会拿出客户的资料看看，以加深印象。她在车上放着一把拆信用的剪刀，有时开车时带着一叠信件，利用等红绿灯的时间看信。她认为，这段时间正是可以用来淘汰垃圾信件的时间，所以她每天都在到达办公室之前就进行一番筛选，这样一来，等她一进办公室就可以把垃圾信件处理掉了。

王楠每年会有很多时候在各地奔波,很多时间花在坐飞机上。她常利用飞机上的时间给客户写短签。她经常告诉她的下属:"与客户保持良好的关系,对我们来说非常重要。我们不能白白浪费这些琐碎的时间,要时刻想着为客户做点什么。"

有效利用时间,不仅要充分利用正常工作时间,而且要利用好琐碎的时间。成功的人都是善于利用琐碎时间的人,也许这些平时让你忽略的"喝咖啡"的时间,积累起来会让你大吃一惊。只要每天能够利用10分钟的琐碎时间,一个月就是5个小时,一年就是60个小时!利用八小时之外的琐碎时间,你可能创造出意想不到的价值。

每一个职场中的成功者,都善于发现隐藏的琐碎时间,就算开车停在十字路口等红绿灯的不到几十秒的时间,也有人把它用起来。

作为中国最年轻的城市和最富活力的特区——深圳,曾经提出过一个口号,后来传遍全中国:"时间就是金钱,效率就是生命。"

美国著名思想家本杰明·富兰克林也说过:"别忘了,时间就是金钱。假设,一个人一天的工资是10美元,可是他玩了半天或躺在床上睡了半天觉,他自己觉得他在玩上只花5美元而已。错误!他已经丢掉了他本应该得到的5美元——千万别忘了,就金钱的本质来说,一定是可以增值的。钱能变更多的钱,并且它的下一代也会有很多的子孙。假如谁消灭了5美元的金钱,那样就等于消灭了它所有能产生的价值。换句话说,可能毁掉了一座金山。"

在日常工作中,其实有很多时间没有被很好地安排和利用。你或许根本就没有觉察到它的存在,但它一直在影响你的工作效率。要想提高工作效率,你要做的是把时间找出来,并很好地利用它。

(二)今日事今日毕

在日常生活中,我们可能都有类似的体验:我们做一件事情如果没有时间限定,往往最终很难把这件事做完整。只有懂得用时间给自己施加压力,到时才能完成。所以在工作中,你最好制定每日的工作时间进度表,记下事情,定下期限。每天都有目标,每天都要有结果,日清日新。

海尔在实践中建立起一个每人、每天对自己所从事的工作进行清理、检查的"日事日清"控制系统。案头文件,急办的、缓办的、一般性材料的摆放,都要有条有理、井然有序;临下班的时候,椅子都放得整整齐齐的。

"日事日清"系统包括两个方面:一是"日事日毕",即对当天发生的各种问题(异常现象),在当天弄清原因,分清责任,及时采取措施进行处理,防止问题积累,保证目标得以实现。如工人使用的"3E"卡,就是用来记录每个人每天对每件事的日清过程和结果。二是"日清日高",即对工作中的薄弱环节不断改善,要求职工"坚持每天提高1%",70天工作能力就可以提高一倍。

对海尔的客服人员来说,客户提出的任何要求,无论是大事,还是小事,工作责任人必须在客户提出的当天给予答复,与客户就工作细节协商一致,然后毫不走样地按照协商的具体要求办理,办好后必须及时反馈给客户。如果遇到客户抱怨、投诉时,需要在第一时间加以解决,自己不能解决的,要及时汇报。

人们做事拖延的原因可能五花八门:一些人是因为不喜欢手头的工作,另一些人则不知道该如何下手。要养成更富效率的工作习惯，必须找出导致办事拖延的具体原因。

此处列举的问题囊括了大部分原因，我们将帮你找到相应的对策：

如果是因为工作枯燥乏味，不喜欢工作内容，那么就把事情转交给别人；或雇佣公司外的专职服务。一有可能，就让别人来做。

如果是因为工作量过大，任务艰巨，面临看似没完没了或无法完成的任务时，那么就将任务进行分解，化整为零，从而各个击破。

如果是工作不能立竿见影取得结果或者效益，那么就设立"微型"业绩。要激励自己去做一项几周或者几个月都不会有结果的项目很难，但可以确立一些临时性的成就点，以获得你所需要的满足感。

如果是工作受限，不知从何下手，那么可以凭主观判断开始工作。比如，你不知是否要将一篇报告写成两部分，但你可以先假定报告为一单份文件，然后马上开始工作。如果这种方法不得当，你会很快意识到，然后再进行必要的修改。

为了避免拖延误事，你需要养成"日事日清"的工作习惯。每天上班前，你应该预计今天要完成哪些事情，等到下班的时候，你要仔细检查一下，你预定的工作完成了没有，如果没有的话，就赶快抓紧时间完成。

凡事留待明天处理的态度就是拖延，这不但会阻碍职业上的进步，还会加重工作的压力。作为一名有执行力的员工，任何时候都不要拖延，不要自作聪明。优秀的员工都会谨记工作期限，并清楚地明白，在所有老板的心目中，最理想的任务完成方式是：不要让今天的事过夜，今天的事今天完成。

歌德曾经说过："把握住现在的瞬间，把你想要完成的事情或理想，从现在开始做起，只有勇敢的人身上才会富有天才、能力和魅力。因此，只要做下去就好，在做的过程当中，你的心态就会越来越成熟。如果能够有开始的话，那么，不久之后你的工作就可以顺利完成了。"

案例链接

知识拓展

PDCA 循环

PDCA 循环又叫戴明环，是美国质量管理专家戴明博士提出的，它是全面质量管理所应遵循的科学程序。全面质量管理活动的全部过程，就是质量计划的制订和组织实现的过程，这个过程就是按照 PDCA 循环，不停顿地周而复始地运转的。

PDCA 的四个阶段如图 9-1 所示。

P（计划 Plan）：从问题的定义到行动计划；
D（实施 Do）：实施行动计划；
C（检查 Check）：评估结果；
A（处理 Act）：标准化和进一步推广。

图 9-1　PDCA 的四个阶段

思考与练习

1."美西战争"爆发时，美国总统必须马上与古巴的起义军将领加西亚取得联络。加西亚在古巴的大山里，没有人知道他的确切位置。美国总统必须尽快得到他的合作。

有人对总统说："如果能够找到加西亚的话，那么这个人一定是罗文。"于是总统把罗文找来，交给他一封写给加西亚将军的信。罗文中尉拿了信，用油纸包装好，上了封，放在胸口藏好，坐了 4 天的船到达古巴，再经过 3 个星期，徒步穿过危机四伏的岛国，终于把那封信送给了加西亚。

从执行力的角度年看，你对《致加西亚的信》这个案例是怎样理解的？

2. 你认为如何才能向你的上司用最精简的语言去阐明一个观点、一件事或几个工作任务的执行情况？试想一下，如果你是一位经理，你准备用什么办法锻炼你的下属也养成高效执行的好习惯？

第四节　结 果 导 向

情景模拟

一家医疗设备公司每年"五一"都要参加青岛的一个展会，因为公司大部分的订单都是在展会上签订的。但是，"五一"那段时间是黄金周，游客很多，火车票很紧张。4 月 27 日火车票预售的第一天，公司老板就派他的下属小刘去火车站买票，要保证 5 月 1 日那天到青岛。小刘一大早就出发了，在火车站排队排到 12 点，结果售票员说火车票卖完了，软卧、硬卧、硬座统统卖完了。小刘觉得很郁闷，回公司后对老板说："老总，火车票卖完了。我一大早就去了火车站，结果轮到我的时候火车票就卖完了。"老板问："还有没有其他的办法了？"小刘说："没有。"结果老板狠狠地批评了小刘，又安排小张去买票。小刘想，看你有什么本事搞到票？小张出去一个多小时之后就回来了。他说老总，票的确卖完了。但是我又想了一些其他方法去青岛，第一买高价票，第二找关系，第三中途转车，第四坐飞机，第五坐大巴，请老总决策。后来老板奖励了小张，小刘还不服气。

老总让小刘去的目的是什么？追求的结果是什么？是买票吗？在这里，买票只是一个任务，到青岛才是结果！小刘的确对工作过程负责了，但是他没有对结果负责，所以老板会批评他。

基础知识

优秀的员工永远要明确自己想要的结果，要以结果思维为导向，然后整合一切可用的资源为自己所用，最终圆满地完成上级交代的任务，同时也可以达到自己想要的结果。

在做每一件事情时，都需要有结果思维。思维决定行为，行为决定结果；只有以结果思维为导向，才有以结果为目的的行为；有结果的行为，才能保证执行到位。对结果负责，是执行到位的基本前提，执行既要重过程，更要重结果。没有结果的执行，就是徒劳无功。要保证执行的结果，就必须有结果思维。执行之前，先考虑要达到什么目的和效果，并且为此该做哪些准备和工作。这也是保证执行到位的基本前提。

一、结果导向概述

结果是什么？《现代汉语词典》上给出的解释是：在某一阶段内，事物达到最后的状态。

结果导向是什么？结果导向是管理中的基本概念之一，即强调经营、管理和工作的结果（经济效益与社会效益和客户满意度），经营管理和日常工作中表现出来的能力、态度均要符合结果的要求，否则没有价值和意义。

当上级交代给我们一项任务时，大多数人往往只关注任务本身，即我只要去做这件事情就可以了。比如老总要开会，让秘书通知所有人员来开会。于是秘书立即拿起电话给各部门打电话，逐一通知。但是到开会时间时，还有几位部门负责人没有到会。于是老总就问秘书："怎么还有几位没有到呢？"秘书回答说："我已经通知他们了，他们没来我也没办法。"

这就不是结果导向，打电话通知是过程，相关的人到会才是结果。

结果是一种可以量化、有价值的、客户所需要的东西。比如老板的结果就是每一个部门的负责人都来参加会议，打电话通知不是结果，只是过程，相关人员在开会前能到达会议室，这才是老板想要的结果。

（一）结果三定律

1. 结果必须可量化

结果是可以量化的。比如买车票这件事，你的任务就是去买车票，这就是一件事，一个任务。而从结果的角度来看，买票的过程不能量化，买到了票，买了多少张票才是可以量化的，这才是结果。任何不可量化、不可描述的都不是结果。

2. 结果必须有价值

结果的第二定律是必须有价值。什么叫有价值呢？就是要有用，能给客户带来好处。而且是客户想要的。比如买车票，可能你买到了票，但是这张票是不是客户所需要的、票的时间是否是客户所接受的等，这就是价值的体现，即结果必须满足客户价值，没有价值的不算结果，结果必须有价值，而且必须是客户需要的。

3. 结果必须可以交换

结果最大的特点是可交换！什么叫可交换？就是客户愿意用钱来交换，愿意付钱给你的才是结果。客户不愿意付钱的，或者不能进行交换的都不是结果。比如你买衣服，只要当你掏钱出来买下这件衣服，这件衣服对你来说才是你要的结果，因为你愿意跟它进行交换，愿意付钱来买它。

牢记三大定律，认真区分什么是过程、什么是结果，为客户创造价值，为企业提供结果，这是实现结果导向的前提。

（二）结果与任务的区别

什么是结果？可以从四个条件来衡量，即有时间、有价值、可考核、是客户想要的。满足了这四个条件就叫做有结果。当然结果也是多种多样的，比如有结果、没有结果、合格结果、超值结果、好结果、坏结果等。

什么是任务？给大家三个条件来参考。即完成差事——领导交代的事情都办好了；例行公事——就某件事情，或是某个任务，把所有的程序都走完；应付了事——差不多就行了。对程序负责，对形式负责，却不对结果负责，这就叫完成任务。

你问销售员今天做了什么，他说拜访客户去了，你问："结果呢？"答："结果就是拜访客户了。"这就是不懂得什么是结果与任务。

拜访客户后有订单或回款，那是合格结果：有时间——今天；有价值——公司收益了；可考核——合同或支票可以看得见；客户很满意，表示再次购买，那就是超值结果了。但是，每次拜访不一定都有合格结果，更不可能每次拜访都有超值结果，也可能是差一点的结果，比如签订意向书，或得到客户购买承诺，或约定下次见面的时间，或得到客户对我们服务的三条改进意见，等等。最差的结果是被客户拒绝。如果客户拒绝了，也要写一个拜访总结发给大家，总结一些经验教训，与大家共同分享，对同事是一个好结果，以后你也会得到别人的帮助。这些都是结果，只是价值的高低不同而已，但毕竟是结果。

如果我们不懂得结果与任务的区别，就会有许多发传真、拜访客户这样的只执行任务、不顾结果的情况发生。

一个有执行能力的人经常给老板出选择题而不是问答题。比如前面案例中，小刘说票卖完了，你看怎么办，而小张说他想了几个方法，如找关系买高价票、转机、坐飞机、坐汽车。如果下属都是以小张这样的方式提供结果的话，老板是不是会变得非常轻松？如果下属都和小刘一样，说火车票的确卖完了，把这个问题推给了你，企业管理者是不是会焦头烂额，而下属就会无事可做？因此，完成任务不等于收获结果。

一个小和尚担任撞钟一职，半年下来，觉得无聊至极，"做一天和尚撞一天钟"而已。有一天，住持宣布调他到后院劈柴挑水。小和尚感到莫名其妙，问："为什么要调我去劈柴挑水？"住持说："你不胜任撞钟一职。"小和尚很不服气地说："我撞的钟难道不准时、不响亮？"老住持耐心地告诉他："你撞的钟虽然很准时，也很响亮，但钟声空泛、疲软，没有感召力。钟声是要唤醒沉迷的众生，因此撞出的钟声不仅要洪亮，而且要圆润、浑厚、深沉、悠远。"

为什么小和尚不能胜任撞钟一职？因为小和尚在这里只是执行任务——撞钟，他以为这就是住持想要的结果。但住持真正想要的结果并不是撞钟，而是唤醒沉迷的众生！

撞钟是任务，撞得唤醒沉迷的众生是结果！而要撞得唤醒众生，首先是要你真正用心地去撞！我们有多少人是成天在做撞钟这个事，只求钟响，但从来不考虑，也不管钟声是不是达到了真正的结果——唤醒沉迷的众生！

现实工作中，我们常常被"完成任务"这类完美的执行假象所迷惑。完成任务其实只是实现结果的一个过程，有时候甚至只是刚刚开始获取结果，但在因果逻辑上，他的确已经完成任务，可又没有达到要求。这种矛盾会导致下属甚至整个公司都在找理由推卸责任，下属找理由对付上级，上级找理由对付老板。因为只要完成了任务，员工就有一万个理由来说明，没有获取结果，不是自己的责任。我们要懂得一个基本道理：对结果负责，是对我们工作的价值负责，而对任务负责，是对工作的程序负责。如果你要成为一个优秀的执行型人才，那么请记住，执行永远只有一个主题：执行时要获取结果，而不是完成任务。我们永远都要锁定结果这个目标，而不是完成任务这个程序。因为完成任务≠结果。

结果必须具备以下三个要素：

第一个要素是客户化。客户要的，才是结果；客户不要的，那是结局。客户是我们的衣食父母，如果我们不能为客户提供客户想要的，客户就不会为我们带来我们想要的。

第二个要素是可量化。可量化的，才可交换，结果必须可以量化。量化代表两个层面：一是数量化，多少数量、什么时候完成、交货时间等都是数量；二是质量化，什么标准、什么品质等都是质量化的要求。

第三个要素是实物化。只交换结果，不交换过程。

客户化——我们一要努力使产品和服务更为优质，二要确认这些是不是客户需要的。我们不能自以为是，以自己的经验和价值尺度去工作，更不要以自己喜欢的方式和客户沟通。我们要与客户多沟通，多听听他们的意见，毕竟他们才是产品或服务的使用者。

可量化——如何让客户看到实实在在的结果，而不是看不见、摸不着的结果。客户要的不是你空洞的承诺，而是实实在在、看得见的结果。

实物化——没有任何借口，只讲功劳，不讲苦劳。我们很多人常说的一句话是，没有功劳，也有苦劳。言下之意，苦劳也是有价值的，也是需要得到尊重的。但事实上，苦劳在情感上有价值，在实际工作中却是没有价值的。如果我们承认苦劳也是有价值的，那么就会在公司形成一种风气，或者是氛围，认为有功劳很好，有苦劳也不错。如果公司的每个人都有这种想法或是认识，那么公司就会出现很多的"苦劳"而较少"功劳"，这样的结果对公司是很不利的。所以，公司要尊重功劳，拒绝苦劳。

二、结果导向执行模式的特征

以结果思维为导向的企业或个人，都有以下特征：

（1）以结果为导向的企业或个人对任何事都表现得比较积极主动，他们愿意做一些事情，以确保事情有正确的结果。

有这样一个案例：某企业总裁想召集企业所有中层以上干部开会，于是，他交代他的助理，通知所有中层以上的干部第二天早晨9点钟开会。对于以结果为导向的人来说，接到总裁下达的命令以后，他要做的是通知所有中层以上的干部第二天早晨9点钟开会，并且100%的出勤率。

助理首先会在第一时间通知所有中层以上的干部9点钟开会。通知完毕之后，他预测到第二天早上9点钟也许会有一部分人忘记，也许会有一部分人因堵车迟到，也许会有一部分人有特殊事情不能出席会议，所以，他在第二天7点钟一定会负责任地再次给每个人打电话或者发短信，问他们能不能准时到达。也许就是这个电话或者这条短信，使本来已忘记要开会的人，经过这一提醒准时到会了；那些因临时有事没有办法过来而想请假的人，经过这样的特别强调，知道这件事情的重要性，也会准时到达会议现场。

（2）以结果为导向的人通常会凡事追求结果，抱有负责的态度，由此就在企业里产生了一种正面效应。

当一个人凡事追求结果的时候，他就会有负责的态度，这对企业是非常有利的。所以，在我们的企业中，一定要追求以结果思维为导向，而不是以任务思维为导向的氛围。假如你的企业追求的是任务导向，那么就会出现这样的情况：我做了，至于结果如何，与我没有关系。一个人做了不等于做到，只有做到才有价值，做了是没有价值的。我们必须让员工明白：完成任务不等于得到结果。

假如一位员工付出很多，工作很努力，但是没有得到结果，如果你原谅他，甚至是安慰他，那么这个员工就有可能永远不会为结果负责任，他只会追求过程的完美。当一个人不能为结果负责的时候，不负责就会成为惯性。如果企业里的每个人都是这样，那么这家企业的执行一定都是空谈。

完成任务并不等于得到结果，执行的目的是要取得结果，而不仅仅是完成任务。完成任务是对程序和过程负责，而提供结果是对目的和价值负责。

三、打造结果导向的执行模式

无论作为企业还是个人，要想在职场上取得成功，就要积极打造以结果思维为导向的执行模式。工作上讲功劳，不讲苦劳。

一个具有结果导向思维模式的人，一定是对自己负责的人，他的身上一定会有三个重要的特点：信守承诺、结果导向、永不言败！这三个特点也是他的三个良好态度。前国家队教练米卢说："态度决定一切。"是的，态度决定人生结果，在生活和工作中，我们不难发现，那些心态好的人，往往人生结果也比较好；那些心态不好的人，人生结果也不会太好。

很多企业认为，执行不得力的原因是员工的问题，因为员工喜欢被动地做事情，员工喜欢找借口，员工喜欢拖延，等等。表面看起来，好像很有道理。一流的战略规划、一流的装备、一流的操作细则，但是在是在员工手里给搞砸了，员工不负责，谁负责呢？

但事实上，很多企业执行不得力的原因不是员工的问题，而是老板的问题，是因为老板一开始的要求就出了问题，是因为老板是以任务为导向的。当老板要求的是以任务为导向的时候，员工自然就会追求任务；当老板要求的是以结果为导向的时候，员工自然会为结果负责。

因为老板的这种以任务为导向的态度，使很多企业的员工通常喜欢追求苦劳：今天我做了，虽然没有得到结果，但是没有功劳，也有苦劳。在一些公司里也曾经出现过这样一种现象。某公司有一名员工，入职三个月，业绩一直不太好。由于业绩不太好，领取的工资也很少。这时候老板觉得这个员工很用心，很努力，每天很晚还在加班，但就是结果不太好，老板出于爱心和同情心，就破例奖励那位业绩不好的员工 500 元。而实际上，奖励完这 500 元之后，不仅没有真正帮助这个员工，还破坏了企业的标准制度。因为让一个没有功劳的人得到奖励，那些有功劳的人自然会心里不舒服。有些人可能会说，我的业绩做得很好都没有得到奖励，他的业绩不好，反而得到奖励，无形之中就培养了员工的任务惯性。

只有有功劳的人才能得到好的结果，没有功劳的人一定不会得到好的结果。假如你让一个没有功劳的人也得到了好的结果，无形之中你就会伤害那些有功劳的人。所以一个真正的企业家永远要——心慈不手软。

心慈就是要有爱心，要帮助员工，但这种帮助绝不是建立在施舍的基础上，也不是建立在无原则的奖励上，而是要帮助员工具备某种能力，让他获得某种技能，这种技能能够为他创造一定的财富。这就是授人以鱼不如授人以渔，给他钱不如教给他赚钱的能力。钱有用尽的时候，能力则会越用越多。这就是我们所说的企业家的心慈。

不要手软，意思是表达爱心的原则不能乱，表达爱心的方式不能错。不讲原则的爱心，有时候适得其反，错误的表达爱心的方式，有时会害人害己。这就是我们所说的企业家不能手软。

当一个员工没有能力的时候，你要大胆地要求他、警告他，如果实在不行的话，请你大胆地开除他。或许开除他有点太残酷，但是我想告诉你的是，其实你不是在开除他，你是在真正地帮助他，让他意识到：倘若今天他不认真做事，或者没有达到好的结果，则一定会被社会淘汰。当他有一天醒悟到自己的错误的时候，当他有一天在别的领域取得成就的时候，他不但不恨你，反而会感谢你。

努力（态度）和结果不是一回事，我们需要的是"合格"的结果，态度不等于结果。如果因为员工态度好而放松了对其不合格的结果的处罚，那么我们就会陷入"好态度=好结果"的陷阱，这样的话，实际上又是在鼓励努力了就好，结果如何就不管了，同时，这也是在向整个公司发出一个信号：公司看重的是好心，好心比好的结果更重要。这样的情况反复出现，对公司来说是很可怕的。公司有很多好心的人，但就是没有带来好结果的人，这不是公司所渴望拥有的，公司渴望拥有的是既有好心又能创造好结果的人。

案例链接

知识拓展

能力训练

结果导向思维训练

在管理学中，有一个 A—B 策略，如图 9-2 所示。

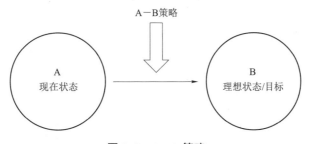

图 9-2　A—B 策略

如图 9-2 所示，A 点指的是你的现状、目前所面临的问题、各种现实困惑与已拥有的资源；B 点通常指的是方向、目标以及理想状态等。

中间的距离称之为可能性通路。主要指由 A 点到 B 点的各种方法、解决问题的策略、达成目标与理想状态的方式方法、行动策略等。

厘清 A 点（现状）的问题：
1. 你现在的状况是怎样的？
2. 除了你刚才说的之外，还有什么？
3. 复述一下你刚才讲的 A，是这样吗？
4. 问题 A 背后真正的原因是什么呢？
5. 为了达到或实现你的目标，你都做了些什么？
6. 阻碍你实现目标的因素是什么？
7. 为了有效实现这个目标，你认为还欠缺些什么？
8. 你是怎么知道欠缺的事物的？
9. 你对现在的这些情况有怎样的看法？

挖掘 B 点（目标）的问题：
1. 你想要实现的目标是什么？
2. 具体来讲都是什么？
3. 实现这个目标对你的价值和意义是什么？
4. 为什么你要实现这个目标？
5. 如果这个目标现在实现了会怎样？
6. 这个目标对你来讲有多重要？
7. 如果目标不能实现，会给你带来什么损失？
8. 出现什么情况后，你才会知道你的目标已经实现？（你的目标实现的标志是什么？请列出其中三项）
9. 当你听到什么、看到什么或感觉懂了什么的时候，你会知道你已经实现了你的目标吗？

职业素养执行力

如何提升执行力

小故事 9569602

第十单元

团队合作素养

知识目标

1. 了解、掌握团队的含义、分类与特点。
2. 掌握团队的构成要素。
3. 掌握融入团队的意义、途径。
4. 掌握团队合作的含义、基础、原则、技巧。
5. 掌握团队精神的内涵和作用。
6. 掌握培养团队精神的重要性。
7. 掌握培养团队精神的途径。

能力目标

1. 能顺利融入团队。
2. 掌握团队合作的技巧，能进行团队合作。
3. 有团队精神。

第一节 了解团队

情境模拟

俗语说："一只蚂蚁来搬米，搬来搬去搬不起，两只蚂蚁来搬米，身体晃来又晃去，三只蚂蚁来搬米，轻轻抬着进洞里。"

这个俗语告诉了我们什么？

基础知识

团队合作素养是时代发展对人才提出的要求，是人格、个性健全发展的高素质人才的必备素养。一个人的学习、生活、工作都离不开他人的帮助，一个团队的发展也离不开队员之间的合作。只有具备良好的团队精神，才能在激烈的人才竞争中占据优势并获得主动，才能获得事业的成功。

一、团队的内涵

团队是由基层和管理层人员组成的一个共同体，它合理利用每一个成员的知识和技能来协同工作，解决问题，达到共同的目标。

1994年，斯蒂芬·罗宾斯首次提出了"团队"的概念：为了实现某一目标而由相互协作的个体所组成的正式群体。在随后的十年里，关于"团队合作"的理念风靡全球。当团队合作是出于自觉和自愿时，它必将会产生一股强大而且持久的力量。

团队和群体有着一些根本性的区别，群体可以向团队过渡。

二、团队的分类与特点

（一）分类

一般根据团队存在的目的和拥有自主权的大小，将团队分为5种类型：
（1）问题解决型团队；
（2）自我管理型团队；
（3）多功能型团队；
（4）共同目标型团队；
（5）正面默契型团队。

（二）特点

（1）团队以目标为导向；
（2）团队以协作为基础；
（3）团队需要共同的规范和方法；
（4）团队成员在技术或技能上形成互补。

三、团队的构成要素

团队的构成要素总结为5P，分别为目标、人、定位、权限、计划。

（一）目标（Purpose）

团队应该有一个既定的目标，为团队成员导航，知道要向何处去，没有目标，这个团队就没有存在的价值。

我们所在的组织可以说是一个大团队，因为我们有共同的使命、愿景和目标。同时，组织内部又可以划分为若干小团队，包括常设团队（职能部门）和临时团队（项目部、公关小组）。组织的大目标可以分解成小目标，小团队的目标必须跟组织的目标一致，小团队的目标还可以具体分解到各个团队成员身上，大家合力实现这个共同的目标。同时，目标还应该有效地向大众传播，让团队内外的成员都知道这些目标，有时甚至可以把目标贴在团队成员的办公桌上、会议室里，以此激励所有的人为这个目标去工作。

（二）人（People）

人是构成团队最核心的力量。2个以上的人就可以构成团队。

目标是通过人员具体实现的，所以人员的选择是团队中非常重要的一个部分。在一个团队中需要有人定计划，有人出主意，有人实施，有人协调，还要有人去监督评价工作进展与业绩表现。不同的人通过分工来共同完成团队的目标，所以在人员选择方面要考虑团队的要求如何、人员的能力如何、技能是否互补、人员的经验如何、性格搭配是否和谐等因素。

组建团队时，选择团队领导是重中之重。俗语说得好："兵熊熊一个，将熊熊一窝。"大家看过《亮剑》当中的李云龙，硬是把一支杂牌军打造成能征善战的精锐之师；也有纸上谈兵的赵括，长平之战葬送40万军队，使赵国一蹶不振，直到灭亡。

（三）定位（Place）

定位包含两层意思：一是团队的定位，团队在组织中处于什么位置，由谁选择和决定团队的成员，团队最终应对谁负责，团队采取什么方式激励下属等；二是个体的定位，作为成员在团队中扮演什么角色，是定计划还是具体实施或评估等。

（四）权限（Power）

团队当中领导人的权力大小跟团队的发展阶段相关，一般来说，团队越成熟，领导者所拥有的权力相应越小，在团队发展的初期阶段，领导的权力相对比较集中。在确定团队权限时，要考虑组织规模、团队数量、业务类型，以决定授予何种权限及多大权限等。

团队权限关系的两个方面：

（1）整个团队在组织中拥有什么样的决定权？比方说财务决定权、人事决定权、信息决定权。

（2）组织的基本特征，比方说组织的规模多大、团队的数量是否足够多、组织对于团队的授权有多大、它的业务是什么类型等。

（五）计划（Plan）

计划有两个层面的含义：

一是目标最终的实现，需要一系列具体的行动方案，可以把计划理解成目标的具体工作的程序；二是提前按计划进行，可以保证团队的顺利进度。只有在计划的操作下团队才会一步一步地贴近目标，从而最终实现目标。

案例链接

知识拓展

木 桶 原 理

短板理论又称"木桶原理""水桶效应",如图10-1所示。该理论由美国管理学家彼得提出。盛水的木桶是由许多块木板箍成的,盛水量也是由这些木板共同决定的。若其中一块木板很短,则盛水量就被短板所限制。这块短板就成了木桶盛水量的"限制因素"(或称"短板效应")。

若要使木桶盛水量增加,只有换掉短板或将短板加长才成。

有人这样说:比最低的木板高出的部分是没有意义的,高出越多,浪费越大;要想提高木桶的容量,就应该设法加高最短的那块木板的高度,这是最有效也是唯一的途径。短板理论也就是我们经常所说的主要矛盾,只有明白事物的薄弱环节,抓住问题的关键所在,抓住问题的主要矛盾,才能抓住解决问题的关键,获得最大限度的成功。日常生活中也是这个道理,克服"短板"的过程其实就是找到事物发展过程中的关键薄弱环节,并加以克服,使事物更好地发展。

一个水桶的储水量,还取决于水桶的直径大小。

每个团队都是不同的一个水桶,因此,水桶的大小也不可能完全一致。直径大的水桶,其储水量自然要大于其他水桶。

图10-1 木桶原理

木桶的盛水量取决于桶壁上最短的木板

在每块木板都相同的情况下,水桶的储水量还取决于水桶的形状。

学过物理的人都知道,在周长相同的条件下,圆形的面积大于方形的面积。因此圆形水桶是所有形状的水桶中储水量最大的,它强调组织结构的运作协调性和向心力,围绕一个圆心,形成一个最适合自己的圆。

因此,从团队来说,团队的每一块资源都要围绕一个核心,每一个部门都要围绕这个核心目标而用力;作为团队领导来说,偏颇任何一个部门都会对水桶的最后储水量带来影响。有一句话说得好:结构决定力量。结构也决定着水桶的储水量。

能力训练

1. 实地考察一个团队,了解团队的目标,判断其属于哪种类型的团队?这个团队适不适合你?为什么?

2. 实地考察一个团队,了解团队成员在技术或技能上的互补情况,如果你进入这个团队,你的优势是什么?短板在哪里?你能为这个团队奉献什么?

第二节　融入团队

情境模拟

在广袤的非洲大草原上，三只小狼狗一同围追一匹大斑马。面对着身体高大的斑马，三只两尺多长的小狼狗蜂拥而至，一只小狼狗咬住斑马的尾巴，一只小狼狗咬住斑马的鼻子，无论斑马怎样挣扎反抗，这两只小狼狗都死死咬住不放，当斑马前后受敌、疼痛难忍时，一只小狼狗就开始啃它的腿，终于，斑马支撑不住倒在了地上。一匹大斑马就这样被三只小狼狗吃掉了。

这个故事告诉我们了什么？

基础知识

一、融入团队的意义

（一）融入团队才能获得安全感和归属感

融入团队，我们会感到更为强大，更为自信，可以减轻"独立无援"时的不安全感，也多了一份对外来威胁的抵抗力，进而得到安全感和归属感。

（二）融入团队才能获得指导和支持

每个人都有自己的优点，同时，也有着自身的不足，虽说勤能补拙，然而，要求每个人都做到这一点，却不是那么容易的事情。团队中人才多，且团队一般都会安排以老带新，优秀团队更是有新员工培训计划，对新员工在日常工作、经验传授等方面进行全方位的培训，新员工在各方面获得指导、支持，进步更快。

（三）融入团队才能实现个人价值的最大化

是团队成就了个体。在这个世界上，任何一个人的力量都是渺小的。想成为卓越的人，仅凭自己的孤军奋战，单打独斗，是不可能成大气候的。你必须融入团队，必须借助团队的力量。只有融入团队，只有与团队一起奋斗，充分发挥出个人的作用，你才能实现个人价值的最大化，你才能成就自己的卓越！

（四）融入团队才能实现团队力量的强大

是个体组成了团队。俗话说："三个臭皮匠，赛过诸葛亮。""人多力量大。""一根筷子容易弯，十根筷子折不断。"这就是团队力量的直观表现。在一个团队里，如果每个人都能够充分发挥自己的优势，那么，这个团队将是无比强大的。正如一首军歌里所唱：这力量是铁，这力量是钢……

二、掌握融入团队的途径

（一）主动了解团队文化

首先，就是文化认同。初入团队，最难适应的就是每个团队独特的团队文化。但要想在团队立足，你必须理解、认可、传播团队文化。只有你认可了团队的文化理念，快乐工作，自我价值的实现才会变成可能。

其次，决定加入哪个团队，除了考虑团队提供的薪水可以满足自己的要求外，最重要的还是看团队的整体氛围好不好、项目有没有可持续发展的前景、团队的核心领导有没有较强的人格魅力、团队提供的岗位和你自身的优势资源能不能有效对接。用四个"跟"来概括：跟自己的感觉走，跟品牌的理想走，跟团队的文化走，跟老板（核心领导）的魅力走。适应和从内心接受了团队的文化，你就为自己开始的工作打下了一个良好的心态基础，为自己的坚持和不放弃找到了理由，这样你才可能做到先升值，再升职；先有为，后有位！

（二）主动了解团队目标

每个团队都有一个既定的目标来为团队成员导航，不同的人通过分工来共同完成团队的目标。作为团队的一名成员，我们要了解团队的目标，了解自己应该完成的小目标，跟大家合力实现这个共同的团队目标。

（三）主动了解团队成员

人是构成团队最核心的力量，2个（包含2个）以上的人就可以构成团队。目标是通过人员具体实现的，所以了解团队成员非常重要。

团队中不同的人有不同的分工，有人出主意，有人定计划，有人实施，有人协调不同的人一起去工作，还有人去监督团队工作的进展，评价团队最终的贡献。了解团队成员的能力、技能、经验等，我们一定要和优秀者合作，一定要争取靠近优秀者，水涨船高，有助于帮助自己为团队做出努力，为实现团队目标贡献自己的聪明才智，同时也实现自己的职业理想。

（四）主动学习，勤于工作

初入团队，太多的东西需要了解和学习。制度流程、岗位职责、团队文化、产品知识、销售政策、网络渠道、网络营销、工作方法、礼仪知识……太多的东西需要我们在最短的时间内就要熟知和了解。学习的途径和方法除了团队正常的培训外，更多的应该是员工用心去自学领悟和掌握，当然向老员工和前辈请教也是一个捷径。互联网是学习的最好老师，掌握和熟练运用互联网是员工必须具备的一项技能，这不仅仅对于现在的工作有用，对未来的人生也至关重要！

（五）主动沟通

初入团队，进入一个陌生的环境，失落和焦躁情绪是任何人都无法抵挡的。应善于沟通，熟悉工作岗位，让自己能投入工作状态中来，尽快建立人际关系网。沟通无疑是我们进入团队必须习惯性做的事。如果我们一味地将自己封闭起来，沉默于自己的一亩三分地，拒绝和同事沟通交流，结果可想而知，你会被拒之于这个团队之外，沦为孤家寡人。

（六）主动完成岗位工作

初入公司，一个主动积极的工作态度很重要，要主动参加团队活动、主动完成岗位工作。先不要问自己会做什么，而是要问问自己现在能做什么！我们工作生活在一个开放性的环境当中，创造性的工作是我们一贯倡导的工作方法，主动无疑是推进剂，凡事如果都要领导来安排，那么，我们已经失去了工作的意义。

（七）建立本人的人际网络

你知道普通人才与顶尖人才的真正区别在哪里吗？你可能会毫不犹疑地回答：是才能。那你就错了。哈佛大学商学院曾经做过一个调查发现：在事业有成的人士中，26%的靠工作能力，5%的靠关系，而人际关系好的占了69%。建立本人的人际网络，才能更好地融入团队，为团队奉献。

要想成为出类拔萃的顶尖人才，不仅要提升你的才能，更重要的是拓展你的人际关系，提升你的人际竞争力，只有这样，你才会锋芒毕露，取得自己和团队事业的成功。

丰富的人际资源可使工作愈加得心应手。一个人在人际关系上的优势，就是人际竞争力。哈佛大学为了解人际能力在一个人取得成就的过程中起着怎样的作用，曾针对贝尔实验室顶尖研究员作过调查。他们发现，被大家认同的专业人才，其专业能力往往不是重点，关键在于"顶尖人才会采取不同的人际策略，这些人会多花工夫与那些在关键时刻可能对本人有协助的人培养良好的关系，在面临问题危机时便容易化险为夷。"他们还发现，当一名表现平平的实验员遇到棘手问题时，会去请教专家，却往往因没有回音而白白浪费工夫；顶尖人才则很少碰到这种情况，由于他们在平时就建立了丰富的资源网，一旦前往请教，立刻便能得到答案。

案例链接

知识拓展

能力训练

1. 选择一个陌生的圈子，主动交谈，练习主动沟通的能力。
2. 积极参加团队组织的活动，多聊天，主动协助组织者做一些工作，锻炼自己，尽快融入团队。

第三节　团队合作

情境模拟

众所周知，微软是以创造团队文化闻名的公司。以项目小组的形式来开发电脑软件是由微软首创的。微软的产品是电脑软件，专业性很强，需要知识积累和不断创新，并要求不能出错。在这种情况下，公司需要的并不是一团和气的温暖，而是平等又充满争论的团队文化。在思想的交锋中产生创新的火花，在不同视角的争辩中创造最独特完美的产品，这是合作精神在微软产品项目小组中的体现。比尔·盖茨与保罗·艾伦创办微软之后，思想的争论、敢于向他人的思想挑战的风气就被鼓励并发扬光大。比尔·盖茨甚至要求向他汇报工作的人以及所有项目小组都遵循"敢提不同意见"的原则。项目小组有名的"三足鼎立"结构也就这样建立起来，软件设计员、编程员、测试员，三种人员互相给彼此挑刺，刺挑得越多，最后的产品就可能越完善。而项目小组的成员大家都平等，组长也没有特别的权力，主要担任沟通协调的角色，解决任务冲突、人员冲突、时间冲突，使大家愉快配合，按时将产品完成。这种独特的团队合作能够实现目标，与公司的几个重大环节的把握有十分密切的关系。首先是公司文化的创立。其次是人员招聘的把关。微软招人的时候用的测试题全是智力和创意测试，这已经成为目前IT行业招聘的经典。再次则是分工的极其明确和流程设计的周密，每一个团队成员都十分清楚自己的职责和自己的工作在整体中的位置和顺序以及时间进度。由于分工明确而且每个人都无法被他人替代，因此彼此都互相尊重，同时敢于提出自己的不同见解。最后则是大家都有明确的共同目标，让产品按时并高质量地完成。

这个故事告诉了我们什么？微软的团队合作案例对你有什么启发？

一、团队合作的内涵

团队合作指的是一群有能力、有信念的人在特定的团队中，为了一个共同的目标相互支持合作奋斗的过程。它可以调动团队成员的所有资源和才智，并且会自动地驱除所有不和谐和不公正现象，同时会给予那些诚心、大公无私的奉献者适当的回报。如果团队合作是出于自觉自愿，它必将会产生一股强大而且持久的力量。

二、团队合作的重要性

（1）可以打造一个具有较强凝聚力的工作队伍。
（2）可以为团队成员提供一个较好的学习平台。
（3）可以营造一个相对和谐的工作环境。
（4）可以有效地提高工作效率。

三、团队合作的基础

（一）信任

建立信任是团队合作的基础。这不是任何种类的信任，而是坚定地以人性脆弱为基础的信任。

这意味着一个有凝聚力的、高效的团队成员必须学会自如地、迅速地、心平气和地承认自己的错误、弱点、失败、求助。他们还要乐于认可别人的长处，即使这些长处超过了自己。团队成员彼此之间应敞开心扉，坦率承认自己的弱点或错误。以人性脆弱为基础的信任在实际行为中到底是什么样的？像团队成员之间彼此说出"我办砸了""我错了""我需要帮助""我很抱歉""你在这方面比我强"这样的话，就是明显的特征。以人性脆弱为基础的信任是不可或缺的。

（二）守时

守时是职业人必备的素质，是团队合作的基础。德语中有一句话："准时就是帝王的礼貌。"

守时是职业道德的一个基本要求，如果你是一个新人，刚参加工作，需要面试，而你却迟到了，那么不管你有什么理由，都会被视为缺乏自我管理和约束能力，即缺乏职业能力，给面试者留下非常不好的印象。

守时是纪律中最原始的一种，无论上班下班还是约会，都必须准时，守时即是信用的礼节，公共关系的首环，也是一个人最基本的要求。记着，准时只是下限，早到5分钟才是守时。做一个守时的人，在得到别人尊重的同时，也会给别人一个好印象。

守时是一种美德。懂得珍惜时间的人，不仅仅要注意不浪费自己的时间，也要时时注意不能够白白浪费别人的时间。管理好自己的时间，就是让自己无论在做什么事的时候都能够轻松应对、游刃有余。一个守时的人，必将获得别人的尊重。

曾听说过一则不守时被罢官的故事。一位美女白领晋升为中层经理。原先风风火火、开会非常守时的她，"加冕"后，经常在业务会上在全体下属准时到场后，摇动着她的风姿进场，不仅没有愧意，嘴里还不停地为自己辩解："忙啊，太忙了！"每天早上视迟到为基本守则的她，致使整个部门的团队合作效率极低。终于有一天，她从没有坐热的管理者宝座上栽了下来。

团队是由员工和管理层组成的一个共同体。团队合作是一种集体行动，就是合理利用团队每一个成员的知识和技能协同工作，解决问题，达到共同的目标。集体主义需要较高的团队合作力，团队合作力不强，大多表现在团队成员的时间观念很差，不守时是最常见的现象。比如，团队会议是团队合作中必不可少的沟通工具，正是这种群体决策方式，让团队成员参与决策，更容易执行团队所定的目标和任务。一旦开会人没有到齐，会议就会延长时间，影响的就不是一个人的时间。

在一家软件公司的人员招聘书上，不论是程序员还是部门经理，其职位要求都清楚地写着："守时，工作中较强的计划性"和"具有强烈的团队合作意识和良好的沟通协调能力"。这就是说，守时和团队合作是一个中层经理必备的能力要求。其实，它们之间还有更重要的联系，守时是团队合作的基础。

四、团队合作的原则

（一）诚恳原则

诚是人与人相处的基本态度，团队合作的原则，自然当以诚为第一原则。古语说："诚者，事之始终。"真诚是君子最宝贵的品格，是同事间相处共事的基础。

诚应贯彻一件事的头尾，让与你交往的人感到你所做的一切都是发自内心的、真诚的。诚是核心，哪个朋友因某件小事对你有误会或存有偏见，由于你以诚相待，始终以诚感动他，他一定会因你"诚之所至，金石为开"。我们都知道三顾茅庐这个故事，刘备不顾张飞、关羽的劝阻，在隆冬季节，寒雪纷飞的时刻三访孔明，而且为去拜见孔明又沐浴，又斋戒，终于以诚、以礼叩开了孔明心灵的大门，才有了著名的《隆中对》，才请出了诸葛亮帮助他成就大业。如果他以位尊、以权贵来召唤孔明，其结果可想而知，正因为刘备始终能以诚相待诸葛亮，才赢得了诸葛亮的赤胆忠心，帮助他与曹操、孙权抗衡，三分天下，成鼎足之势，乃至在刘备死后，诸葛亮仍忠心耿耿地保扶幼主刘禅，对之千叮万嘱，为刘氏宗业鞠躬尽瘁，死而后已。著名的《出师表》可以说道尽了诸葛亮的报恩之情，古往今来，成就大业者皆能以诚相待，礼贤下士，例子不胜枚举。

（二）尊重原则

人的自尊与相互尊重是团队合作的基础之一，也是建立良好人际关系的基础之一。你要得到别人的尊重，首先你必须自尊，更应懂得尊重他人。

一个人只有自尊，才能产生提高自身修养的需要，自尊是赢得他人尊重的前提。一个不懂自尊的人必然被人鄙视。要自尊就应自知、自省、自信、自强。自知就是要有自知之明，认识自己的不足和弱点，知耻而后勇，知不足而求上进，这是人之常理。自省就是经常反省自己，检点自己的言行，学古人"吾日三省吾身"。自信就是要克服羞怯心理，相信自己能够处理好人际关系，充满信心地去待人接物，踏上社交成功之道。自强就是要坚信自己是生活的强者，具有刻苦耐劳、不畏艰险、顽强拼搏的精神。这样才能获得他人由衷的尊敬和礼遇。

一个人还要学会尊重他人，这是传统美德，更是团队合作的基本要求。应提倡换位思维，己所不欲，勿施于人，将心比心，设身处地为他人着想，急他人之所急，多做积德行善之事。还应注意"上交不谄，下交不骄"，既要锦上添花，更应雪中送炭。

人们只有相互尊重才能有深化交往、发展关系的可能。一个人如果感觉交往对象对自己不够尊重，那么他就会因为自己的自我价值没有得到对方的承认而委屈不快，对交往对象产生厌恶心理，使原有的需要减弱和转移，使关系受到影响。而相互尊重给人心理以强化作用，使交往双方因为对方对自己的肯定行为而提高了与交往对象的需要。个人之间是这样，那么国家之间、民族之间、团体之间也要以尊重为原则，彼此尊重对方的风俗、习俗、礼仪等。

（三）平等友善

与同事平等相处也很重要。同事之间相处具有相近性、长期性、固定性，彼此都有较全面深刻的了解。要特别注意的是平等相待，才可以赢得同事的信任。信任是联结同事间友谊的纽带。即使你各方面都很优秀，即使你认为自己以一个人的力量就能解决眼前的工作，也不要显得太张狂。要知道还有以后，以后你并不一定能完成一切，还是平等友善地对待对方吧。不管你是资深的老员工，还是新进的员工，都需要丢掉不平等的关系，无论是心存自大还是心存自卑，都是同事相处的大忌。

（四）善于交流

同在一个公司、办公室里工作，你与同事之间会存在某些差异，知识、能力、经历的不同会造成你们在对待和处理工作时产生不同的想法。交流是协调的开始，把自己的想法说出来，听对方的想法，你要经常说这样一句话："你看这事该怎么办，我想听听你的看法。"

（五）谦虚谨慎

法国哲学家罗西法古曾说过："如果你要得到仇人，就表现得比你的仇人优秀；如果你要得到朋友，就要让你的朋友表现得比你优秀。"当我们让朋友表现得比他们还优秀时，他们就会有一种被肯定的感觉；但是当我们表现得比他们还优秀时，他们就会产生一种自卑感，甚至对我们产生敌视情绪。因为谁都在自觉不自觉地强烈维护着自己的形象和尊严。

所以，对自己要轻描淡写，要学会谦虚谨慎，只有这样，我们才会永远受到别人的欢迎。为此，卡耐基曾有过一番妙论："你有什么可以值得炫耀的吗？你知道是什么原因使你成为白痴？其实不是什么了不起的东西，只不过是你甲状腺中的碘而已，价值并不高，才五分钱。如果别人割开你颈部的甲状腺，取出一点点的碘，你就变成一个白痴了。在药房中五分钱就可以买到这些碘，这就是使你没有住在疯人院的东西——价值五分钱的东西，有什么好谈的呢？"

（六）化解矛盾

一般而言，与同事有点小想法、小摩擦、小隔阂，是很正常的事。但千万不要把这种"小不快"演变成"大对立"，甚至成为敌对关系。对别人的行动和成就表示真正的关心，是一种表达尊重与欣赏的方式，也是化敌为友的纽带。

（七）宽容原则

宽容的原则就是讲究与人为善，可以说是一种较高的境界，是人类一种伟大的思想。在人际交往中，宽容的思想是创造和谐人际关系的法宝，宽容他人、理解他人、体谅他人，不要求全责备、斤斤计较，甚至咄咄逼人，总而言之，学会换位思考，站在对方的立场去考虑一切，是你争取朋友的最好办法。每个人生活的环境不同、性格有异、见解有别，就需要互相鼓励、互相理解、互相宽容，以期达到和谐相处的境界。不能以己之长笑人之短，应尽量避免触痛他人；不要自恃清高；不要把自己的习惯强加于人。

（八）接受批评

从批评中寻找积极成分。如果同事对你的错误大加抨击，即使带有强烈的感情色彩，也不要与之争论不休，而要从积极方面来理解他的抨击。这样不但对你改正错误有帮助，也避免了语言敌对场面的出现。

（九）创造能力

一加一大于二，但你应该让他大得更大。培养自己的创造能力，不要安于现状，试着发掘自己的潜力。一个有不凡表现的人，除了能保持与人合作以外，还需要所有人乐意与你合作。

总之，作为一名员工，应该以你的思想感情、学识修养、道德品质、处世态度、举止风度做到坦诚而不轻率、谨慎而不拘泥、活泼而不轻浮、豪爽而不粗俗，只有这样才可以和其他同事融洽相处，提高自己团队作战的能力。

三、团队合作的技巧

（1）理解他人；

（2）留意小事；

（3）遵守承诺；

（4）澄清期望；

（5）体现真诚；

（6）承担责任；

（7）主人翁责任感。

案例链接

知识拓展

能力训练

1. 组织 15 人跳大绳活动，锻炼团队合作能力。

2. 与他人合作，参加无敌风火轮集体游戏，主要培养学员团结一致、密切合作、克服困难的团队精神；培养计划、组织、协调能力；培养服从指挥、一丝不苟的工作态度；增强队员间的相互信任和理解，锻炼团队合作能力。

（1）项目类型：团队协作竞技型。

（2）道具要求：报纸、胶带。

（3）场地要求：一片空旷的大场地。

（4）游戏时间：10 分钟左右。

（5）游戏玩法：12～15 人一组，利用报纸和胶带制作一个可以容纳全体团队成员的封闭式大圆环，将圆环立起来。全队成员站到圆环上，边走边滚动大圆环，哪个团队先到为胜。

3. 参加体育拓展活动，如"信任背摔""孤岛求生""模拟过沼泽""七色板""大脚板""地雷阵""毕业墙"等项目，锻炼团队合作能力。

第四节　团队精神

情境模拟

刘备，他善用精神力量凝聚人心，在不具备天时、地利的条件下，以人和为核心竞争力，以"义"聚得关羽、张飞、赵云等名将；以诚感人，三顾茅庐，请出诸葛亮辅佐，并以兴复汉室天下为共同目标，发挥团体的力量，终于三分天下得其一。

这个故事告诉了我们什么？

基础知识

一、团队精神的内涵

所谓团队精神，就是大局意识、协作精神和服务精神的集中体现，简单地说，就是一种集体意识，是团队所有成员都认可的一种集体意识。团队精神的基础是尊重个人的兴趣和成就，核心是协同合作，最高境界是全体成员的向心力、凝聚力，反映的是个体利益和整体利益的统一，并进而保证组织的高效运转。

团队精神的核心是无私和奉献精神，是自动担当的意识，是与人和谐相处、充分沟通、交流意见的智慧。它不是简单地与人说话、与人共同做事，而是不计个人利益、只重团队全体的奉献精神。

团队精神的形成并不要求团队成员牺牲自我，相反，挥洒个性、表现特长保证了成员能够共同完成任务目标，而明确的协作意愿和协作方式则产生了真正的内心动力。

团队精神是团队文化的一部分，良好的管理可以通过合适的团队形态将每个人安排至合适的岗位，充分发挥集体的潜能。如果没有正确的管理文化，没有良好的从业心态和奉献精神，就不会有团队精神。

二、团队精神的作用

（一）目标导向

团队精神能够使团队成员齐心协力，拧成一股绳，朝着一个目标努力。对团队的个人来说，团队要达到的目标就是自己必须努力的方向，从而使团队的整体目标分解成各个小目标，在每个队员身上都得到落实。

（二）凝心聚力

任何组织群体都需要一种凝聚力，传统的管理方法是通过组织系统自上而下的行政指令，淡化了个人感情和社会心理等方面的需求，团队精神则通过对群体意识的培养，通过队员在长期的实践中形成的习惯、信仰、动机、兴趣、爱好等文化心理，来沟通人们的思想，引导人们产生共同的使命感、归属感和认同感，逐渐强化团队精神，产生一种强大的凝聚力。

（三）促进激励

团队精神要靠每一个队员自觉地向团队中最优秀的员工看齐，通过队员之间正常的竞争达到督促和提醒的目的。这种激励不是单纯停留在物质的基础上，而是要能得到团队的认可，获得团队中其他队员的认可。

（四）约束规范

在团队里，不仅队员的个体行为需要控制，群体行为也需要协调。团队精神所产生的控制功能，是通过团队内部所形成的一种观念的力量、氛围的影响，约束、规范、监管团队的个体行为。这种控制不是自上而下的硬性强制力量，而是由硬性控制转向软性内化控制；由控制个人行为，转向控制个人的意识；由控制个人的短期行为，转向对其价值观和长期目标的控制。因此，这种控制更为持久且更有意义，而且容易深入人心。

三、培养团队精神的重要性

（一）团队精神是进入团队的重要考核标准

几乎一切的大公司在招聘新人时，都非常留意人才的团队合作精神，他们认为一个人能否和别人相处与协作，要比他个人的能力重要得多。

（二）团队精神直接关系到个人的工作业绩和团队的业绩

一个没有团队精神的人，即便个人工作干得再好，也无济于事。由于在这个讲究合作的年代，真正优秀的员工不只要有超人的能力、骄人的业绩，更要具备团队精神，为团队全体业绩的提升做出贡献。一个人的成功是建立在团队成功的基础上的，只要团队的绩效获得了提升，个人才会得到嘉奖。

（三）团队精神决定个人能否自我超越、达到完美

认清团队精神，完成自我超越。个人不可能完美，但团队可以。在知识经济时代，竞争已不再是单独的个体之间的斗争，而是团队与团队的竞争、组织与组织的竞争，任何困难的克服和波折的平复，都不能仅凭一个人的英勇和力量，而必须依托整个团队。对每个人来讲，你做得再好，团队垮了，你也是失败者。21世纪最成功的生存法则，那就是抱团打天下，必须有团队精神。所以作为团队的一员，只要把本人融入整个团队之中，凭借整个团队的力量，才能把本人所不能完成的棘手的问题处理好。明智且能获得成功的捷径就是充分利用团队的力量。

一位专家指出："如今年轻人在职场中普遍表现出的自大与自傲，使他们在融入工作环境方面表现得缓慢和困难。这是由于他们缺乏团队合作精神，项目都是本人做，不愿和同事一同想办法，每个人都会做出不同的结果，最后对公司一点用也没有，而那些人也不可能做出好的成绩来。"

（四）团队精神能推动团队运作和发展

在团队精神的作用下，团队成员产生了互相关心、互相帮助的交互行为，显示出关心团队的主人翁责任感，并努力自觉地维护团队的集体荣誉，自觉地以团队的整体荣誉感来约束自己的行为，从而使团队精神成为公司自由而全面发展的动力。

（五）团队精神能培养成员之间的亲和力

一个具有团队精神的团队，能使每个团队成员显示高涨的士气，有利于激发成员工作的主动性，由此而形成集体意识、共同的价值观、高涨的士气、团结友爱的氛围，团队成员才会自愿地将自己的聪明才智贡献给团队，与其他成员积极主动沟通，同时也使自己得到更全面的发展。

（六）团队精神有利于提高组织整体效能

通过发扬团队精神，加强建设团队精神，能进一步节省内耗。如果总是把时间花在怎样界定责任、应该找谁处理这些问题上，让客户、员工团团转，这样就会减少企业成员的亲和力，损伤企业的凝聚力。

四、培养提升团队精神的途径

（一）培养勇于奉献的精神

具备团队精神，首先就要检视本人的灵魂，只有高尚的、无私的、乐于奉献的、勇于担当的灵魂，才可能具备这种优点。

最能表现团队精神真正内涵的莫过于登山运动。在登山的过程中，登山运动员之间都以绳索相连，假如其中一个人失足了，其他队员就会全力援救。否则，整个团队便无法继续前进。但当一切队员绞尽脑汁，试了一切的办法仍不能使失足的队员脱险的时候，只有割断绳索，让那个队员坠入深谷，只有这样，才能保住其他队员的性命。而此时，割断绳索的常常是那名失足的队员。这就是团队精神。

（二）培养大局意识

培养以实现团队目标为己任的主动性和大局意识。团队精神尊重每个成员的兴趣和成就，要求团队的每一个成员，都以提高自身素质和实现团队目标为己任。团队精神的核心是合作协同，目的是最大限度地发挥团队的潜在能量。新一代的优秀员工必须树立以大局为重的全局观念，不斤斤计较个人利益和局部利益，将个人的追求融入团队的总体目标中去，从自发地服从到自觉地去执行，最终完成团队的全体效益。

（三）培养团队角色意识

与人合作的前提是找准本人的地位，扮演好本人的角色，这样才能保证团队工作的顺利进行。若站错位置，乱干工作，不但不会推进团队的工作进程，还会使整个团队堕入混乱。团队要想创造并维持高绩效，员工能否扮演好本人的角色是关键也是根本，有时它甚至比专业知识更为重要。

（四）培养宽容与合作的品质

应该时常反思本人的缺点。比如本人是否对人冷漠，或者言辞锋利。团队工作需要成员之间不断地进行互动和交流，如果你固执己见，总与别人有分歧，你的努力就得不到其他成员的理解和支持，这时，即便你的能力出类拔萃，也无法促使团队创造出更高的业绩。如果你认识到了这些缺点，不妨经过交流，坦诚地讲出来，承认缺点，让大家共同协助你改进。培养宽容与合作的品质，不必担心别人的嘲笑，你得到的只会是理解和协助。

（五）培养虚心请教的素质

向专业人士请教本人不懂的问题是一种非常宝贵的素质，它可以提升我们的能力，拓展我们的知识面，使我们的工作能力变得更强，更重要的是，请教别人还有利于我们获得良好的人际关系。由于每个人都有一种做个重要人物的冲动，请求同事帮忙，对本人很重要，而且也能为你博得友谊和合作。

有时，我们并未自动请教，别人也会对我们的工作发表一些本人的意见。千万不要对这种意见产生反感，不管意见是对是错，我们都要真诚地向对方道谢，并客观地评价这些建议。这些建议通常都极其有价值，可以为我们提供一个崭新的工作思绪或为我们开辟出一段崭新的职业生涯。

团队精神是一种精神力量,是一种信念,是一个团队不可或缺的精神灵魂。它反映团队成员的士气,是团队所有成员价值观与理想信念的基石,是凝聚团队力量、促进团队进步的内在力量。

（六）忌个人英雄主义

个人英雄主义是团队合作的大敌。如果你从不承认团队对本人有协助,即便接受过协助,也认为这是团队的义务,你就必须抛弃这一愚笨的态度,否则只会使本人的事业受阻。

案例链接

知识拓展

能力训练

1. 做"十人九足"游戏,本游戏主要为锻炼大家的团队合作能力及协调能力。训练团队队员之间的配合和信任。

（1）项目类型：团队协作型、户外游戏；

（2）场地要求：一片空旷的大场地；

（3）需要道具：每组一条长约五米的绳子；

（4）游戏规则：以班级为单位,共七个队伍。每队十人,五男五女叉排成一横排,相邻的人把腿系在一起,一起跑向终点,用时最短的胜出。分成三组进行比赛,抽签决定比赛次序。

2. 做链接加速游戏,训练团结合作、勇于坚持的精神。

（1）项目类型：团队协作型、户外游戏；

（2）场地要求：一片空旷的大场地；

（3）比赛赛距：30米；

（4）竞赛方法：每一组后面的队员左手抬起前面队员的左腿,右手搭在前面队员的右肩形成小火车。最后一名也要单腿前进,不能双脚着地。各队从起跑线出发,跳步前进,绕过障碍回到起点,最先到达者为胜,中途小火车不可以散开。按时间记名次,按名次记分。

（5）游戏规则：游戏过程中队员必须跳步前进,不允许松手（一直保持抬起前边的人的左腿），以防止出现断裂现象，队伍断裂，必须重新组织好，从起点重新开始游戏。如果不重新组织，继续前进，则成绩视为无效，记为 0 分；以各队最后一名队员通过终点线为准；比赛过程中，参赛队必须在规定的赛道进行比赛，不许乱道，犯规一次扣时 2 秒，依次累加。

思考题

1. 团队的含义和特点是什么？
2. 团队的构成要素有哪些？
3. 融入团队的意义是什么？
4. 融入团队的途径是什么？
5. 团队合作的含义是什么？
6. 团队合作的基础是什么？
7. 团队合作的原则是什么？
8. 团队精神的内涵和作用是什么？
9. 培养团队精神的重要性是什么？
10. 培养团队精神的途径有哪些？
11. 你有没有全身心投入工作？有没有每天使用你的才华？
12. 你有没有高效率、高效果地工作？
13. 你有没有做到持续改善？有没有做到创新突破？有没有做到创造性工作？
14. 你有没有协助他人？你是否关注整体目标？是否关注整体目标的实现？
15. 作为工作团队中的一员，你是不是从来不请教有关工作上的事，或是讨论本身的成绩？
16. 想想自己在平时的团队工作中碰到的最大问题是什么？

团队合作游戏

关于团队的小故事
以及团队精神启示

第十一单元

职业发展素养

知识目标

1. 掌握自我学习的内涵。
2. 掌握培养自我学习能力的步骤。
3. 了解培养自我学习能力的意义。
4. 掌握组织发展的内涵。
5. 掌握培养组织发展能力的步骤。
6. 了解培养组织发展能力的意义。
7. 掌握企业经营管理素质拓展的内涵。
8. 掌握企业经营管理素质拓展的基本内容。
9. 了解实现企业经营管理素质拓展的途径。

能力目标

1. 初步具备自我学习意识。
2. 掌握自我学习能力要素。
3. 明确自己缺失哪些自我学习意志品质。
4. 初步具备组织发展意识。
5. 掌握组织发展能力要素。
6. 明确自己缺失哪些职业素养。
7. 初步具备企业经营管理素质拓展意识。
8. 掌握企业经营管理素质。
9. 明确自己缺失哪些企业经营管理素质。

第一节 自我学习

情境模拟

学会自学

1996年，从没有上过一天学的16岁的赵梅生，考上了中国科技大学。赵梅生家住安徽繁昌县荻港镇，父母都是农民。他因家贫没有进过一天学校，他的爷爷把他教到小学三、四年级后，就着重培养他自学的能力。从这以后，赵梅生靠着自学在家里读完了从小学到高中的课程，并以634分的高分考入中国科技大学。为什么一个16岁的农家孩子完全靠自学能够考上中国科技大学？为什么在校的学生有经验丰富的教师天天传授、指导、点拨、释疑，而多数高考成绩并不理想呢？

王小平，畅销书作家、学者型演讲家、思想家，被誉为"天才少女""惊世才女""智慧女神"。她的著作《大成成功学》《本领恐慌》《第二次宣言》《出发——与智慧同行》都荣登畅销书之列，赢得各界读者的广泛赞誉，收到上万封读者的来信。《本领恐慌》一经面世，短时间被上百家媒体争相报道，引起社会强烈反响。

她不仅著书立说，构建自己的思想体系，而且立志成为思想的实践家。她成立了"北京人类大成教科文研究院"，决心将之打造成为"人类先进思想的传播基地，天下大成智慧的整合中心"，和天下志同道合的朋友一起"引导人类实现大成，推动世界走向大同"。

她所演绎的这个传奇，可以追溯到15岁。高一时，她在全班成绩第一（比第二名高出70多分）的情况下，毅然放弃了人人向往的上大学的美好前程，走上了与众不同的成才之路。她说："今天，我们并不缺少博士，而是缺少真正引领人类前进方向、未来方向的思想者。我愿做这样的思想者。"

这些铁的事实给我们深刻的启示：自学是最有效的学习方式。毛泽东也深深得益于自学，他告诉人们："我学习中最有收获的时期是在湖南图书馆自学的半年。"著名科学家钱三强说："自学是一生中最好的学习方法。"在人的一生中，在校学习是短暂的，而自学是永久的。我们的命运靠学习来造就，特别是靠自学来造就。

在今天这个知识爆炸的时代，学会自学更加重要。西方目前流行这样一条知识折旧定律：一年不学习，你所拥有的全部知识就会折旧80%。任何一个人在学校求学阶段所获得的知识，不过是他一生所需的10%，甚至还不到10%，其他90%以上的知识则必须在离开学校之后的自学中不断获取。今天的时代已经成为终身学习的时代，只有培养了自学精神、自学能力，才能够真正实现终身学习，否则终身学习只能是一张永远不能兑付的空头支票。

未来学家预言：21世纪的文盲，不是目不识丁的人，而是不会学习的人。学会学习，是学习革命的主题。只有学会自学，才能真正学会学习。如果不能学会自学，就不可能很好地培养独立思考、独立分析、解决问题的能力；就不可能很好地培养创造能力，也就不可能获得学业大成。

时代要求我们学会自学，同时，时代给我们提供了前所未有的自学条件。我们不能用老眼光来看待自学，在今天，自学不再是只能靠自己埋头苦学，抱着几本教材自己去啃，而是根据自己的目标确定学习内容，安排学习计划，选择、利用各种高新技术——电视、网络、多媒体等来进行自主、自觉的学习。过去的旧式自学，造就出的大成者比比皆是，数不胜数。如今，我们拥有比旧式自学好得多的条件，不管坐在家中、单位，或是身处学校，都可以按照符合自己特点的学习方式、学习进度去学习，可以选择最好的老师，可以选择最好的课程，从而实现更高效益的学习。

教学式学习有一定的好处，但是教学采用的是整齐划一的"大生产"的方式，不管个人的天赋、特长、兴趣、意向、需求如何，都得按统一程序"制作"统一规格的"产品"，严重违背"因材施教"这一基本原则，这是"教学"的重大缺陷。自学正可弥补这一重大缺陷，它有充分的自主性，有充分的选择性，完全根据自身的需要和特点，自己组织学习，自己进行学习，能够实行因材为学、因志为学、因需为学的总原则，从而获得学习的最大效益。

总之，为了提高学习效益，必须学会自学；为了实现终身学习，必须学会自学；为了获得学业大成，必须学会自学。在今天知识爆炸的信息社会，学会学习，关键在于学会自学。

（资料来源：百度网）

基础知识

21世纪是经济与科技飞速发展的时代，每天都有大量的新信息、新事物产生，知识的更新速度非常快，如果不加强自我学习，我们将落后于时代的发展，面临着被这个社会淘汰的危险。现代社会的飞速发展，生活节奏的不断加快，人们面对的压力也在不断加大，不可避免地对人的心理健康造成一定程度的影响，如何应对压力，也是现代社会人需要面对的问题，除了应具备阳光的心态，学会自我调节也是每个人应该具备的基本能力，这项基本能力更多的是通过自我学习来获得的。

自我教育需要有非常重要而强有力的促进因素——自尊心、自我尊重感、上进心。
——苏联著名教育实践家和教育理论家　苏霍姆林斯基

与其被淘汰，不如自我更新。　　　　　　　　　　　——新加坡企业家　周颖南

人生的意义就在于人的自我完善。　　　　　　　　　　——苏联作家　高尔基

我是个拙笨的学艺者，没有充分的天才，全凭苦学。　　　　　　　　——梅兰芳

就在此际，从自我修养做起，做一个真君子。　　　　　　　　　　　——于丹

每个人的生活环境不同，但每个人所生活的世界都是由他们自己创造的。现实社会中，在职场上容易获得最大成功的人，一般是具备较强职业核心能力的人，职业核心能力包括发现问题的能力、分析问题的能力、解决问题的能力、学习能力、语言表达能力、创新能力、自我管理能力、沟通能力、团队合作能力等，其中自我学习能力又是职业核心能力中的基本能力之一，是培养其他能力的基础能力，是现代职场人应具备的基本职业发展素养。有了较强的自我学习能力的人，才能更好地去构建起自己其他各方面的素养，为事业的成功打下坚实的基础。

人不能永远地待在学校，总有一天要走出校门来到社会，之后你会发现在学校学习的知识并不能够满足你发展的需求，而且社会发展很快，大量新知识层出不穷，不学习将会被这个时代所抛弃，这就需要我们具备良好的自我学习能力，不断加强学习，更好地适应社会发展需要，促进自身职业发展。

自我学习能力已经成为21世纪每个职业人应该具备的最重要的能力之一，无论你在职业生涯开始时的起点有多高，如果没有持续进取，没有修炼业务技能，自己的事业终将会停滞不前。

一、自我学习的内涵

自我学习又叫独立学习、自主学习，自我学习是与传统的接受学习相对应的一种现代化学习方式。学生的自我学习是以学生作为学习的主体，让学生个人自己做主，充分发挥个人的主观能动性，通过自主学习知识和不断地自我反思等手段使个体可以得到不断变化的行为方式。通过自我学习，自身的知识与技能可以获得持续的提升，内心世界变得更加充实，情感得到不断的丰富与升华。

二、自我学习的特征

（一）自主性

自我学习是个人带着浓厚的学习兴趣和强烈的学习动机，进行自觉自愿的学习，充分发挥个人的主观能动性，它不依靠外在的压力，完全是出于个人的自觉和自愿，具有自主性。自我学习是学习主体将学习纳入自己的生活结构之中，成为其生命过程中不可分离的有机组成部分。

自我学习的主体具有学习的主观愿望、一定的学习潜能和独立自主安排学习进程的能力。自我学习的主体能够对外界的刺激信息进行独立的思考、分析，能够依靠自己的力量克服学习进程中遇到的各种障碍，确保学习计划按时完成。

（二）探究性

自我学习是在学习主体的学习兴趣的驱动下发生的，对知识进行探索、探究的过程。探究性是自我学习的特征之一，是指自我学习的主体基于学习兴趣所引发的对知识的强烈探究愿望。在自我学习的过程中，带着浓厚的学习兴趣对知识进行探究，研究记忆的规律，学习前后知识之间的内在联系，探究事物发展变化的规律，从而更能加深学习主体对知识的理解、记忆。在对知识进行探究学习的过程中，有利于培养个人的钻研精神，会不断有新的火花产生，有助于提高个人的创新能力，使我们在学习和工作中受益匪浅。

（三）自律性

保质保量地完成自我学习的任务，良好的学习自律性是必不可少的。"自"是自己本身，"律"是做事的规律、规范，即学习要有规律。自我学习主体在开始学习之前要制订学习计划，并按照自己的计划、规范去学习。在自我学习的过程中，我们随时可能受到外界事物的干扰或被其他事物所吸引，导致我们自我学习的效率变低，这时我们就要严格地约束自己，时刻提醒自己要按照既定的目标完成学习任务，这样我们才能更好地去学习。同时自律也是自我磨炼的过程，磨炼自己沉着的心态、磨炼自己持之以恒的精神，在这个过程中也可以提高个人的注意力和意志力，使我们更好地学习。

（四）知识性

在自我学习的过程中，自身拥有的知识可谓一笔宝贵财富，我们原有的知识储备越丰富，在自我学习的过程中对新知识的理解就会越容易，有助于更透彻地理解新知识、新经验，学习效率会更高。我们要在一边识记知识的同时，一边去学会运用知识、拓展知识，做到举一反三，这样会使我们的自我学习效率大大提升。知识是没有穷尽的，"活到老学到老"，自我学习将贯穿于我们生命的全过程，我们只有具备丰富的知识，才能在遇到问题时有解决问题的基本理论功底，使我们更加沉着、冷静地去应对。

（五）过程性

自我学习是自我内部知识体系构建的过程，在这个过程中吸收新的知识，再结合自身已有的知识，将以往掌握的知识与新知识相结合，从而建立更加完备丰富的知识体系，并超越原有的知识水平。在自我学习中，学习过程的心态和我们的学习结果密切相关，自我学习的过程是孤独的甚至是枯燥的，我们应该学会以快乐学习的心态面对学习，理解知识的奥妙。同时，在这个过程中我们应具备坚持不懈的精神、持之以恒的意志力、矢志不渝的决心，这样我们才能在自我学习的过程中一直坚持、努力向前，实现自己的学习目标。

三、培养自我学习能力的步骤

（一）激发学习动机

学习动机是在学习需求的基础上产生的，所以要想激发学习动机，首先应该认识到自我学习的重要性，产生学习需求，进而激发自我学习的动机。要通过学校的课堂教学让自己发现学习知识的重要性，激发自己强烈的求知欲望，并通过各种社会实践活动帮助自己认识到不断的自我学习对于生活与未来职业发展的重要意义。让我们在正确认知的指导下，产生出持续的学习动机，激发出学习的热情，产生积极的行动。

（二）树立学习信心

自信心是个体顺利进行自我学习的前提条件，是开启人生成功之门的钥匙。自信心来源于人们对自己的正确评价，是一种对自己的主观内心体验。树立学习中的自信心，首先要正确认识自己的优点与缺点，对自己形成一个客观的评价，并且保持乐观积极的心态，对学习始终保持高度的热情，找到适合自己的学习环境，找到适合自己的学习方法，养成良好的学习习惯，不断提高自身学习效率，在良好的学习效果中提高学习自信心。在学习过程中难免会遇到一些困难，面对困难，我们要有解决问题的主观动机，要以积极的心态深入分析产生问题的原因并尝试找到最优的解决办法，尽自己最大的努力攻克难关。同时，经常与他人交流学习中的心得体会，不断地学习周围人的成功经验，并吸取解决问题之后的经验教训，这对学习自信心的培养具有重大的意义。

（三）增强学习兴趣

学习是一个漫长的过程，人们经常说"兴趣是最好的老师"，学习主体要在强烈的学习兴趣的指引下才能把自我学习这项事业坚持下去。学习更是一项终身的事业，只有不断地学习，才能不断地进步，才能不断提高自己的素质和生活的品质，保持自己的竞争力。要使学习主体保持对学习的兴趣，首先就要对生活充满热情，保持积极乐观的生活态度，对生活中的事物保持好奇心。世界这么大，我们要经常出去走一走，开阔自己的视野和胸襟，丰富自己的实践经验。同时，我们要加深自己对社会的认识，在实践中培养自己多方面的兴趣，增强自己的学习能力，努力在学习中获得真正的快乐和满足，使自我学习成为自己生活的一部分。有了学习的兴趣，就会增进学习的动力，有了一种向上的动力之后，学习效率往往事半功倍。

（四）加强学习意志

学习的过程犹如"逆水行舟，不进则退"，在学习过程中往往会遇到许多问题，这个时候一定要保持良好的心态，不要畏惧学习中的困难，增强心理承受能力和抗挫折能力。我们要学会正确对待学习过程中的逆境，给予自己积极的心理暗示，提高自己对逆境的耐力、容忍力、适应力。适当的心理承受能力是个体良好的心理素质的体现，面对学习中的困难，要保持一颗平常心，保持积极乐观的心态，同时，要认识到学习的重要性，对学习中的逆反心理既要积极预防，又要在它出现之后能主动寻求老师、朋友的帮助，接受他们的疏导，积极听取他人意见，不断完善自身。

四、培养自我学习能力对于人生发展的重要意义

（一）提升自身的综合素养

当今时代经济科技快速发展，对人才的要求越来越高。随着高等教育从精英化向大众化的转变，高等院校的招生规模变大，每年高校毕业生的数量不断增加，就业压力逐渐加大，社会竞争越发激烈。想要在激烈的人才竞争中脱颖而出，个人职业素养的高低成为在竞争中取胜的关键。要想提高自身的职业素养就必须不断地加强自我学习，学习各种知识，不断完善自己，提升自己的综合素质，提高自己的竞争力，只有高素质，才能转化为高能力。同时，要多参加社会实践锻炼，学以致用，理论联系实际，提高实践能力。

在大学期间，大学生要加强对专业知识的学习，要利用可能的时间去理解自己的专业所学，同时，丰富自己的知识储备，加强对经济知识、人文历史知识、科技知识、现代办公软件、网络知识等的学习，面对市场竞争的要求，要善于思考，考虑事情从多个角度出发，找到做事情的最有效的思路。我们要根据不断变化的形势，增加创新意识，不断完善自己的专业素养，使自己成为"复合型"的人才。

（二）实现自我的可持续发展

信息的传播速度越来越快，知识的更新速度也越来越快，想要抓住时代发展的脉搏，顺应时代发展的潮流，个人必须树立终身学习的理念，使自己处于实时更新状态，养成用发展的眼光看问题的习惯，抓住社会快速发展的节奏，立足长远，不断地学习，完善自身不足，总结在学习工作中的经验教训，不断地丰富自己的知识储备，实现自身的可持续发展。

（三）促进社会的不断进步

社会是由每一个个体所组成的，社会的发展与进步离不开个人的努力与奋斗。社会发展需要优秀的人才，优秀的人才能为社会发展提供源源不断的动力。青年人是站在祖国繁荣发展时代中的主力军，青年人的力量在很大程度上决定了国家的兴衰。现阶段中国人民正处于为实现"两个一百年"的奋斗目标而努力，为实现中华民族伟大复兴的"中国梦"而奋斗的时期，青年人肩负着祖国未来发展的重任，所以更应该加倍地努力学习，对自己有一个清晰的认识，了解自身不足，注重通过自我学习不断提高自己的文化修养，积极参加社会活动，勇于担当社会责任，传播正能量，脚踏实地，做好自己应该做的事情。青年人应该提高自身

认知水平，端正自己的价值观，把握时代发展的脉搏，树立科学的人生理想并为之不断奋斗，在实现人生价值的同时实现自身社会价值，促进社会的不断进步。

五、培养自我学习能力的途径

（一）掌握扎实的基础知识

个体的自我学习是一个循序渐进的过程，是个体运用自身所掌握的基础知识对新知识进行探索的过程，是一个知识储备不断增加的过程。个体自我学习素养的获得并不是一蹴而就的，而是一个慢慢积累的过程。掌握扎实的基础知识是获得自我学习能力的前提，如果没有基本的理论知识，个体将不会知道怎样进行自主学习，应该学习哪些内容，运用哪些有效的学习策略和思维方法。掌握扎实的基础知识，使个体在以后的学习中可以更加有效地学习其他相关的知识，激发自己的学习欲望和求知欲，也使自己能够灵活地运用基础知识来解决学习中遇到的问题，基础知识掌握的熟练程度对以后的学习进程有着深远持久的影响。每一天都是崭新的一天，有新的知识需要掌握，我们应该用心面对，日积月累，才能有丰富的底蕴，一步一个踏实的脚印，方能取得最终的收获。

（二）在总结反思中获得提升

海涅曾经说过："反省是一面镜子，它能将我们的错误清清楚楚地照出来，使我们有改正的机会。"孔子曾说过："吾日三省吾身。"这些都告诉我们每天要反思自己，这样才能不断进步，其实在自我学习的过程中也是这样的。对学习过的知识要不断地进行回忆、总结和反思，巩固学习成果的同时，也可以检验学习成果，及时发现学习中的问题。通过对问题的深入分析，会发现学习方法是否恰当、学习时间分配是否合理、学习内容安排是否恰当等问题，并对症下药，找到最优的解决方法，由此找到最适合自己的学习方式，提升自我学习的能力和职业素养。面对学习我们要保持高度的自信心，善于总结学习中的经验和方法，坚持不懈，进一步激发拼搏意识，进一步掀起学习的高潮。我们应在总结中提高，在反思中进步！

（三）在实际应用中得到增强

把学到的理论知识不断地运用到实践中，自我学习才能实现它的价值，才能接受实践的检验，自我学习能力也会在实践中得到不断增强。通过实践对自我学习的成果进行检验，可以发现学习的方法是否恰当、学习的内容是否符合时代发展的要求等问题，因为实践是检验真理的唯一标准。我们要不断地在实践中锻炼自己，努力在学习上找到适合自己的方法，把理论与实践更好地结合起来，使书本上的理论能真正运用到日常生活中，使学习主体对学习的知识有进一步的理解与应用，从而不断提高我们的创新意识与思维，实现知识储量与能力水平的同步提高，促进自我学习能力的提升。

案例链接

知识拓展

能力训练

1. 练习自我学习的能力。
2. 制订一个培养自我学习能力的计划,并按计划有步骤地执行。
3. 检验自我学习的能力,例如,选择一本技能书籍,有目的、有计划地自学,学完之后进行实际操作,检验学习效果。

第二节 组织发展

情境模拟

勇挑重担处外事
——中国中小企业发展促进中心肖如欣事迹

肖如欣是一位柔婉阳光、踏实向上的"80后"姑娘。2004年,她从北京第二外国语大学硕士研究生毕业后来到中国中小企业发展促进中心培训处(以下简称"培训处")从事中小企业国际合作和外援培训工作。作为一名年轻干部,肖如欣全身心地投入工作,不计较个人得失,对工作精益求精,敢于迎难而上,执着努力,以扎实的业务能力及高尚的品德获得了同志们的一致好评和赞誉。

肖如欣所在的培训处人员少,任务多。培训处其他同志家庭负担也比较重,家里孩子也比较小,她发挥英语专长,主动要求多承担一些对外工作。为更好地完成工作,加班加点是常有的事情,中心的其他同志经常看到肖如欣一个人在办公室加班到很晚,毫无怨言。正是她的这份刻苦上进、不怕吃苦的精神,使她很快得到了成长,积累了丰富的工作经验。自进入培训处以来,发挥外语专业所长,参与执行了很多的高级别大型国际合作活动,如亚欧中小企业部长论坛、中日节能环保论坛、中德经济技术合作论坛、中法节能研讨会、中欧工业政策对话等。她对工作精益求精,参与了美国能源基金会"中小企业节能审计示范"、国家发改委外事司"中国中小企业发展之路——达沃斯角色""中欧产城融合带动中小企业合作"等诸多课题的研究工作,以及"中小企业领军人才培训""企业品牌建设"等国内活动,是中心的主要业务尖子人才。

2013年11月份,工信部主办第三届绿色工业大会,参会人员800人,会期3天。培训处派肖如欣牵头,与借调的2位同志一起完成对大会的支撑服务工作。外方合作单位总部在奥地利,与国内有6个小时时差,她经常需要在深夜12点与外方召开电话会议沟通工作。因为会议级别高，筹备又只有一个多月的时间，时间紧，任务重，涉及部门多，难度和困难可想而知，会议开始前一周多，她和同事们几乎都是睡在办公室的。她敢于吃苦，遇到困难主动想办法，发挥其多年积累的丰富的外事经验，灵活创新，团结协作，出色地完成了上级部门交办的任务。2014年，她又参与了工信部中小企业司主办的APEC中小企业部长会议及中小企业工作组会议等大型活动，配合文本磋商及各项筹备工作，她的表现受到工信部有关司局和中心领导的赞赏和表扬。

这样的案例在肖如欣身上有很多，但是她觉得自己仍存在差距，从不满足现状，她在做好本职工作的同时，乐于钻研，坚持自我学习，每日阅读北京周报等外语杂志，在多次工作中她的翻译水平都得到了领导的赞扬。

肖如欣坚持孜孜不倦地学习，不断提升自己各方面的素质，拥有良好的职业素养，并在工作中兢兢业业，用自己的实际行动促进了自己所在组织的发展。

（资料来源：百度网）

基础知识

随着高等教育的大众化发展，社会各界对高等院校大学生的培养质量愈发关注，用人单位招聘时更加看重高校毕业生的职业素养高低，那些职业素养较高的毕业生总是受到用人单位的青睐，得到优先录用。为更好地实现高校毕业生就业能力与用人单位人才需求的对接，各高等院校也将进一步提高人才培养质量，将提升对学生职业素养的培育放在了重要位置。

每一名大学生都希望毕业之后能找到一份适合自己的工作，绝大多数毕业生都希望在职场中能有所发展与成就。要想有一个比较满意的职业生涯，个人必须具备职业发展素养，这也是大学毕业生顺利就业的前提；具有能为自己所在企业作出贡献的组织发展能力，这也是一个人人生价值与社会价值实现的条件。

一、组织发展的内涵

组织发展是指将个人所具有的知识与经验充分投入那些促进个人所在组织发展的战略、结构和过程中，即通过自我学习提高个人的职业素养，进而促进个人所在企业组织的进步与发展。

二、组织发展的特征

（一）职业性

职业性，又称职业特质，职业性是指个人参与社会活动时所体现出的一种正式的状态。在职场中，每一位工作者都必须拿出职业性状态对待工作。当一个人能真正认识自己所从事的职业、工作职责，找到正确的职业感觉时，工作者对职业的热情也会显著增加，对工作内容会更加投入，对工作的耐心也会更加持久，从而大大提高工作效率，为所在岗位作出更大的贡献。

每个人从事的职业不同，对于职业的理解也就不同，不同的职业具有不同的特点，对从业者有着不同的要求。例如，公务员、教师、科学工作者、医护人员、文艺工作者、财会人员等，他们的工作职责、性质和内容等的不同使他们应该具备的主要素质也不同。无论从事什么职业，良好的职业发展素养都是必不可少的，具备良好的组织发展能力，可以使员工对待工作更加认真，促进所在企业更好地发展。

（二）稳定性

组织发展能力是个体在长期的自我学习、体验、接受职业教育和社会实践锻炼中所形成的心理品质和机能。它使从业者具备了有效开展某项职业活动的能力和保障，它的形成是日积月累的结果。良好的组织发展能力会对个人的职业生涯产生持续性的影响，而且一经形成不会轻易改变，所以个人的组织发展能力具有一定的稳定性。个人的组织发展能力的稳定性是个人所在组织获得发展的必要条件，也是组织能够长久运行的重要保障。一个组织的内部稳定是极其重要的，内部的稳定主要是企业员工的稳定。在企业发展过程中，员工通过不断地实践工作，熟悉组织的内部运行和运转流程，踏实工作，保证企业的平稳运行。

（三）发展性

社会是处在不断的发展变化之中的，个人的组织发展能力也应该随着社会的发展而不断地发展。组织是不断发展变化的，组织的进步离不开个体的积极努力。个体的职业素养是通过不断的实践和学习而得到提升的，在这个过程中，个体通过不断地自我学习、不断激发自身潜能，从而实现自我的提高。对于组织的发展来说，个体的发展速度和能力将直接影响着组织的未来发展。在组织的发展过程中，我们要用发展的眼光看问题，不断地提高自身综合素质和能力，履行好自己的岗位职责，在做好本职工作的同时承担更多的组织责任，脚踏实地，攻坚克难，并在实践中不断总结经验，努力适应并做好新的任务。

三、培养组织发展能力的步骤

（一）树立正确的职业目标

目标是我们工作中前进的动力与方向，对我们以后的职业发展至关重要。树立一个正确的职业目标，可以更好地激励我们前进，在有限的生命中，让我们的生命过得更加有意义。树立正确的职业目标，可以明确我们在职场中的前进方向，找到适合自己的位置，激发出自身的工作潜能，使所在组织的发展更具活力。

在树立职业目标的过程中，必须遵循事物发展的客观规律，坚持一切从实际出发，实事求是，脚踏实地地做好身边的事情。确立职业目标之后，要不断坚定自己的选择，结合自身特点找到适合自己的工作方法，不断激发自己的工作热忱，把职业目标与企业的发展目标相结合，在实际工作中增强自己的创造力，使所在组织更具竞争力，促进所在组织的持续发展并迸发出新的生机与活力。

（二）提高我们的学习能力

21世纪是知识经济时代，随着社会政治、经济、文化的蓬勃发展，科学技术的方兴未艾，人们对知识的需求大大增加。在激烈的社会竞争中，缺乏学习意识和能力将会失去竞争的优势，逐渐被时代所抛弃。在学习过程中我们要掌握更多高效的学习方法，勤于思考，在有效的时间内读更多有意义的书籍，并及时地进行学习总结与反思。

"时间就像海绵里的水，只要愿意挤，就总是会有的。"我们要善于挤时间学习，抓住生活中的一切可能时间,勤奋学习,真正把学习变成自己生命的一部分。我们要紧跟时代发展的脚步,不断充实自己的头脑,不仅需要从书本上学习知识、从实践中学习,还要注重在日常与他人交往的过程中进行学习,古人云:"三人行,必有我师焉。"在生活中要善于向自己身边的人学习,学习他们的长处,使自己永远处在不断进步的过程中。

(三) 增强自我创新能力

世界每天处于瞬息万变之中,时刻都有新事物产生,现代科学技术的发展使很多不可能变成了现实,科技切实改变了我们的生活。创新在改变命运的同时,也会改变我们的生活。我们要通过不断地学习与实践,增加知识储备,扩展自身知识面,开阔视野,丰富自己的想象力,掌握科学的思维方法,培养自己独立思考的能力、理性判断的能力,激发自己的创新思维,增强自我创新能力。

(四) 内化企业价值观

企业价值观是一个企业的内在灵魂,价值观代表着企业的价值取向,是指企业在追求经营成功的过程中所推崇的基本信念和奉行的价值追求。一个企业只有拥有正确的价值观,才能拥有核心竞争力,才能使企业的发展更具长远性。企业处在不断发展变化中,经营理念不断更新、技术不断创新、产品不断改良升级,但是它的精神价值追求不会改变,它是企业得以生存发展的最重要原因。身为员工,一定要深刻理解企业的核心价值观,内化企业的价值观,践行企业的价值观。

核心价值观是企业全体员工的共同信念,是企业制定发展战略的根本指针。在企业发展过程中,有了共同价值观的指引,员工将会在组织发展中迸发出更强的力量。当员工从内心深处将企业价值观作为精神引领时,无论身处顺境还是逆境,员工都会对所在组织有着荣辱与共的情感,不断挖掘自身潜能,促进组织更平稳地成长。

四、培养个人的组织发展能力的重要意义

(一) 促进自身的职业发展

培养个人的组织发展能力是推进自身职业生涯发展的重要条件。从个人的发展角度来讲,具备了较强的组织发展能力,个人才会更快更好地适应岗位要求,尽快进入职业角色。培养个人的组织发展能力可以使我们明确工作目标,带着自信心、职业使命感、职业责任感和工作热情投入工作中,促进所在组织的发展。在促进组织发展的过程中,既可以增加我们自身的工作经验,提高我们的决策判断能力,更有效地处理好日常工作,同时也促进了我们个人职业素养的提升,让我们的职业生涯走得更好更远。

(二) 实现企业的可持续发展

培养个人的组织发展能力可以实现企业的可持续发展,因为一个企业要想自我生存、永续发展,不仅要有企业的经营策略、准确的目标设定、合理的组织架构、充足的资金保障、一定的市场份额,还要有人力资源储备。任何组织的生存和发展都离不开人才的储备与竞争。所谓人力资源,就是企业员工的个人组织发展能力的总和,即指具备较高职业素养,能把个人的发展目标与组织的发展目标紧密联系在一起,对组织忠诚,对组织发展具有不可替代性作用的人。如果每个员工的个人组织发展能力都很强,那么这个企业就会发展潜力巨大,在

所涉领域发展迅速并会遥遥领先。所以，个人的组织发展能力是一个企业可持续发展的重要源泉。

（三）推动社会的不断进步

培养个人的组织发展能力会推动社会的不断进步。因为组织发展能力离不开组织协调能力、沟通能力、处理问题的能力、创新能力、团队合作的能力等，具备了这些能力，一方面，会使个人的职业素养获得很大提升，自身的内涵、品位有所提高，并且还会在不知不觉中感染身边的人，带动他人的成长；另一方面，个人的组织发展能力的提高会推动所在企业的发展，提升企业的整体实力和市场竞争力，企业的发展状况将直接影响社会的发展状况，当企业效益越来越好时，必会带动社会经济的发展与繁荣。所以，拥有较强的个人组织发展能力会促进自身职业的发展，实现企业的可持续发展，进而推动社会的不断进步。

五、培养组织发展能力的途径

（一）接受组织发展能力的培养

1. 在课堂上认真学习

课堂上的专业学习是大学生接受职业发展素养教育，提高组织发展能力的根本途径。大学生要在课堂教学中，努力学习专业知识，了解专业前景，掌握行业发展动态。大学生要在课堂教学中，接受职业道德教育、法制教育和纪律教育，加强自我管理与约束，遵守职业纪律，奉守职业道德，知法、懂法、守法、护法，培养自己的爱岗敬业精神、服务群众和奉献社会意识。通过课堂上听老师的耐心讲解激发自己的学习热情，促使自己思考个人的职业未来，进行职业生涯规划，提升竞争意识、责任意识和敬业意识。

作为学习主体的大学生，要认真上好学校开设的职业素养教育课程，充分了解自己所学专业对从业人员的特殊职业素养要求，如，对于医务人员，要具备救死扶伤的职业精神、精湛的治病技术、实事求是的工作态度等。同时大学生还要学习所有职业人应具备的通用职业素养，如沟通素养、团队合作素养、创新素养等。大学生要抓住课堂学习机会，学好职业素养相关课程，积蓄自身的力量，提升自身的组织发展能力，为将来的顺利就业做好准备。

2. 在实习实训中用心体会

在接受高等教育的过程中，实践教学是大学生了解自己所学专业、自己是否适合这个专业最有效的途径。在实习中，大学生要用心体会自己将要从事的职业，树立正确的职业观。我们要通过走进企业内部进行顶岗实习提前感受职业氛围，熟悉职业环境，逐步掌握岗位所需的各项技能，提高自己认识、分析、解决问题的能力，体会岗位纪律、操作规范，增进对所要从事的职业的认同与热爱。

积极参与校内实训活动，在模拟的职业环境中，按照岗位要求不断进行自我调整，完善自身，形成正确的职业态度。大学生应充分利用好学校为学生搭建的进行职业模拟训练的平台，深入职业角色，在实训中虚心接受指导教师的指导，增强自身的语言表达能力、团队合作能力、人际交往能力等，做好各项能力准备，切实提升自身的职业技能，增进职业情感，养成良好的职业习惯。

3. 积极参与课后活动

大学生要利用好业余时间积极参与学校的各项社团活动，锻炼自己各方面的能力。大学生社团历来是学生提升实践能力的重要载体,不仅能为广大学生提供展示才艺的舞台,而且能够为学生各种能力的成长提供平台。很多学生通过组建社团、加入社团、开展活动、参与社团的建设与管理,学会了怎样协调学习与参加活动之间的关系、怎样合理地分配时间、怎样正确地与他人进行沟通交往、怎样凭借自身的努力促进社团的发展,对自身职业素养的提升作用突出。学生可以根据自己的兴趣与发展需要灵活自主地进行选择、参与活动,在社团活动中强化团队意识,内化团队精神;强化合作意识,内化分工合作精神;强化创新意识,内化开拓进取精神,而这些恰巧是用人单位在招聘人才时十分看重的素养。

为了进一步提升自己的职业素养,大学生要充分利用暑期社会实践锻炼的机会,积极参与暑期社会调研、基层服务、行业调研、社区志愿服务、就业创业基地顶岗实习锻炼、勤工俭学等活动,在充实自己假期生活的同时,发挥专业特长,做到学以致用。通过实践体验深化对所学知识的理解,增强社会责任感、使命感,学会包容,培养自己吃苦耐劳的精神和奉献的社会意识。

(二)加强组织发展能力的自我修炼

1. 加强自我学习

大学生要多利用业余时间进行自我学习,学习专业知识,深化对专业的理解,了解自己所学专业的特点,通过各种途径了解所学专业的发展动态,分析本专业的发展前景。大学生要根据职业要求有针对性地进行学习,学习职业素养的内容,加强自我修养,进行自我提高。

2. 规范自身行为

良好的职业素养是在我们的日常行为中逐渐形成的,它体现在我们平常生活的一言一行中,无论在课堂还是课间我们都要注意自己的言行,无论在校内还是校外我们都要注意我们的行为举止。平时注重养成自己良好的生活习惯,规范自身行为,如作息规律、按时起床、宿舍内务整洁、语言文明、举止得体、不迟到早退、诚实守信、勤俭节约、团结互助等,多读书、爱运动、勤思考,争取做到内外兼修。

案例链接

知识拓展

能力训练

1. 练习组织发展能力。
2. 制订一个培养组织发展能力的计划,并按计划执行。
3. 检验自我的组织发展能力,例如,利用寒暑假,到一家企业做实习生,检验学习效果。

第三节　企业经营管理素质拓展

情境模拟

对自己负责,学会自我管理,自我成长

　　看到过这样几句话,印象深刻:在这个世界上,除了父母宠你是不可克服的天性之外,没有谁有必要非去宠你。有人帮你,是你的幸运;无人帮你,是公正的命运。没有人该为你去做什么,因为生命是你自己的,你得为自己负责。不过,最想为你负责的,却是你的父母。因为他们给了你生命,便更想给你一个幸福的人生。于是,便有了幼时的备至呵护,儿时的经心启蒙,现在的切切叮咛。可是,十几年的生命历程中,你记住了因你更辛勤劳苦的父母几多方面?温暖的怀抱、殷殷的期盼,还是"烦人唠叨""严辞棒打"?还想为你负责的,是日日相伴的老师。因为你有缘成了他们的学生,他们就渴盼"满天下"的都是"桃李"。于是,便有了课上精彩的吸引、课余精心的批阅、经常的交流谈心。可是,相伴的岁月里,你铭记了极想给你无悔人生的老师几多方面?用心、真心、苦心的付出还是"大同小异"的课堂、"千篇一律"的要求?归根结底,生命是你自己的,没有人能为你的一生负责,你必须学会对自己负责,学会自己管理自己的人生。学会自我管理,就要树立高远的人生目标。

　　有这样一个故事,白龙马本是长安城中一家磨坊里的一匹普通白马,同别的马一样,身强体健,吃苦耐劳,而且老老实实。有一点不同的是,它理想远大,立志做出一番事业,所以被选中陪唐僧去西天取经。这一去就是17年。待唐僧返回东土大唐时,已是名满天下的传奇英雄。这匹白马,也被誉为"大唐第一名马"。白龙马衣锦还乡,来到昔日的磨坊看望老朋友,一大群驴子和老马围着白马,艳羡不已。白龙马平静地说:"各位,我也没有什么了不起,只不过我想见识一下大世面,有幸被玄奘大师选中,一步一步西去东回而已。这17年间,大家也没闲着,只不过你们是围着家里的磨坊打转。其实,我走一步,你也在走一步,咱们走过的路还是一般长,也一样的辛苦。"众驴子和马都不言语了。

　　可见,没有理想,人生必然平庸。有了远大目标,随后就有了克服千辛万苦的不懈跋涉,最终拥有风光无限的人生境界。学会自我管理,就要知道该做什么不该做什么。一群老鼠爬上桌子准备偷肉吃,却惊动了睡在桌边的狗。老鼠们同狗商量,说:"你要是不声张,我们可以弄几块肉给你,咱们共享美味。"狗严词拒绝了老鼠们的建议:"你们都给我滚,要是主人发现肉少了,一定怀疑是我偷吃的,到那时我就会成为案板上的肉了。"是的,贪图今天的美味,明天就会成为"案板上的肉"。狗明白这个道理,所以它拒绝"共享美味",选择勇敢地担起今天的责任。

　　同学们,你明白自己今天的责任吗?你知道如果你不担起今天的责任,明天会怎样吗?在每一天里问一问自己:今天,我上课打瞌睡了吗?今天,课堂的内容我都弄明白了吗?今天，我的作业都完成并都做正确了吗？今天，我连一分钟的时间都不曾浪费吗？同学们，这就是你今天的自我管理，是明天能够实现目标的保证。学会自我管理，就要学会调控自己的情绪。要用宽容当宰相，用勇敢当将军，用勤劳当大臣，用明智当君王，这样你的内心世界就能国泰民安。反之，让狭隘当宰相，让懦弱当将军，让懒惰当大臣，让昏庸当君王，那就完了。埋怨环境不好，常常是我们自己不好；埋怨别人太狭隘，常常是自己不豁达；埋怨天气太恶劣，常常是我们抵抗力太弱。课堂上老师不严，我们自己可以严格；作业写不完，是我们自己不想写完；课本忘记带，是我们自己不够重视；迟到几分钟，是我们自己不够守时；学习不太好，是我们自己不够努力……我们把成功归因于老师、父母、自己，感恩别人，我们心态会阳光而快乐；学会自我管理，就要学会为自己负责，这应该是你一辈子的观念，是做人的根本，什么时候都不要忘记了这一点。

（资料来源：百度网）

基础知识

随着经济全球化的不断推进，知识经济的纵深发展，科学技术的突飞猛进，国际竞争的焦点日益集中在科技与经济上。21世纪国与国之间的竞争是科学与技术的竞争，是创新能力的竞争，归根结底是高素质人才的竞争。在这一国际背景下，企业经营管理者的素质在人力资源中处于核心地位，企业之间的竞争从根本上来说是人才的竞争，这就对人才素质提出了更高的要求。成功的企业离不开高素质、高度敬业、高激情的人才，而优秀的企业管理者是具备较强的自我学习能力和组织发展能力并且在实践锻炼中得到不断升华的人，也离不开企业组织的培养和成熟的企业管理机制。

社会犹如一条船，每个人都要有掌舵的准备。　　　　　　　　　　　　——易卜生

中国加入世界贸易组织之后，国内市场与国际市场全面接轨，市场空间越来越广阔，同时也面临一些发展的不利因素。受国际金融危机的影响，世界经济增速放缓，国内经济形势总体利好，但也存在一些问题，如产业结构不合理，经济增长的对外依存度较高，靠内需拉动经济增长的难度较大。为了有效应对这样的局面，必须提升企业的整体创新能力，通过进行企业经营管理素质拓展，不断提高企业经营管理者的素质。

一、企业经营管理素质拓展的内涵

个人通过不断的自我学习取得不断的进步，同时使自身所在的组织得到持续的发展，在这一过程中个人的企业经营管理素质得到了全面的发展，最后成为一名合格的企业经营管理者。

二、企业经营管理素质拓展的基本内容

（一）企业经营管理素质

"企业经营管理者的素质是指在一定的时间空间条件下，存在于管理者身上，并在企业管理活动中对管理工作经常起作用的那些内在要素和能力，是企业管理者在先天禀赋的基础上

通过后天的学习，在实践中逐步形成的智能、品德方面的总和。"[①]企业经营管理者应具备的主导素质不是一成不变的，它要与企业的内部发展要求和外在的环境相适应，如当企业处于起步阶段，需要管理者具有敏锐的市场觉察力和敢于开拓向前的魄力；当企业处于成长期，需要管理者培育企业文化和凝聚力；当企业的外在环境发生改变时，需要管理者及时调整企业的战略方向。

（二）企业经营管理素质拓展的基本内容

1. 敏锐的觉察力

在市场经济条件下，人们的消费需求决定企业的生产方向，需求改变，市场就会发生变化，企业必须不断适应市场的变化才能生存下去。这种适应不应是被动的，而应是积极主动的，那么怎样做到主动？这就需要企业经营管理者对市场动态具有敏锐的觉察力，对市场的发展走向能够进行正确的预测，做到未雨绸缪，当机遇来临时能够顺利抓住，并作出有针对性的改造升级，才能使企业永葆生机与活力。

2. 战略决策能力

战略决策能力是指企业经营管理者面对企业内部或外部的变化时能顺利地作出科学的判断并制定出决策，是管理者应必备的基本能力。伴随着经济全球化的迅猛发展，企业所面临的外部环境不同于往日，环境变化的速度越来越快，情况越来越复杂，对企业经营管理者提出了更高的要求，要求企业经营管理者能够对市场的变化给企业带来的冲击迅速作出判断，采取措施积极应对，并适时、适度地制定企业发展蓝图和发展战略，推动企业的可持续发展。

3. 组织变革能力

企业的组织结构必须随着企业的战略调整而不断地与时俱进，如果企业的规模发生改变，企业的组织结构必然要改变；如果企业本身的组织结构不合理，企业的组织结构必然要改变；如果企业的业务流程不合理，企业的组织结构必然要改变。如何改变、怎样变革才会更有实效性，这都是企业经营管理者需要思考的问题，变革过程中各种问题的解决离不开经营者所拥有的组织变革能力。

4. 开拓创新能力

开拓创新能力是指运用已有的知识和经验，创造性地提出新观念、新思想和新理论，创造性地解决问题的能力。开拓创新的本质是推陈出新，体现新颖性。创新是企业发展进步的不竭源泉，创新是使企业立于不败之地的根本保证，创新是推动经济发展的主要动力，没有创新，就没有发展。

目前，人类社会开始进入知识经济时代，科学技术日新月异，知识成为推动各国经济发展的主要动力，没有知识的发展与更新，这个国家将会落后于他国的发展。对于一个企业来说也是如此，作为一个企业，如果自身没有新技术、新产品、新理念的产生，它将逐渐落后于时代的发展直至被淘汰。企业的创新能力很大程度上取决于企业经营管理者的素质，要求企业经营管理者具备一定的开拓创新能力，这既有利于自身的职业生涯发展，又会使企业具有无限的发展潜力。

5. 执行协调能力

企业经营管理者的能力体现在能够使他所在的组织高效地运转，保证各项工作能够按照

[①] 汪金龙.管理者基本素质模型与素质培养[J].市场周刊（研究版），2005（11）.

既定的工作目标与工作计划执行与落实，了解工作进展，对企业内部偏离发展轨道的行为进行及时纠正。作为企业经营管理者，还要善于协调企业内部各方面的关系，及时解决企业运行中的不协调问题，保障企业的正常有效运转。

6. 心理调节能力

现代社会工作节奏快，竞争激烈，企业经营管理者除了工作上的压力、来自家庭的压力，往往还要承担来自各方更大的压力，如果心理承受能力弱，自身又不会调节，很可能会被压力击垮。所以，企业经营管理者应具备一定的心理调节能力，学会放松，用阳光心态面对压力。

7. 自我学习能力

企业经营管理者要具备自我学习能力，不断加强自我学习，熟悉现代管理科学，不断更新管理理念，掌握现代企业管理技术并能灵活运用管理技术，保证企业管理的科学性、有效性、持续性。

8. 影响力和号召力

作为一名企业经营管理者，必须以身作则，要求下属做的事，自己首先必须做到，而且要做得更好，为员工树立好榜样。关心下属的思想与生活，关心下属的成长与发展，用真诚与才能赢得下属的尊重、信任与爱戴，在工作中发挥影响力与号召力，促进企业的良性发展。

三、进行企业经营管理素质拓展的必要性

（一）有利于企业经营管理者的职业生涯发展

要想成为一名合格的企业经营管理者，需具备良好的语言表达能力、人际沟通能力、逻辑思维能力、组织变革能力、开拓创新能力、灵活应变能力等，而这些能力恰是企业经营管理素质拓展的基本内容。具备了以上这些优质能力将会使企业经营管理者的职业生涯走得更稳、更好和更远。

（二）有利于企业的可持续发展

当今社会，经济不断发展，技术不断革新，新知识不断产生，企业要想生存下来，获得利润，持续发展壮大，就要紧跟社会发展的脚步，不断改革、不断突破、不断创新。企业经营管理者居于企业中的领导地位，他们的自身素质将直接决定企业未来的发展。通过企业经营管理素质拓展，会使企业管理者拓宽视野、更新管理理念、增长才干，职业能力获得进一步提升。企业经营管理者运用自身能力投身企业管理活动中，并在实践中完善企业的经营管理策略，保证企业的有效运营，实现企业的可持续发展。

四、实现企业经营管理素质拓展的途径

（一）接受组织的培养

高素质的企业经营管理者是所有类型的企业持续健康发展所必需的。所谓高素质的企业经营管理者，指的就是具有丰富的管理知识和技能的专业性人才，能够通过自我的不断学习和实践，运用智慧不断创新，为企业创造更大的经济和社会价值。个人要努力使自己成为高素质的经营管理人才，应该积极接受所在组织的培养，认同所在企业的价值观与文化，内化

企业的管理制度和行为规范，服从企业的管理，树立职业目标。重视自身良好思想品质的形成，养成良好的工作习惯，在工作中培养自己的独立性和自主性，遇到困难能做到不回避，迎难而上，敢于挑战自我，磨砺自己的意志，成为一个合格的职业人。

（二）重视职业培训

在快速变化的环境中，个人只有不断地加强学习，促进所在组织的发展，使自身的企业经营管理素质得到拓展，才能适应处于变化中的环境。职业培训作为在职员工接受教育的一种重要方式，在提升员工企业经营管理素质方面发挥着重要的作用。所以个人应充分利用好这一学习平台，在学习的过程中加强与他人管理技能和经验的分享与交流，扩大对企业管理领域的了解，深化对企业管理规律的认识，掌握最新的管理知识与方法，吸取企业经营管理教学案例中的经验教训，切实提升自身的企业经营管理素质。

（三）企业经营管理者自身的努力

事物的变化和发展是在内外条件的相互作用中实现的，接受组织的培养、构建科学有效的管理制度和接受在职培训等，这些都是外因，外因要通过内因才能起作用，所以企业经营管理者素质拓展主要还是凭借自身的主观努力，才能取得良好的效果。

1. 加强对知识的学习

企业经营管理者平时要加强对各方面知识的学习，多读书，不断拓宽自己的知识面，养成终身学习的习惯。同时，要善于向他人学习，学习他人的长处，弥补自身的不足。企业经营管理者平时要经常性地与他人进行沟通与交流，学习他人身上的闪光点，进而提升自己。

2. 勇于参加社会实践

能力的提升是一个循序渐进的过程，要通过在实践中的多次锤炼，才能使自身的各方面能力得到补充、完善和提高。

3. 对工作充满热情

企业经营管理者如果对自己的工作缺乏热情，则难以做到对工作的全身心投入，一旦遇到瓶颈，将很难坚持下去，相反，如果对自己的工作充满热情，将会在工作中迸发出无限的活力与创造力。

4. 提升抗挫折的能力

工作中难免会遭遇挫折甚至是失败，如果遇到阻碍就一蹶不振，企业经营管理者将很难取得成功。在遇到困难时，企业经营管理者首先应该正视问题，客观看待工作中的逆境，然后深入分析问题产生的原因，最后找到解决问题的最佳方法并在事后及时进行总结反思。

案例链接

知识拓展

能力训练

1. 谈谈你心目中理想的企业经营管理者。
2. 练习培养自己的创新思维。
3. 检验自我创新能力,例如,写一份大学生创业项目策划案。

参考文献

[1] 汪金龙. 管理者基本素质模型与素质培养 [J]. 市场周刊(研究版),2005(11).
[2] 周希贤,薛新力,钱仲威. 论 21 世纪经营管理人才的素质结构 [J]. 重庆工商大学学报(社会科学版·双月刊),2003(6).

【人物专访】延长壳牌总经理昕——我不聪明,唯有坚持

职业素养与职业发展

第十二单元

职业创造素养

知识目标

1. 了解研究开发与创新创造的内涵。
2. 掌握研究开发与创新创造的培养方法。
3. 了解研究开发与创新创造培养的意义。

能力目标

1. 初步具备研究开发与创新创造职业素养意识。
2. 掌握研究开发与创新创造职业素养核心要素。
3. 明确该如何培养研究开发与创新创造职业素养。

第一节 研究开发

情境模拟

据某权威调研机构的调查数据显示,目前世界500强企业的人力资源总监在用人招聘的过程中都越发地关注应聘者是否具备基本的研发(研究开发)能力,研发能力已经逐渐地成为职业素养中不可或缺的一项基本素养。而在对多名应届毕业生的采访过程中,我们了解到,大多数人对于研发能力并没有深入和系统的了解,更不用谈是否具备基本的研发素养了。

那么究竟何为研发素养?研发能力又该如何培养?

基础知识

员工的研发素养不仅仅会影响高科技企业的生存和发展,现如今各行各业在面对激烈竞争的情况下,为了不使自己的企业被淘汰于优胜劣汰的过程中,企业都更加地重视研发人才的选拔与培养。比如手机、电脑等电子产品行业需要具备研发素养的人才;食品、医疗行业需要具备研发素养的人才；石油、化工行业同样需要具备研发素养的人才。可以说具备研发素养的人才是各行各业所必需的，研发素养也自然成为必备的职业素养之一。

一、研究开发的内涵

研究开发即研究与开发、研究与发展，是指各种研究机构、企业为获得科学技术（不包括人文、社会科学）新知识，创造性地运用科学技术新知识，或实质性改进技术、产品和服务而持续进行的具有明确目标的系统活动。

研发包含四个基本要素：创造性、新颖性、科学方法的运用、新知识的产生。研究开发活动产出的是新的知识（无论是否具有实际应用背景），或者是新的和具有明显改进的材料、产品、装置、工艺或服务等。

二、研究开发的分类

按照定义，研究开发活动可理解为由科技研究开发与技术研究开发两大部分构成。

科技研发是指为获得科学技术的新知识、创造性地运用科学技术新知识、探索技术的重大改进而从事的有计划的调查、分析和实验活动。对科学原理、规律、理论的研究称为基础研究，而科学技术的应用性研究和开发称为应用研发。科技研发情况，例如，研发经费、研发人员数量、研发成果包括发表的论文、申请的专利，等等，是衡量一个国家创新能力的重要指标。

技术研发是指为了实质性改进技术、产品和服务，将科研成果转化为质量可靠、成本可行、具有创新性的产品、材料、装置、工艺和服务的系统性活动。

本单元我们将以 IT 行业的软件研发为例，来学习和了解研发能力相关知识。

三、研发能力的层次

研发能力分为五个层次。正如知识结构不是一个平面一样，研发能力结构也不是一个平面。研发能力包含以下五个层次：

（一）会——对知识点的一般性的、孤立的掌握

这基本上还处于仅仅掌握工具的阶段。大学生或者职业高中生，学过 C 语言，并做了几个小项目后，可以说会 C 语言。这时，只要有详细的设计，会 C 语言的人就可以把设计变成代码。会 C 语言只是结构中的低层次，在网络研发中心，要会的东西很多：网络 socket 编程、VC++编程、数据库编程、ASP 编程、TCPIP 基础知识、路由基础知识、广域网基础知识、测试设备知识、PowerPC 基础知识、FPGA 基础知识……随着我们研发领域的不断扩大，要会的东西也在不断扩大，比如现在我们就需要了解 VoIP 原理、协议，今后要会的东西将成指数级增长。当然，并不是一个人要什么都会，百科全书式的人物已经没有了。一般一个产品的推出都需要相当多的人员共同配合才能完成。

（二）熟练——在这个层次上，意味着能够快速而有效地完成既定设计

软件代码讲究简洁高效，并且错误率低，可维护性、可移植性好；硬件设计讲究板子稳定、成功率高、成本低；测试讲究快速构架各种复杂的应用环境。我们经常看到这样的论调，说中国人最适合做软件开发，同时我们又悲哀地感慨印度软件业的发达，这是什么原因呢？

其实说中国人最适合做软件的论调是不对的，难道中国人的脑细胞都是由0和1构成的吗？更准确的说法是：现在的中国年轻人在现在的教育环境下，最容易在技术上达到熟练这个层次。难道不是吗？从小学一年级开始，每个学生都要把所学的每个汉字、每个拼音字母抄写数十遍，直到熟练为止，数学的考试也是要求精确到小数点后多少位。中国人是很聪明的，学会了一样东西后，很快就能熟练了。

（三）分析总结——从熟练到分析总结是一个很大的变化

分析是从杂乱无章的表面现象中整理出事物的条理，并抓住事物的主要矛盾。软件移植最需要分析能力。移植前，要仔细分析软件的结构，整理出软件的流程框架和主要数据结构，并抓住主要部分，找出移植的关键点。对于新技术、新任务，都要运用分析能力，整理出头绪，抓住关键点。最需要用到分析能力的阶段：一是学习新技术、新方法时，用华罗庚的话说，就是要把书由厚读到薄，读到薄了，就意味着抓住关键点了；二是需求分析阶段，在这个阶段同样需要学习很多新知识、新概念，要运用分析能力，从众多的信息中整理出自己所需要的东西；三是项目总结阶段，回顾并分析一下所走过的研发历程，总结经验和教训。总结要做到由此及彼、由表及里、由特殊现象到普遍规律，要做到归类、归纳、抽象、概括。

（四）全面规划——从分析总结到全面规划是一个质的飞跃

手工作坊式的研发不会感觉到全面规划的重要性。而这正是手工作坊与正规研发机构的关键区别，也是我们中国软件业不如印度软件业的关键点。我们很多研发人员非常愿意用我国改革开放初期的方法——"摸着石头过河"——来做研发。要防止这种倾向的蔓延，要想提高研发能力，要提高研发产品的质量，大家就必须有壮士断腕的决心来抛弃这个方法。这个方法用多了，不仅影响研发产品的质量和进度，更为重要的是，必然会培养思维的惰性，使研发人员不是用大脑在干活而是用手在干活。"摸着石头过河"的方法有时是有用的，我们要非常清楚，什么时候是有用的？这种用法的前提又是什么？绝对不能滥用这种方法。只有在两种情况下，可以"摸着石头过河"：一是研究关键技术；二是在用户也不清楚需求时，做原型系统以确定需求。研究关键技术时，不要求对系统做全面的考虑，只需要在关键点上做一些试验，试验完成后，绝对不能把未经全面仔细考虑的试验系统扩充为整个系统，仍旧需要做全面规划。原型系统的开发也是同样的道理，为确认需求这样一个目的建造的原型系统绝对不能扩建为要满足各种指标要求的产品系统。事实上，即使在研究关键技术、做各种试验以及做原型系统时，也是要求先做全面规划的。只有先设计好了各种试验方案，才能确认关键技术的正确性。

（五）趋势运筹——这是更进一层的质的飞跃

不仅了解一方面的技术，还要了解不同技术间的因果关系和相互作用，也需要了解市场需求的变迁。

四、研发能力的培养方法

"会""熟练"能力的培养。这里没有什么窍门，一句话，勤学多练，别无他法。不要认为老师授课或者看书才是学习，学习有多种形式，向书本学习，向实践学习，向他人学习。在这两个阶段，重点还是学习知识。

"分析总结""全面规划"能力的提高。IT 行业知识变化迅速，在熟练掌握基本知识的基础上，要从学习知识提高到学习正确的做事方法。要掌握"方法论"。分析总结能力、全面规划能力和趋势运筹能力都是在不断融会贯通知识的基础上掌握方法论而形成的。

一般来说，分析总结能力还是比较容易培养的，关键在于勤于分析、勤于总结。不偷懒，不要幻想走捷径。不要问题一来，不认真分析，就眉毛胡子一把抓，避免这一点，就能逐渐提高分析总结能力。要特别注意需求分析阶段和项目总结阶段，这两个阶段容易被研发人员所忽视，被认为与技术关系不大，因此不愿意花过多的时间去思考，这对于提高分析总结能力是极为不利的。

五、研发能力培养的顺序

不要在每个层次做横向培养，这样会变成一个知识工人。比如说，做了一年的 X25 程序之后，想做路由协议；或者做了两年路由协议之后，想做帧中继。很多人都想这样每年都做一些不同的技术，这样学习到更多的知识。这种学习的愿望是好的，但行动却是错误的。IT 技术日新月异，即使是在路由器、交换机或者网络安全这样专门的产品领域，技术也在不断发展。没有人能够在技术知识这个层次上精通每一个方面，学生做不到这一点，大学里的教授也做不到这一点，科学院的院士更做不到这一点。当熟练掌握了一个领域的技术知识之后，必须努力使自己的能力提高一个层次，而不能在一个平面的层次上扩展。否则，每当进入一个新的知识领域，你会显得与新手毫无二致。重要的是，要在立体的层次上提高自己。当然，提高自己的能力，并不意味着不去关注其他相关领域的技术。恰恰相反，由于能力层次提高了，对新知识领域的了解会更多。因为提高了能力，会很容易抓住新知识领域的关键点。从这里，我们也可以看到，研发能力的提高既不是在一个平面上发展，也不是直接不断提高层次，而是螺旋上升发展的。熟练某一个方面的技术之后，开始提高分析总结能力，有了分析总结能力，就能很快了解其他方面知识的关键原理。

案例链接

知识拓展

能力训练

1. 自己试着写一份研发项目计划书。

2. 上网查找一些研发职业素养的案例并加以分析。

第二节 创新创造

情境模拟

英特尔——"快速跟随者"

英特尔在许多大学成立"Lablet"研究所以获得原创技术，并每年花费1亿多美元用于资助大学的学术研究，寻求"可能有用"的创意。2006年11月宣布成立"英特尔平台应用创新同盟"，与众多软硬件企业进行合作。英特尔积极鼓励员工进行创新，只有那些善于动脑筋、总结经验和具有创新精神的员工才能立足和晋升。

英特尔作为世界500强企业为何如此重视创新创造？

用人单位对现代职业人提出了什么新的职业素养要求？

基础知识

创新是一个民族进步的灵魂，是一个国家兴旺发达的不竭动力。　　　　——江泽民

要坚持走中国特色自主创新道路，用15年左右的时间把我国建设成为创新型国家。

——胡锦涛

21世纪的中国将是一个以创新为社会前进的主导动力的国家，生活在这里，每一个人均可以投身于创新实践并在创新实践中学习、锻炼，实现自己的人生价值。创新尤其是重大创新和突破性创新，虽然是一个需要多方面的创新人才协作奋斗的艰难过程，但对于那些勇于创新并善于创新的人们来说，创新其实就在他们身边。

促进科技创新已经成为世界主要国家的基本战略。正是科技发展和技术创新，使得人类社会从农业经济社会向工业经济社会和知识经济社会发展。正是利用科技发展带来的机会，使得部分国家迅速崛起成为世界强国。

创新是社会发展的基础和源泉，失去了创新，社会将停止不前，因此，任何一个国家，无不把创新当作一项重要的工作来对待。这是一个创新驱动的时代，创新是民族进步的灵魂，是经济发展的驱动力，更是财富积累的途径。创新是一个组织的生命力所在，创新能力是驱动创新的不竭动力，创新的关键在于人，充足的善于创新的专业技术人员是实现组织"创新—效益—再创新"的良性循环的根本。

那么什么是创新创造能力呢？

创新能力人人皆有。一般说来，除了少数智力低下的人以外，对一切正常人、健康人而言，不论性别、年龄、民族、出身、地位、学历、职务……都具有创新能力。正常人的大脑结构与功能雷同，虽有差异，但不是数量级的差异。所以，创新能力决非少数"天才"独有的能力。马克思指出："搬运夫与哲学家之间的原始差别，要比家犬与猎犬之间的差别小得多，他们之间的鸿沟是分工造成的。"（《马克思恩格斯全集》第4卷1953年版第160页）可是，

为什么在现实生活中,却是普通人多、人才少,没有成果的人多、有建树的人少呢?这是因为创新能力是人的一种潜力,只有加以开发,才能得到有效利用。否则,普通人永远是普通人,而不可能成为造福于人类的天才。

我们为何需要创新创造?

(1) 人类的生存与发展遇到了严峻的挑战。资源匮乏、人口膨胀、环境污染、疾病。

(2) 中华民族的生存与发展遇到了严峻的挑战。人口压力、经济压力、安全压力、资源压力、技术压力、分配压力、创新压力、文化教育压力、国民素质压力、民主与法制的压力。

(3) 以创新为特征的 21 世纪是一个充满竞争的世纪。从生产率看,日本是中国的 40 倍,美国是中国的 50 倍,中等发达国家是中国的 10 倍;从科技投入看,日本是中国的 25 倍,美国是中国的 50 倍;从人均科技投入看,日本是中国的 250 倍,美国是中国的 300 倍。1998 年全国专利 35 960 件,外国人占 61.3%。①

目前世界科技发展非均衡性远大于世界经济的非均衡性。当代绝大多数领域的技术制高点已经被发达国家所控制:在全球 R&D 投入中,美国、欧盟、日本等发达国家占 86%;在国际技术贸易收支里面,高收入国家获得全球技术转让和许可收入的 98%;在生物工程、药物等领域,美、欧、日拥有 95%左右的专利,包括我国在内的其他国家仅占 4%~5%。

技术创新能力不足已经成了中国经济的软肋,这也是中国经济实质性提高国际竞争力必须闯过的一个关口。高消耗、高污染、低效益威胁着中国的持续发展。现在,中国是资源消耗大国,但是我们的单位资源平均产出不足发达国家的 1/10;中国是世界贸易第三大国,但出口产品中拥有自主品牌和知识产权的只占 10%;中国是制造大国,但重要技术装备主要靠引进;中国高新技术产品出口不断增加,但是不仅关键零部件依赖进口,而且每年要为软件技术标准向外企支付高额的费用。中国是电子信息产业的大国,但是,2004 年中国电子百强企业的平均利润率只有 4.07%,而微软是 28%,英特尔是 21.9%,三星是 18.8%,诺基亚是 14.7%。因此,不突破技术创新能力的瓶颈,国家的经济实力和企业的竞争力就不能得到真正的提高。

发展中国家因创新能力不足,已经产生严重后果。

(1) 危及国家安全。

(2) 发展中国家存在技术、经济、政治方面被边缘化的危险。

(3) 确实存在着知识生产的头脑国家、物资生产的躯干国家、资源供应的手脚国家、提供市场的豢养国家等国际大分工的严重后果。

韩国从 1961 年实施第一个计划起,仅用 17 年也就是到 1977 年,就达到人均 GDP1 000 美元的生活水平,解决了温饱并初步实现了小康的目标;又用 10 年达到人均 GDP3 000 美元(1987 年),实现全面小康的建设任务;至 1995 年仅用 8 年就提升到人均 GDP 一万美元的水平,基本达到中等发达国家的水平。至 2000 年 GDP 增长 200 倍;人均 GDP 增长 100 多倍;出口总额增长 1 700 多倍。于 1996 年加入被称为"发达国家俱乐部"的经济合作与发展组织(OECD),一只脚已经跨入发达国家的门槛。韩国在废墟中创造了世界的经济奇迹。(《日本和韩国科技发展战略和政策调研报告》,科技部办公厅调研室内部资料,梅永红、罗辉等,2003 年 1 月。)

---

① 这些数据资料虽比较陈旧,但为了说明"我们为何需要创新创造?"就需要从当时这种严峻的情况说起。

我国创新能力严重不足：

表现之一是，我国技术发明能力过低。发明专利为韩国的 1/4，美国、日本的 1/30。每年专利授权量数量不少，发明专利仅仅占 1/3，其中半数知识产权属于外国发明者。

表现之二是，外资企业的经济活动在我国已占据"主导"地位。2003 年，外企占我国进出口的 54%，占机电出口的 68%，占高技术产品出口的 85%。如不重视创新，只有成为"躯干国家"的势头。

表现之三是，大多数行业都缺少核心技术。主要机械产品技术来源的 57% 依赖引进，多数电子信息设备的核心技术依靠国外。

表现之四是，企业技术创新意识薄弱。全国 2.8 万个大中型企业能从事科技研发活动的只有 25%；其余 75%的企业没有专门从事科技研发的人员；半数大中型企业一年举办不了一次科技活动。研发投入少，我国企业年研发经费低于销售额的 1%，小于国外企业 3%的比例，更低于外国高科技企业 7%～10%的比例。产业长期被固化在低技术、低附加值的环节上。我国向美国出口鞋类，离岸均价 2～3 美元，而美国市场售价约 50 美元，我们的产品每双鞋赚 10～20 美分。外贸 200 强 74%是通过加工贸易，企业未能成为创新主体，竞争能力低，处于生产率低、能耗大、设备依赖的困境。

表现之五是，技术重复引进而不重视消化吸收。据统计，技术引进投资与消化吸收之比：日本为 1:7；韩国为 1:5；中国为 1:0.07。差别之大，足以说明技术依赖性过强。

表现之六是，我国创新要素之间互相割裂，难以显示国家综合创新能力。

一、创新创造的内涵

创新是近年来出现和使用频率最高的词汇之一。关于"创新"概念，不同学科、不同领域有不同的解释，"创新"的定义多达 400 多种。其中，最具有经典意义的是经济学家熊彼特（J.Schumpeter）的创新概念。熊彼特首先赋予创新一词以经济学意义上的特殊用法，他区分了创新（Innovation）与发明（Invention）、创造（Creative）：一种发明，只有当它被应用于经济活动时，才成为"创新"。熊彼特的"创新"不是一个技术概念，而是一个经济概念。熊彼特认为，"创新是指以新的方式展开的生产，如对于某一给定的生产线，以新的方式组合各种原料及生产活动，以获取更好的经济产出"。

（一）熊彼特所提的创新概念

具体包括五种情况：
（1）生产出一种新的产品；
（2）采用一种新的生产方法；
（3）开辟一个新的市场；
（4）获得一种原料或半成品的新的供应来源；
（5）实行一种新的企业组织形式。

熊彼特之后出现的许多定义大多在某种程度上吸收了他的见解，譬如，桑德布认为，对于一个生产企业来说，生产一种新产品，或采用一种新的生产过程、一种新组织形式或管理形式，或一种新式的市场行为均可以称之为创新。2000 年联合国经合组织（OECD）《在学习型经济中的城市与区域发展》报告中提出的："创新的含义比发明创造更为深刻，它必须考虑在经济上的运用，实现其潜在的经济价值。只有当发明创造引入经济领域，它才成为创新。"美国国家竞争力委员会在 2004 年向政府提交的《创新美国》计划中指出："创新是把感悟和技术转化为能够创造新的市值、驱动经济增长和提高生活标准的新的产品、新的过程与方法和新的服务。"

目前，创新的概念已不局限于经济领域，几乎在社会各个领域都在使用创新概念；而且，这种情况并非只发生在中国，而是发生在全世界。因此，这里所采用的创新概念是一种广义的创新概念：创新是指通过创造或引入新的技术、知识、观念或创意创造出新的产品、服务、组织、制度等新事物并将之应用于社会以实现其价值的过程，价值包括经济价值、社会价值、学术价值、艺术价值等。

（二）创新概念涉及三层含义

（1）新技术、知识、观念或创意的形成、产生或引入。

（2）利用新技术、知识、观念或创意，设计生产或形成新的产品、服务、组织、制度、流程或管理方式等新事物。

（3）通过新产品等新事物的社会化实现其价值，所追求的价值并不只限于经济价值。

这一创新概念既包容熊彼特源自其技术创新研究提出的定义，又兼顾目前广泛开展着的各类创新实践。

创新有多种类别，也有多个级别。按照最简单的划分，创新有小级别创新、突破性创新、里程碑式的创新三个级别，其中，90%的创新属于小级别创新或普通创新，只有 10%的创新属于突破性创新乃至里程碑式的创新。

二、创新能力的内涵

创新能力是指创新主体在创造性的变革活动中表现出来的能力整合，即从产生新思想到产生新事物再到将新事物推向社会使社会受益的系列变革活动中，创新主体所具备的本领或技能。

（一）创新能力的基础

1. 智力基础

（1）观察力：智力的门户、源泉；

（2）想象力：智力的翅膀；

（3）记忆力：智力的仓库、基础；

（4）注意力：智力的警卫组织、维持者；

（5）思维力：智力的核心。

2. 知识基础

有四种类型：

（1）知道是什么的知识（关于事实发现的知识）(know what)；

（2）知道为什么的知识（关于原理规律的知识）(know why)；

（3）知道怎么做的知识（关于操作、控制的知识）(know how)；

（4）知道是谁的知识（关于谁知道的知识）(know who)。

3. 非智力基础

包括动机、兴趣、情感、意志、性格等。

（1）成就动机、求知欲望、学习热情；
（2）责任感、义务感、荣誉感；
（3）自尊心、自信心、好胜心；
（4）自制性、坚持性、独立性。

（二）创新能力的深度

核心能力的构成（八大核心能力）如下：
（1）交流表达；
（2）数字运算；
（3）自我提高；
（4）与人合作；
（5）解决问题；
（6）信息技术；
（7）创新能力；
（8）外语能力。

（五）创新能力的特征

1. 综合独特性

我们观察创新人物的能力构成时，会发现没有一个是单一的，都是几种能力的综合，这种综合是独特的，具有鲜明的个性色彩。

2. 结构优化性

创新能力在构成上，呈现出明显的结构优化特征，而这种结构是一种深层或深度的有机结合，能发挥出意想不到的创新功能。

（四）创新能力的作用

（1）教人学会创新思维；
（2）教人如何进行创新实践；
（3）教人解决遇到的各种现实问题。

（五）创新能力的构成

能力是指人们成功地完成某种活动所必须具备的个性心理特征。一般认为，能力有两种含义：其一是指已经发展出或是表现出的实际能力，如能打篮球、会开汽车、可以用英语进行口头与书面交流等；其二是指潜在能力，即各种实际能力展现的可能性。在现实生活中，潜在能力和实际能力是紧密相联、不可分割的。潜在能力是实际能力形成的条件和基础，而实际能力是潜在能力的展现，潜在能力只有在遗传和成熟的基础上，通过学习才能变成实际能力。

任何活动都是复杂的和多方面的，它对人的智力和体力提出了不同的要求，如果一个人的能力的某种结合符合活动的要求，那么这个人就能顺利地高水平地从事某种活动，表现出有能力。反之就很难从事这种活动，表现出没有能力。

1. 洞察能力

所谓洞察能力，就是人们透过事物的表面现象观察事物本质的能力。客观事物对处于同一环境的人的刺激程度都是一样的，但每个人的感受和洞察能力却是不同的，有时差别非常之大。某些事物的现象和变化，一般人常常感觉不到，而却被具有洞察力的人觉察到了，他们往往利用这种特殊觉察到的东西一举成名，率先走向成功。

如 20 世纪初，德国气象工作者魏格纳在观看地图时发现，几个大陆的弯弯曲曲的边缘拼接在一起形成完整的一体，大西洋西岸的巴西，它的东部突出部分正好能装进非洲西海岸那凹进去的几内亚海湾。随后他多方面收集资料，经过数年艰苦的研究，提出了震惊世界的关于地壳水平方向运动的"大陆漂移假说"，而当时成千上万的地质学家尽管对于地层的垂直方向运动研究成果累累，却未能获得地壳水平方向运动这一伟大发现。

2. 记忆能力

记忆能力就是人们记住经历过的事物的能力。经历过的事物包括观察到的事物、读过的书、得到过的信息和知识、从事过的活动、思考过的问题、个人曾有过的心理和情绪等。记忆能力对创新活动具有相当重要的意义。任何创新活动如果排除记忆都是不可思议的，因为任何一种创新活动必须以所记得的经过的事物为基础。一个人的记忆能力主要表现在记忆的快速性、稳定性、准确性和储存性上。

记忆能力因人而异，有很大差别，有的人终日无所用心，什么也记不住；而有的人就像活字典，事事都知道，有少数人记忆力达到十分惊人的地步。如我国现代文学巨匠茅盾能够背诵 120 回的古典名著《红楼梦》，桥梁专家茅以升能够背诵圆周率到小数点后 100 位。

3. 想象能力

想象能力的发展是智力发展的一个极其重要的方面。创新想象则是创新活动的必要条件，特别是我们要追求那种没有感知过的新事物，要有新的发现、发明和创新，更是离不开创新想象。想象能力每个人都有，但由于想象的方式方法不同，想象的价值结果大不相同。一般来讲，有价值的想象必须有可靠的依据，能够深刻反映事物的本质，而且非常独特、新颖，别人很难想象到。但是，我们绝不可束缚想象，要让想象如骏马般自由奔驰，甚至于要敢于大胆幻想。幻想是创新思维的一种特殊形式，对创新活动具有更为重要的意义。很多创新活动常常是从幻想开始的。世界科技史上的一个伟大创举——飞机的发明，就是始于美国莱特兄弟童年的幻想，经过他们矢志不渝的反复实验，终于在 1903 年冬日的一天让世界上第一架载人动力飞机飞向蓝天。

4. 分析能力

分析能力就是人们通过思维认识事物各个方面特性，特别是认识事物本质的能力。只有通过对事物的认真分析研究，人们才可以认识那些没有直接作用于人的感觉器官的种种事物、事物的属性以及事物之间本质的联系，从而才有可能改造它或利用它。例如人不能直接感知光的运动速度，但通过实验分析，可以间接推算出光速为每秒 30 万公里，而对这一含义是通过能直接感知的运动的媒介来掌握的。一个人的分析能力与其观察、认识、经验和知识水平密切相关，但分析能力的本质是由思维决定的。人在分析问题时的思维活动是相当复杂的，很难用语言描绘出来，它犹如一部复杂的机器在转动，凡经历过重大事物分析的人都会有深刻的体会，在分析问题的过程中，往往要调用大脑中储存的大量知识，几乎要使用所有的思维方法，才会取得满意的分析结果。

5. 实施能力

实施能力就是人们完成有价值的创新设想的能力。苏联著名数学家克雷洛夫曾深刻指出：

"在任何实际事业中,思想只占 2.5%,其余 95% 到 98% 是实行。"事实上,凡是心理正常的人都会产生一些创新的想法,甚至考虑了创新设想的方案,但绝大多数由于缺乏实施能力而难以变为现实。由此可见,实施能力对创新活动是何等重要。有价值的创新从设想到完成,绝不是轻而易举的事情,靠一时的热情或运气是无法实现的,有时需要几年、几十年甚至一生坚持不懈的努力才能完成。在创新设想实施过程中,除了会遇到许多问题需要学习、探索、研究外,有时还会遇到非常严酷的环境,诸如社会世俗的偏见、经济的困难、身体健康状况等,随时都有可能使这一过程终止,使一个颇有前途的创新设想夭折,甚至献出宝贵的生命。

6. 直觉能力

直觉是一种非逻辑思维现象,直觉能力一般是指不经过逻辑推理就直接认识真理的能力。人们在平时分析问题、认识问题和处理问题时多是采用逻辑思维(运用概念、判断、推理等进行思维)和形象思维,而在创新思维时则常常采用非逻辑思维,如想象、直觉和灵感等。尽管直觉是非常重要的思维形式,但创新活动并不是完全依靠直觉,甚至可以说创新活动中直觉思维的方法并不是主要的方法,它只是在某种情况下起重要的作用,甚至能使人作出非常惊人的创新。在创新活动中,各种思维方式往往同时并用,其中大量进行的还是逻辑思维和形象思维。

7. 联想能力

联想是由一种事物想到另一种事物的心理过程。联想能力就是使人脑中所留下的各种客观事物的联系"痕迹"复活的能力。联想能力是非常重要的创新能力。联想能力越强,就越能把自己有限的知识和经验充分调动起来加以利用;联想能力越强,就越能把与某种事物相联系的成千上万的事物都联想到,为创新者所用,拓展创新思路;联想能力越强,就越能联想到别人不易想到的东西;联想能力越强,就越能应用"边缘"科学知识及其他领域的知识。没有联想能力,创新活动几乎无法进行。

8. 学习能力

学习能力是指人在学习活动中表现出来的一种稳定的心理特征和智力因素,包括组织学习活动的能力、阅读能力、记忆能力、搜集资料和使用资料的能力等。创新型学习,强调创新者建立在创新理念之上的创新精神和自学能力。创新者要主动树立"生存源于创新"的崇高理念,使自己有着终身学习、奋勇创新的力量源泉。创新者要有强烈的学习渴望,随时代发展变化和技术进步不断总结出新的学习方法,学习研究和消化利用最新的人类进步成果,并在自己的创新工作中有效运用这些创新成果。

9. 问题能力

问题能力是指能够发现问题、提出问题、回答问题和解决问题的能力。创新活动源于问题意识。有人问爱因斯坦那些最重要的科学概念是怎么产生的,爱因斯坦回答说,首先是因为"我不理解最明显的东西"而产生的。我们对身边大量的事物或现象,不管是初次接触还是司空见惯,都不妨问一下"为什么""怎么办",逐步提高发现问题和解决问题的能力。

10. 沟通能力

沟通能力是指人们进行思想或信息交流,取得相互之间了解、信任,形成良好人际关系的能力。一个人的成长从沟通开始,创新人才的发展离不开良好的沟通能力。知识经济时代是人们沟通的时代,学会沟通才能更好地生存,才能更好地开展创新活动。

11. 预见能力

预见能力是指超前把握事态发展趋势的能力。预见力是洞察力的延伸，如果说洞察力是对现存关系的直觉力，那么预见力就是对未来关系的想象力。如果不能对事物发展的内在规律和潜在趋势作出准确的判断，任何创新都无从谈起。

12. 决断能力

决断能力是指在正确认识的基础上，迅速做出选择，下定决心，形成方案的能力。在决策过程中，每做出一种选择，都要与机会、风险、压力、责任等问题相连，只有具备当机立断的魄力和良好的道德品质，才敢于拍板。任何患得患失、优柔寡断都将一事无成。当然，这要以正确的认识为基础，否则就会变成鲁莽与武断。

13. 推动能力

推动能力是指善于激励他人，以实现创新意图的能力。具体表现为感染力、吸引力、凝聚力、号召力以及个人的魅力。

14. 应变能力

应变能力是指在事物发展的偶然性面前头脑清醒、随机处置的能力。客观事物纷繁复杂，特别是在社会活动中，突发事件难以避免，创新者要善于在偶然性中揭示和把握事物的必然性，从而减少盲目性，获得主动性，最大限度地将突发的偶然因素转变为实现创新意图的有利因素。

15. 组织协调能力

组织协调能力是指将各种积极因素综合在一起的能力。专业技术人员在具体组织中必须指挥有方，层次分明，善于团结，做到清除障碍，化解矛盾，保证系统内的各个要素处于良好的配合状态，以获得高一层次的整体合力。

三、培养创新能力的意义

（一）创新能激发人的潜能，培养创造精神，形成创新品质

现代心理学和创造学研究成果证明，每一个人都蕴藏着巨大的创新能力。人的创新能力是可以通过教育、训练、实践激发出来并不断提升的。创新和创造活动有其内在的特征和规律，对这种内在特征和规律的认识，便形成了创新理论和方法体系；而创新理论和方法体系可以通过教育和训练进行传播，以促进创新环境和创新能力的形成。创新方法能使人们更加科学、高效地开展创新活动，而创新理论能激发人们的创造精神。

（二）创新能激活管理体制，强化竞争意识，增强企业活力

科学技术的发展推动着人类的进步与文明。企业必须通过技术革新，让科技成果转化为生产力，才能使自己的产品走向市场、满足需求。这就要求企业走改革、创新之路。企业的生命就是发现、创造和满足需求的循环过程。只有创新性的企业，才能充满生机和活力，才能在改革的经济大潮中搏击风浪、勇往直前。新的经济学理论强调，开发市场和创新能力已成为国际经济增长中的主要动力，创新已成为企业的生命之源。

（三）创新能促进社会发展，提高综合国力，树立强国形象

任何组织的创新，实际上都是其成员的创新。社会的创新就是靠社会的每一位成员做出不懈的努力。在世界经济全球化、一体化时代，不走创新之路的民族，就会被世界抛在后面，甚至走向毁灭。我们要在动荡的国际局势和激烈的国际经济竞争中，用创新的思维和创新的方法，抓住有利于我国国民经济发展的契机，加快提高综合国力的步伐，提高国际竞争力，以增强民族自信心，增进国际交流，在国际事务中树立起强国形象。

四、创新与创造的关系

（一）创造与创新在词汇意义上的区别

创造和创新在汉语词汇组合上不同，在英语中的含义也不同。
Creation：最初拉丁文本意是"种植"和"生长"的意思。
创造：表示一个从无到有的发生过程。
Innovation：nova 表示"新的"意思，前缀 in 导致动词化，具有"更新"的意思，意味着对原来已有的东西加以更新和改造。
创新：体现对现有事物的更新改造过程。

（二）创造与创新在含义上的区别

创造：体现基本思维层面上的原创性。
创新：更多地体现认识论和方法论层面上的变革。
创新是建立在创造的结果的基础上并以此为依据对某一具体认识领域的再认识和再发现的过程。

（三）创造与创新在应用范围的区别

创造：主要体现在理论和思想的原创性，以及这个世界和万事万物的原创性方面。
创新：更多地被应用于技术、制度、管理等具体的方面。

（四）创造与创新的思维差异

创造：是人类思维的跳跃，体现了逻辑过程的中断和非连续性。
原创性越强，新颖度越高，其思维的跳跃性可能就越大，其逻辑过程就可能表现出更多的非连续性。
创新：兼有继承和发展双重因素，因而是逻辑过程的连续性和非连续性的统一。

（五）创造与创新在形成基础理论中的作用

在基础理论形成过程中，创造与创新起着不同的作用。
创造完成了一个事物或理论从无到有的过程。
创新接着继续完成该事物或理论的修正、补充、完善以及新陈代谢的过程，使其日益趋于完美。
创造的伟大在于它的原创性，能孕育前所未有的东西。然而，创造并不意味着完美。只有创新才能使我们踏上寻求尽善尽美的道路。
因此，创造和创新是推动人类社会发展和进步的永恒动力。
创新是具有市场价值的创造。
创新是具有系统性的创造。

创新是对已有事物的再创造（有中生新）。

创新是更深层次的创造，是创造的一部分，所以创新在创造的范畴之内。

创新就是创造，但创造不一定都是创新，创新的理论基础是创造学。

五、创新能力的特点

理解了创新，就不难理解创新能力的概念。一般说来，能力是指人们表现出来的解决问题可能性的个性心理特征，是完成任务、达到目标的必备条件。能力直接影响活动的效率，是活动顺利完成的最重要的内在因素。按照人力资源和社会保障部发布的《核心能力测评大纲——创新能力》的定义，创新能力是"在前人发现或发明的基础上，通过自身的努力，创造性地提出新的发现、发明和新的改进、革新方案的能力"。

创新能力是指创新者、创新团队、创新机构乃至更大的经济或社会实体进行创新的能力。参照前述创新定义，创新能力亦有三重含义：一是形成或产生新的思想、观念或创意的能力；二是利用新思想、观念或创意创造出新的产品、流程或组织等各种新事物的能力；三是应用和实现新事物价值的能力。创新能力具有四大特点：

1. 综合性

它把多种能力集中起来，充分加以运用；

2. 独创性

它凭借想象力和创造性思维构造出前所未有的东西，打破以往的模式和框架；

3. 实践性

创新与发明创造的区别就在于它的推广应用，实现创造发明成果的价值；

4. 坚持不懈

创新是一个复杂的过程，涉及创新者自身的能力和社会环境，要取得成功，需要反复试验和探索，只有坚持不懈才可能成功。

六、创新创造能力的培养建设

（一）创新者个人创新能力的培养与提高

对于一个人，他或她能否在创新实践中增强创新能力并走向事业成功，不但取决于其专业素质及其个人创新能力，也取决于其合作或协作能力，取决于其所在机构的创新制度安排及创新文化。

在一个缺乏创新文化的氛围里，个人创新能力是无法得到充分发挥的。同样地，一个没有合作或协作精神的"创新者"，其失败的概率也远远高于成功的概率。相反，在一个生机勃勃的创新组织及文化氛围里，个人创新能力就有可能得到最大限度的发挥。

个人创新能力包括：学习、观察、想象、抽象、分析、类推、建模、展现、协作、更换思考维度、更换认识模式以及综合思考等方面的能力。创新者个人可以同时用以下三种方式进行锻炼，以提高自己的创新能力。

1. 自我锤炼

指以"我"为行为主体而展开的创新能力锻炼过程。

专业知识和专业技能只是个人创新能力的基础。个人创新能力更主要地表现在创新思维的掌握和运用上，能够熟练运用创新思维，才能够熟练运用专业知识和技能解决有难度的问题，实现创新目的。因此，自我锤炼不但是一个不断充实自己的专业知识和技能的过程，而且是一个学习和运用创新思维的过程。

学习和运用创新思维，其最大的奥妙在于思想的碰撞、移植和借用，在于思考问题的角度乃至思维方式的变换。创新的灵感每每产生于思想的碰撞、移植和借用过程之中。

2. 在协作中锤炼

指以"我们"为行为主体而展开的创新能力锻炼过程。在此过程中，创新者个人通过参与有组织的创新实践来提升自己的创新能力，但他思考问题的角度不再是"我"，而是"我们"。群体意识淡漠的人是很难甚至无法完成这种修炼过程的。因此，一个真正的创新者必须时刻保持开放而宽容的心态，必须善于表达或表现自己的思想、构想或见解，同时必须善于倾听他人意见，善于参加共同探讨、研究和行动。

3. 在学习中锤炼

创新是探索性和实践性极强的活动，而个人的创新机会和创新实践是十分有限的，因此通过学习专家学者总结的理论和方法、学习他人的创新实践来提高自己的创新能力便成为一个行之有效的方式。通过学习成功的创新案例，特别是通过学习借鉴创新环境大致相同情况下的成功案例，对提高个人和团队的创新能力很有帮助。创新案例中有个人也有团队集体的思维与行动特点，有个人和团队在创新活动中的经验教训，因此可以分别从"我"和"我们"的角度去揣摩和借鉴。

（二）创新组织整体创新能力的建设

对于一个企业或科研机构来说，通过持续学习和开展各种创新活动来提升其创新能力，是该企业或科研机构迈向创新型组织的重要途径。

一方面，组织创新、制度创新等各种创新要求该机构重组它与外部环境之间的关系，在组织与环境之间建立起适当的资源流动和人才流动机制；同时在组织内部着手进行创新制度安排及创新文化建设，确立创新理念并将之落到实处。须知，创新制度及文化创新是一切创新项目赖以实施的"试验场"，是持续创新的基础。另一方面，创新组织在实施各种具体创新活动时，要善于发现和聚集创新人才，要针对创新项目进行创新人才编队，形成强有力的创新团队，实现创新目的。

1. 以组织建设提升整体创新能力

在致力于创新型组织建设的过程中，至少须做好以下几个方面的工作：

（1）确立组织之基本价值理念并予以制度化。组织之所以成为组织，是因为有其基本价值理念。确立价值理念的基本方式就是将其制度化——以制度形式表达基本价值理念。

（2）确立创新价值理念并予以制度化。创新理念是变不可能为可能之关键所在，是一个企业或科研机构生存之道和发展之道，只有建立适于创新活动的资源分配原则、组织实施原则和评价原则，创新活动才能够顺利展开。

（3）领导要具备多方面的创新素质，要有全局观念和对未来的预见能力。

（4）创新人才是创新的灵魂，要善于发现创新人才，充分发挥他们的创新能力并使之形成合力。

2. 通过创新实践培养多方面的创新人才、提升整体创新能力

创新由新知识或创意的形成或引入、新产品等新事物的设计和制作以及新产品等新事物的社会化应用这三个环节组成。因此，创新需要这三方面的人才乃至综合型人才。第一类人才有着梦想家的气质、多方面的知识贮备和全局观念，他们善于捕捉和产生新思想或创意，对创新组织的创新潜力有着全面而适当的了解，他们是创新蓝图的绘制者；第二类人才是工程师型的实干家，他们有精深的专业知识、设计才能和实践经验，能够将创新蓝图转化为具体的产品、成果或工艺；第三类人才在创新成果的社会化应用方面则有着特别的禀赋，是企业家型的实干家。梦想家拥有敏锐的创新意识和全局观念，而实干家拥有化梦想为现实的能力并且对创新风险有着敏锐的意识和承受力。创新的品质、等级和成败主要取决于不同类型的创新人才的能力发挥以及相互之间的合作。因此，一个创新组织应善于发现、聚集这三方面的人才并合理地使用这些人才，应选择兼具梦想家和实干家素质的人才作为创新组织或机构的领导者或决策者。

（三）创新团队创新能力建设

创新团队是介于创新组织与创新者个人之间的创新行为单元或创新主体，其创新能力并非指该团队成员个人创新能力的总和，而是指团队作为一个整体而具有的创新能力。

创新团队创新能力的发挥，如同创新者个人一样，也需要有适宜的创新制度安排和创新文化氛围。另外，团队的整体创新能力取决于团队的编队形式、工作方式和效率。

1. 在特定的目标指向下，创新团队存在多种编队理念和方式

在此，可以将编队理念及方式分为以下两种基本类型：

（1）强调思想互动，这种编队理念及方式常见于小型科研团队的组建过程；

（2）强调纵向管理，这种编队理念及方式常见于企业部门大型研发团队的组建过程。

在第一种模式中，创新团队由核心人物以及环绕在核心人物周围的其他创新成员构成，所有成员均享有较为充分的信息互换权利。在第二种模式中，整个创新团队可以区分出一些子创新团队，而创新团队负责人及子团队负责人合在一起构成核心团队，整个创新团队呈现出金字塔结构，只有核心团队成员才享有较多信息互换权利。第一种模式的优势在于，它能够最大限度地给予成员展开创新思维的空间；而第二种模式的优势在于，它注重纵向管理，能够获得较高的管理效率和较大的控制空间。

创新团队整体创新能力既取决于创新团队成员之间以及团队与外部环境之间的信息互换、思想互动以及协作的强度和有效性，亦取决于创新团队的管理、评估以及激励机制。有了良好的信息互换、思想互动机制，创新成员的个人创造力就有了充分发挥的空间；而有了有效的管理机制和激励机制，非创新或反创新的文化潜规则或制度就将得到改变，创新者的创造热情就将得到充分激发，其创造力将得到有效整合，形成强大的创新合力。

2. 要提高个人的创新能力，需要从以下几个方面入手

（1）前人的经验和教训是我们创新工作的基础，通过借鉴前人的工作，我们可以站在巨人的肩膀上看待问题、考虑问题和解决问题。

（2）注意发现和总结前人失败的创新经验。失败是成功之母，这谁都不能否认，但是如果一味地失败而不去考虑失败的原因，则对我们的工作没有任何的帮助。通过前人失败的经验，我们可以发现很多问题，还可以通过改变方法和途径，成功地解决一些我们目前遇到的

问题。

（3）要学会借鉴和组合。借用别人的经验和成果而自己却不努力是不行的。借鉴可以是思路，也可以是方法，更可以是产品。我们不要认为拿了别人的东西而觉得对不起别人，我们只是知识借用而已。伟大的文学家鲁迅先生不是要我们用拿来主义精神去借鉴别人好的东西来弥补自己的不足嘛，这叫做取长补短。国家的政策也是如此，要借用其他国家的好策略，结合中国自身的情况再制定出适合中国国情的方针路线来建设有中国特色的社会主义国家。现在的中国正在飞速发展，向世界强国迈进。而其他比较落后的国家也借用我国的经验，使自己的国家不断进步

（4）遇到问题要注意从多方面考虑，而且要持之以恒，更要养成思考的习惯。只有这样，创新才能在不知不觉中出现，单纯地为创新而创新，创新出现的可能性也不会很大。只有从多方面考虑和解决问题，才能出现解决问题的灵感，才能创新。千万不要把灵感放走，生活中每个人都是有灵感的，一旦产生，就要记录下来，时间一长，新的思路、方法和途径自然就出现了。

此外，针对每个人来说，要提高创新能力，还必须做到以下几点：

首先，必须具有强烈的事业心和责任感。具有高度使命感的人，才会有强烈的忧患意识，才能先天下之忧而忧，战胜自我，不断寻求新的突破。不可想象，一个对自己所从事的工作毫无责任心的人，会积极主动地开动思维机器，创造性地解决遇到的问题。

其次，必须用人类的文明成果武装自己的头脑。任何创造都是对知识的综合运用。创造性思维作为一种思维创新活动，必然要以知识的占有作为前提条件。没有丰富的知识作基础，思维就不可能产生联想，不可能利用知识的相似点、交叉点、结合点引发思维转向，不可能由一条思维路线转移到另一条思维路线，实现思维创新。

再次，必须坚持思维的相对独立性。思维的相对独立性是创造性思维的必备前提。爱因斯坦说过，应当把发展独立思考和独立判断的一般能力放在首位。提高创新思维能力必须在思维实践中不迷信前人，不盲从已有的经验，不依赖已有的成果，独立地发现问题，独立地思考问题，在独辟蹊径中找到解决问题的有效方法。

七、创新的方式方法

（一）好奇——创新意识的萌芽

黑格尔说过："要是没有热情，世界上任何伟大事业都不会成功。"所有个人行为的动力，都要通过他的头脑，转变为他的愿望，才能使之付诸行动。如果一个学生仅仅记住了数学的各种定理与公式，而不能把学到的知识用于发现新问题，不能解决实际问题，只学习老师讲的知识，只记忆书本上的知识，是远远不够的，应在课堂上学到的知识的基础上，勇于探索，善于创新。因此教师应在教学中引导和培养学生的好奇心，这是唤起创新意识的起点和基础。比如在英语教学中，老师可创设活跃的课堂气氛，引导学生热烈讨论，各抒己见，常用简笔画、体态语言、故事小片段，或与其他学科联系起来讲解英语知识点，引发学生的好奇心。例如：在教 lie in, lie on, lie to（位于）的区别时，老师可在黑板上分别画几个表示内含、相切、相离的几何图形，清楚地表达这三个词组的不同意思。然后再画一幅中国地图、一幅日本地图及一幅俄罗斯地图，以它们在世界地图上的确切位置更加明确地显示了这三个词组的

不同含义。学生们从好奇中掌握了知识，并逐步产生了创新的意识。

（二）兴趣——创新思维的营养

我国伟大的教育家孔子说："知之者不如好之者，好之者不如乐之者。"可见他特别强调兴趣的重要作用。兴趣是最好的老师，兴趣是感情的体现，是学生学习的内在因素。事实上，只有感兴趣才能自觉地、主动地、竭尽全力地去观察它、思考它、探究它，才能最大限度地发挥学生的主观能动性，容易在学习中产生新的联想，或进行知识的移植，做出新的比较，综合出新的成果。也就是说，强烈的兴趣是"敢于冒险、敢于闯天下、敢于参与竞争的支撑，是创新思维的营养。"有一位老师是这样做的，每天，他让值勤班长在黑板右边一小栏里写上"座右铭"（名人名言），让其在英语课开始时用英语说出这个"座右铭"。为了能在课上出色地表现，更加流利地用英语表达名人名言，每个学生在轮到自己当值勤班长的前几天就积极作好准备。每当值勤班长一说完，他总是用激励的话语"Well done！"（真棒）鼓励。久而久之，大大地增强了学生学习英语的兴趣和口语表达能力。同时，每逢重大节日，他总是让学生自制英语贺卡，送给老师和亲朋好友。圣诞节，有一个英语成绩很差的学生送给他一棵自己用小树枝拼制出来的圣诞树，上面还挂满了"彩灯""红星"，还有一张贺卡，上面用并不漂亮的英文字母写着"Merry Christmas"（圣诞快乐），他感动不已，在班上高度赞扬了他的这种创新精神。这个学生从此喜欢上了英语，到毕业时已成为班上英语成绩的佼佼者。

（三）质疑——创新行为的举措

质疑—发现教学，是以智力多边互动为主的教与学相互作用的教学活动。质疑的指导思想是"以学生为中心"，多渠道地培养学生的创新能力，发挥学生的主体作用，让他们积极地参与学习的过程，做学习的主人，开启他们的创新思维的闸门。我国古代教育家早就提出"前辈谓学贵为疑，小疑则小进，大疑则大进""学从疑生，疑解则学成"。20世纪中期布鲁纳认为发现教学有利于激活学生的智慧潜能，有利用培养他们学习的内在动机和知识兴趣。有一位物理老师做了一个实验，他用一小支蜡烛，并在蜡烛的底部粘上一个硬币，放在半碗水里，蜡烛刚好露出水面一小段，然后点燃蜡烛，蜡烛燃烧了一会儿，逐渐接近水面。当蜡烛烧到水里时便"熄灭"了，过了一会又突然燃起来了；一会儿又"熄灭"了，再过一会儿又燃起来了，这样连续了三次，他就问同学为什么？最终蜡烛真的熄灭了，他又问学生为什么？他让学生们相互质疑、相互讨论，最后得出结论是，与氧气有关。这一实验让学生从悬念中获得了知识，使其深深地记在脑海里。

（四）探索——创新学习的方法

创新性学习方法——探索学习包括以下几个方面：

1. 直接式学习法

就是根据创新的需要而选修知识，不搞烦琐的知识准备，与创新有用的就学，没有用的不学，直接进入创新之门。

2. 模仿学习法

就是指学生按照别人提供的模式样板进行模仿性学习，从而形成一定的品质、技能和行为习惯的学习方法。换句话说就是从"学会"到"会学"。

3. 探源索隐学习法

就是学生为了积极地掌握知识采用创新性的思维方式，对所接受的某项知识出处或源泉进行认真的探索和追溯，并经过分析、比较和求证，从而掌握知识的整个体系，探源索隐学习法对于激发自己提出问题大有益处。

4. 创新性阅读法

就是以发现新问题，提出新见解，从而能超越作者和读物，产生出创新思考，获取新答案的阅读方法。

5. 创新性课堂学习法

通过老师的传授和指导，让学生获得系统的知识和形成一定的能力。同时，学生也可以通过预习中对新知识的自学和探求，以便上课时进入一种全新的精神状态，利用一切机会大胆发言，大胆"插嘴"，从而提高课堂学习效率。为了能更好地培养学生探求知识的能力，发挥学习中的创新精神，教师应该让学生讲解英语课文中的某一段或整篇阅读材料。实践证明，学生在准备时会很认真地阅读材料和分析课文，把其中的重点找出来，然后一一理解后再给同学们讲解。讲解时他（她）会取老师之精华，方法往往很新颖独创、风趣幽默，常常收到出乎寻常、令人满意的效果。

综上所述，关于知识经济时代的教育，或未来的教育，不论作何种解释、有何种做法，如果不进行教学改革和创新，不通过创新性的教学，启发学生的学习兴趣、激活学生的思维、发掘学生的潜能、促进学生的个性发展、培养学生的操作技能，就不可能培养出学生的创造精神和创造能力，也就不可能培养出适应时代需要的创造性人才。

案例链接

知识拓展

能力训练

创新能力训练的练习方法：

一、多路思考法的练习

1. 请您阅读下列短文后，提出三种以上的不同感想：

"猪八戒听到人家都说他长得很丑，便找来一面镜子自己照了起来。他看到镜子中的猪八戒果然丑陋，就愤怒地抡起钉耙，把镜子打得粉碎。他转身要走，无意中看到，散落在地上的那些镜子碎片，无论大小，每个里面都有一个丑陋的猪八戒。"

2. 请您说出"蜘蛛网"和"商店"之间的三种以上的不同联系。

3. 请您列出"报纸"的十种以上的用途。

4. 请您对下列常见的物品进行改造，使每一种物品都成为有新用途的三种新物品。

（1）圆珠笔；

（2）3.5英寸软盘；

（3）保温杯；

（4）衣架。

5. 要把一块蛋糕切成八份，但只能切三次，您能想出几种切法？

二、变换角度法的练习

1. 有两个城市，以河为界。河上有一座桥，桥中间有一个岗楼，岗楼里有一个哨兵，哨兵的任务就是防止无证件行人过桥。如果哨兵发现有无证件行人从南往北走，就把他送回南岸；如果发现有无证件行人从北往南走，就把他送回北岸。哨兵每次送人离开岗位的时间不会超过8分钟，而要想通过桥，最快也要10分钟。假定您是一个无证件的人，想要通过这座桥，您有什么办法？

2. 您能不能把六根同等长度的火柴构成4个等边三角形？

3. 现在的汽车，乘客都是从汽车的车门上下汽车，假如突然发生事故，车门和窗门都打不开了，乘客将如何逃离呢？请您针对这种情况，对汽车进行改造。

4. 一家有4个兄弟，他们4个的年龄乘起来的积为14。请问他们各自的年龄是多少？（年龄为整数）

三、迂回曲折思考法

1. 有个魔术师拿着一只没有盖子的杯子，自称可以把这只杯子装满水，然后杯口朝下拿在手里，但是水却一点也不会流出来。S先生听了后不服气地说："这并不难，我也能做到。"S先生不是魔术师，那么，他是怎样做到的呢？（水只是普通的水）

2. 有一个国王，在一次战争中逮捕了敌对国家的一个预言家。他对这个预言家说："我一定要处死你，但是，在你临死之前，我想再给你一次预言的机会。你可以预言一下，我将用什么样的方法来处死你。如果你说对了，我就枪毙你；如果你说错了，我就要绞死你。"您能不能帮预言家想想办法，他应该说什么话才能使国王无法对他执行死刑？

3. 地面上放着7个相同的球，如果从中拿出4个球，另外又放进3个球，还要成为7个球。请问，您能做到吗？

4. 有一个着急赶路的人，他在马车上套了一匹马向前拉。前进没多远，他还嫌慢，就又套了一匹马来拉车。可是，套了这匹马后，两匹马用尽力量，却怎么也拉不动这辆车了。请您帮赶路人找找原因。

四、仿生法

1. 请您举出5项利用仿生法获得创新成果的具体事例。

2. 人的肘关节能屈能伸，您能够根据这一特性形成创新设想吗？

3. 人的胃具有消化的功能，您能根据这一特性形成创新设想吗？

4. 水母能够预感到风暴的来临，及时躲藏到安全地带，靠的是体内的共振腔，腔内有个带小柄的球,即水母的耳和听石。风暴来临时能够产生813 Hz的次声波,人耳听不到,水母却能通过听石的振动并刺激耳神经而感知到风暴来临。水母的这种特性能否被人们开发利用?您能不能利用仿生法试一试?

五、分解法的练习

1. 下列物品中哪些可以运用分解法对其进行创新构想?
 (1) 手套;
 (2) 眼镜;
 (3) 手机;
 (4) 冰箱。

2. 您能举出哪些物品是通过运用分解法而创新构想出来的?

3. 您能通过对自行车的分解而对自行车作出多种改进吗?

4. 美国一家快餐店老板对于员工的频繁更换感到苦恼,他的员工多数是兼职的大学生。假如请您帮助想办法,您能够运用分解法提出什么有创新意义的建议?

六、两极颠倒法的练习

1. 请您举出日常生活中5件通过运用两极颠倒法而创造出来的新物品。

2. 请您运用两极颠倒法对下列物品进行创新构想。
 (1) 电吹风机;
 (2) 普通烧水壶;
 (3) 婴儿裤。

3. 您能不能各举一个通过"上下颠倒""前后颠倒""功能颠倒""排序颠倒""内外颠倒"而产生的新东西?你能不能自己形成一个创新构想?

七、中间融合法

1. 请您对下列事例进行分析,并且举出两个类似的实际事例。

N公司的广告代理商为了创新广告,采用了一种别出心裁的做法。他将一位负责起草广告词的撰稿人和一位负责照相、设计的美术指导结合成一个小组。这两个人分别被安排在单独隔开的小房间里,给他们一个小时思考,然后请他们在一起讨论。由于他们的生活环境不同,对事物的理解和思考方式也不同,因此往往形成了相互对立的两种不同的意见。争论一小时后,讨论暂时停止,他们各自回房间思考和休息。第二天,又进行一小时讨论,然后又回房间思考和休息。就这样,双方各自受到对方的刺激和启发,双方的"火力"逐渐加强,突然"啪"的一下,碰出火花,一个新的有价值的方案出现了。

2. 一辆公共汽车正在行驶时,忽然乘客中响起了一阵争吵。司机回头一看,原来是两位先后上车却比邻而坐的男女乘客吵了起来。原因是靠窗而坐的女乘客不愿意打开车窗,邻坐的男乘客却执意要开窗。如果您是公共汽车司机,您将采用什么聪明的办法来解决这个矛盾呢?

八、反弹琵琶法

1. 请您对下列事例进行分析,并举出类似的事例。

某唱片公司倾全力打造一位年轻的偶像男歌星,除了进行长期歌唱技巧训练之外,还安排了服装仪容训练、说话技巧训练,希望能够让这位新人一炮打响。长期训练下来,新人果然脱离了他的青涩,服装仪容更是光彩夺目。但是,没想到努力了两年,耗费了许多成本,却不见新人成为偶像。唱片公司老板百思不得其解，于是又向一位造型高手请教。高手一出手，情况就不同了，短短不到几个月，新人就红遍了各地。高手到底用了什么特殊训练，让新人翻了个身？说穿了，高手不但没有再训练，反而停止了造型训练，尽量拿掉新人的包装，他要求新人恢复原有的大男孩子的青涩，在舞台上说话有时还结结巴巴，遇到敏感问题还会脸红，让歌迷们心疼怜惜。

2. 请您对下列事例进行分析。

唐代的文学家陈子昂，在还没有名气时，曾带着自己精心创作的100多篇文章来到长安。但是，四处拜访，却没有人理会他，送去的文章都被打了退堂鼓。一天，他垂头丧气地走在大街上，忽然，远远地看见一群人挤成一圈。于是，他好奇地走了过去。原来是一个小贩在卖一把胡琴，这把胡琴的造型很奇特，上面还镶了一些珠宝玉石。这个小贩叫嚷着："这把胡琴是西域龟瓷国最好的琴匠打造的，琴声可比天上的仙乐。因为有急需，所以不得不卖，只卖1 000贯钱。"现场的人看着这把胡琴都赞叹不已，可是谁身上也没带这么多钱。陈子昂摸了摸口袋，咬了牙说："我买了"。小贩看了看这个年轻人，并不像富家子弟买去摆阔，于是对陈子昂说："小老弟想必是行家，何不当场拉一曲让大家开开眼界"。子昂说："这的确是把好琴，但是此地并非拉琴之处，若要听我拉琴，请于明日上午到悦来客栈。"这样，陈子昂拉名琴的事就传开了。第二天，一大群对琴艺有爱好的民众，集聚在客栈里等陈子昂拉琴。此时，子昂慢慢地走到群众中，将名琴放在桌子上，正当人们聚精会神要听拉琴的时候，却见子昂不仅没有拉琴，反而拿起一把锤子，把琴砸烂了。大家一时都不知道是怎么一回事。这时，子昂慢条斯理地说："我姓陈，名子昂，是四川人。多年来苦读诗书，思考研究，将所有心得写了100多篇文章，此次进京来求教名师，却不得其门，所以不得已才出此下策。"他指着琴说："这把胡琴再名贵，也只不过是人们的玩物，胸怀大志的人怎么能够玩物丧志呢？"接着他就把自己的文章分给在场的许多文人雅士，大家好奇地读了起来，发现文词优美，文章铿锵有声，和当时初唐流行的靡靡文风大异其趣。从此，子昂结交了许多文人朋友，彼此切磋，渐渐地就有了名气。

九、系统环境利用法

1. 请您对下列事例进行分析。

据说杭州有位侏儒奇才陈阿德，在他小的时候，由于自己是个五短身材、其貌不扬的侏儒，所以受尽别人的欺负。种种不利的情况，使他陷入了困境。他必须想办法突破这个困境。那时候，上海青帮的大亨张啸林，可以说是叱咤一方。张啸林过生日的排场，真是令人咋舌，达官贵人、黑白两道都来道贺，门口的轿车和仆役就排了几公里长。陈阿德就打起了张啸林过生日的主意。他变卖了一半的家产，打造了一双分量十足、拳头般大小的金虎。借着赠送这份礼物，他要求参加宴会，并且和张啸林合影留念。宴会结束后，陈阿德买通了报社编辑，将他和张啸林的合影，登在报纸的显著版面上。照片登出来后，不但陈阿德的亲戚不敢再欺负他了，而且许多人以为他和张啸林一定有交情，也纷纷靠拢和巴结他，使得他的生意经营起来越来越容易，也越做越大。成功的经营，使他登上了香港出版的《华人名人录》。

2. 请您对下列事例进行分析。

有一个年轻人，毕业后在别人的公司里干了几年，学习到了一些经验。他不满足于现状，决心要闯出一番事业来，就决定自行创业。这个年轻人并没有资金，只凭一个灵活的头脑，居然在短短几年之间就建立了涉及电子原料业、电子产品业、食品业的事业基础。他是怎么做到的呢？年轻人由朋友处获知，有一个刚成立不久的制造收银机的厂商，为了市场销售问题正在发愁。于是，他就去找这个老板。他对老板说："如果您愿意购买我的电子原料，我就向你买一批收银机。"正为一堆库存发愁的老板欣然同意："好呀！没问题。"接着，年轻人跑到一家在迅速扩张分店的超市连锁事业部，对该部门的经理说："如果你愿意买我的收银机，我就长期购买你的饮料和矿泉水。"超市经理想了一想，能够长期购买我的饮料和矿泉水，这多划算啊！于是点点头说："好！一言为定。"年轻人又跑到一家有七八千工人的大型电子原料供应商那里，对经理说："如果你能够让我在贵厂内设立饮料销售部，我就向你购买一批电子原料。"经理想了一想，反正也不吃亏，于是也点头答应了。年轻人不但将饮料机设在电子原料厂，也设在收银机厂。他就这样成功了。

十、系统结构调整法

1. 请您对下列事例进行分析。

日本有个叫药黑衣库金的公司，经营 1 327 家医药分店。该公司董事长叫通口俊夫。初创时，通口先生在京板铁路沿线的京桥、干木、梅云三个地方开设了分店。可是，不知什么原因，经营总是不景气。通口先生心里十分着急。有一次，在电车上，他看见前面座位上的几个小学生都把一只手放进三角尺的窟窿里，另一只手在转动三角尺。他看了一会，突然心里一亮。他联想起过去看过的有关军事书来，书中曾经提到："……这些直线排列的点，很容易被外力阻断运输线路，这正是造成失败的原因。为了保持和友军的联系与合作，至少应该确保三足鼎立，这样把点和线连起来，就能守住中间的三角形部分了。"想到这里，通口激动起来，回家后让妻子去买了一张大地图，展开一看，果然发现他刚开的三家分店都分布在一条直线上。他恍然大悟地说："如果调整布局，把三家分店呈三角形配置起来，那么就取得了中间部分的面积，在三角形圈内居住的人不就都能买我的货了吗？"于是，他立即对直线型的分店布局进行了调整，使其呈三足鼎立之势。这样一来，营业额果然逐年上升。

2. 请您对下列事例进行分析。

日本的精工表就连做梦也想打入美国市场，于是就派人去美国，对美国的手表市场进行了调查分析。调查的结果是：需要样式美观、走时准确、价格适中的手表的顾客，占市场需求的 44%；需要价格便宜、走时基本准确的手表的顾客占 25%；需要走时准确、价格贵、样式美、装潢好的高级表，以显示自己身份的顾客占 31%。而当时美国的手表生产趋势是向高级表发展。进口量大、占美国市场大的瑞士表也都是高级表。这就是说，尚有 69% 的需要中、低档手表的顾客和市场面没有得到满足。日本精工表公司决定抓住这个机会，调整了他们原来的经营结构，采取了新的经营战略——生产满足美国中低档消费者需求的手表，于是他们把 2 200 多种价格便宜、走时基本准确的手表投放美国市场。经过十几年的努力，日本精工表就占领了美国整个手表市场的 66%。

十一、系统要素变换法

1. 请您对下列事例进行分析。

吴王阖闾看了孙子的兵书，赞之为"通天彻地之才"，但恨"寡人国小兵微，如何而可"。孙武认为兵法"不但可施卒伍，虽妇人女子，奉吾军令，亦可驱而用之"。孙武遂得吴王后宫女侍三百人并宠姬二人。当三令五申仍嬉笑不止，使操练难以进行时，孙武将作为队长的吴王宠姬斩首示众。于是，第四次击鼓鸣金，则"左右进退，回旋往来，皆中绳墨，毫发不差，自始至终，寂然无声"。"虽使赴汤蹈火，亦不敢逃避矣"。

2. 请您对下列事例进行分析。

李·艾科卡在担任福特汽车公司总经理期间，曾使该公司推出名车"野马"，公司的成长达到高峰。后来，福特公司因为某种原因，作出了解雇他的决定。他不仅舍弃了100万美元的离职金，而且转向了福特的竞争对手——当时已濒临破产的克莱斯勒汽车公司，出任该公司的总经理。经过他的努力，克莱斯勒公司迅速转败为胜，而且还推出了有名的K型车。

3. 请您对下列事例进行分析。

在20世纪30年代，资本主义各国发生了广泛而又深刻的经济危机。经济危机使大批企业倒闭。帕之因梯钢铁公司是美国的一家企业，也面临破产的危险。这时，该公司有一名叫斯凯伦的职员，向公司提出了他的一项改革方案。这项改革方案有两个重要内容：一是建议公司成立"劳资双方联合委员会"，即由工人选派代表，代表劳方，参加公司最高领导层的决策，解决公司的一些重大问题，并且发动全公司职工献计献策，提出合理化建议；二是建议实行集体分红制度。公司采纳了斯凯伦的建议，使该公司在严峻的经济危机和激烈的竞争中，不但没有破产，反而扭亏为盈，发展壮大了。后来，其他公司也纷纷仿效，也都收到了良好效果。

十二、两道公务员创新能力与开发的题目

1. 有人发明了一种气袋头盔。当摩托车与其他车辆相撞时，骑手所戴的头盔中的气袋会迅速下落，高压气体充满气袋，保护颈部。还有人想出了不戴头盔就无法开动摩托车的新主意，只不过在头盔和摩托车之间有了一种电子感应装置。你还能想出什么新办法吗？请使用焦点法，随便从字典中找到一个词做刺激物，试一试用强制联想，得出一些创意。

2. 有个发明家发明了一种色彩缤纷的新式衣服，从来不褪色。穿旧了，把它放在盆里，使用一种特殊的药水，它又变得和新的一样了。这是一项好的发明吗？

思考与练习

1. 研究开发与创新创造的含义是什么？
2. 研究开发与创新创造有哪些核心要素？
3. 研究开发与创新创造培养的意义是什么？
4. 如何培养个人的研究开发与创新创造职业素养？

创业故事

个人与团队管理，如何管理好创业团队

"80后"创业者如何做生意？做生意的五忌